일제하 경기도의 민족운동과 증언

일제하 경기도의 민족운동과 증언

초판 1쇄 발행 2016년 11월 30일

지은이 ㅣ 조성운
펴낸이 ㅣ 윤관백
펴낸곳 ㅣ 도서출판 선인

등록 ㅣ 제5-77호(1998.11.4)
주소 ㅣ 서울시 마포구 마포동 324-1 곳마루 B/D 1층
전화 ㅣ 02)718-6252 / 6257   팩스 ㅣ 02)718-6253
E-mail ㅣ sunin72@chol.com
Homepage ㅣ www.suninbook.com

정가 30,000원
ISBN 979-11-6068-009-6 93910

일제하 경기도의 민족운동과 증언

조성운

 도서출판 선인

책머리에

필자는 1990년대 중반 이후부터 수원지역의 농민운동과 청년운동, 신간회운동 등의 사회운동에 대한 연구, 수원지역 사립학교의 민족교육과 수원지역의 학생운동에 대한 연구, 수원지역의 동학과 천도교의 활동에 대한 연구, 조선프롤레타리아예술동맹 수원지부의 활동 등에 대한 연구를 수행하여 이를 『일제하 수원지역의 민족운동』(국학자료원, 2003)으로 출간한 바 있다. 이 책을 출간하기 이전까지의 수원지역사 연구는 주로 정조가 축성한 화성에 대한 연구가 전부라 할 정도였고, 수원지역의 3·1운동사에 대한 연구가 몇 편 발표되었을 뿐 수원지역의 근대사에 대한 연구는 거의 이루어지지 못한 상태였다. 이러한 시기에 출간된 이 책은 근대 수원지역의 역사를 재구성하는 데 미력하나마 기여했다는 평가를 받고 있기도 하다.

이 책의 출간 이후 필자는 경기도지방의 민족운동에 대한 관심으로 그 영역을 확대하였다. 본서에 수록한 여러 논문들이 나올 수 있었다. 본서에 수록된 논문들은 광주, 김포, 평택, 수원지역과 관련된 연구들이다. 「정암 이종훈의 민족운동」과 「일제하 광주지역 신간회의 활동」은 광주지역, 「남상환의 활동을 통해 본 수진농민조합」은 평택지역, 「일제하 청년훈련소의 설치와 운영」과 「수원출신 조안득의 우가키총독처단미수사건 고찰」은 수원지역, 「김포지역의 3·1운동의 역사적 의의」는 김포지역과 관련된 연구

이다. 그리고 「경기지방의 3·1운동과 일제의 대응」은 경기도 전체의 3·1
운동의 흐름을 정리한 것이다.

한편 이 책의 제2부에 수록한 증언들은 『일제하 수원지역의 민족운동』에
수록된 연구들을 수행하는 과정에서 필자는 발품을 팔아 수원지역 민족운
동 관련자들의 후손이나 주변 인물들을 찾아 관련 증언을 청취하여 연구에
이용하였다. 본서의 제2부에 수록된 증언들이 바로 그것이다. 이제야 이 책
을 통해 이를 독자 여러분에게 공개하고자 한다. 향후 경기도지방 민족운
동사 연구에 조금이나마 도움이 되기를 바란다.

이 책을 출간하면서 걱정되는 점은 우선 이 책에 수록된 연구들이 계통
성이나 통일성이 없이 그때그때의 필자의 연구를 모은 것에 불과하다는 것
이다. 이는 경기도 민족운동사에 대한 체계적인 접근을 하지 못하였다는
것을 의미한다. 따라서 이 책에 수록된 연구들은 그 연구를 수행하던 당시
의 필자의 연구 수준을 극명하게 보여주는 것이라는 점을 독자 여러분께
송구한 마음으로 말씀드리지 않을 수 없다. 또한 이 책에 수록된 논문들은
여러 학술지에 수록된 것을 모은 것이다. 「남상환의 활동을 통해 본 수진농
민조합」은 이 책에 처음 수록한 신고이며, 이외의 연구들의 출처는 다음과
같다.

「정암 이종훈의 민족운동」, 『숭실사학』 25, 숭실사학회, 2010.
「김포지역의 3·1운동의 역사적 의의」, 『숭실사학』 22, 숭실사학회, 2009.
「경기지방의 3·1운동과 일제의 대응」, 『한국민족운동사연구』 42, 한국민
　　족운동사학회, 2005.
「일제하 광주지역 신간회의 활동」, 『사학연구』 100, 한국사학회, 2010.
「일제하 청년훈련소의 설치와 운영」, 『수원학연구』 2, 수원문화원, 2006.
「수원출신 조안득의 우가키총독처단미수사건 고찰」, 『수원역사문화연구』
　　5, 수원박물관, 2015.

 마지막으로 이 책이 세상에 나오게 될 때까지 조병로교수님을 비롯하여 한국민족운동사학회와 수요역사연구회의 여러 선생님들께도 깊은 감사의 말씀을 드린다. 또한 시장성도 없는 이 책을 출판해주신 선인출판사의 윤관백사장님과 이경남 과장님을 비롯한 편집부 여러분께도 감사의 인사를 드린다.

평촌의 우거에서

조성운 씀

목차

▌ 제2부_ 증언

제1부

경기도의 민족운동

正庵 李鍾勳의 民族運動

1. 머리말

한 인물의 삶의 궤적과 활동을 통해 그 인물의 삶의 모습을 복원하고 의미를 부여하는 일은 쉬운 일이 아니다. 그러함에도 불구하고 인물에 대한 연구는 그 인물이 살아온 시대를 그 인물을 통해 살펴본다는 측면에서 대단히 중요하다고 할 수 있다. 특히 그 인물이 활동하였던 시대와 무대가 식민지 시기라 하면 그 인물을 통해 일제의 식민지 지배정책과 그에 대한 그 인물을 중심으로 한 세력이나 조직들의 인식 및 대응, 활동 등을 보다 심층적으로 확인할 수 있는 계기가 된다고도 할 것이다.

한말·일제시기 천도교계통의 인물들에 대한 연구는 적지 않게 이루어졌다.[1] 이들 연구는 주로 최시형, 손병희, 최린, 김기전 등을 중심으로 이루어

---

1) 대표적인 연구로는 다음과 같은 것들이 있다.
   · 박맹수, 「海月 崔時亨의 初期行蹟과 思想」, 『청계사학』 3, 한국정신문화연구원 청계사학회, 1986.
   · 박맹수, 「東學 2世敎主 崔時亨研究 : 家系와 結婚過程을 中心으로」, 『韓國現代史論叢』, 吳世昌敎授華甲紀念論叢刊行委員會, 1986.
   · 윤해동, 「한말일제하 天道敎 金起田의 '近代' 수용과 '民族主義'」, 『역사문제연구』 1, 역사문제연구소, 1996.
   · 조성운, 「海月 崔時亨의 道統傳受와 初期布敎活動」, 『동학연구』 7, 한국동학학회, 2000.

졌다. 이들은 천도교의 발전과정에서 교주로서 동학농민운동이나 3·1운동과 같은 중요한 민족운동을 지도하였으며, 천도교의 발전과정에서 근대적 성격을 도입하는 데 중요한 역할을 하였거나 천도교의 친일화 과정에서 핵심적 역할을 하였던 인물들이었다.

그런데 海月 崔時亨과 義菴 孫秉熙, 春菴 朴寅浩에 이르는 천도교의 宗統 계승 과정에서 중요한 역할을 했으며, 3·1운동 당시 소위 '민족대표 33인' 중의 한 사람인 正庵 李鍾勳에 대해서는 그리 잘 알려지지 않았다. 그 이유는 그의 종교적·사회적·민족운동적 활동이 적다거나 의미가 작아서가 아니라 그에 대한 기록이 그리 많이 남아 있지 않기 때문이라 생각된다. 그것은 아마도 그의 활동이 밖으로 드러나는 것보다는 주로 최시형이나 손병희의 보조자로서 교내의 활동에 주력했기 때문이라 생각된다. 따라서 이종훈에 관한 연구는 거의 없다고 할 정도이다.[2]

그러나 구한말 이래 동학·천도교 중심으로 전개되었던 민족운동의 중심에는 대부분 그의 이름이 보이고 있다. 그는 1910년 일제의 조선 강점 이전에는 동학농민운동, 진보회운동에 참여하였으며, 이후에는 1910년대 민중시위운동을 계획하였으며, 1919년 '민족대표'로서 3·1운동에 참여하였다. 3·1운동 이후에는 민립대학기성준비회의 발기인으로서 민립대학설립운동에 참여하였으며, 1922년에는 최동희가 조직한 고려혁명위원회의 고문으로

· 이용창, 「한말 崔麟의 일본 유학과 현실인식」, 『역사와 현실』 41, 한국역사연구회, 2001.
· 김정인, 「손병희의 문명개화노선과 3·1운동」, 『한국독립운동사연구』 19, 한국독립운동사연구, 2002.
· 최효식, 「義菴 孫秉熙와 3·1독립운동」, 『동학연구』 14·15, 한국동학학회, 2003.
· 김동명, 「일제하 동화형협력운동의 논리와 전개 -최린의 자치운동의 모색과 좌절」, 『한일관계사연구』 21, 2004.
· 이용창, 「동학농민운동 이후 손병희의 단일지도체제 확립과정과 동향」, 『한국민족운동사연구』 46, 한국민족운동사학회, 2006.
2) 이종훈에 관한 연구는 성주현의 연구(「일생을 교회와 민족에 바친 정암 이종훈」, 『新人間』 통권 573호, 1983년 5월.)가 유일하다.

활동하였다. 이렇게 볼 때 그의 활동은 사상적으로나 조직적으로 동학·천
도교에 기반한 것이었다. 그러므로 그의 민족운동을 탐구할 때 동학·천도
교를 떠나서는 생각할 수 없다고 할 수 있다.

본고에서는 이러한 그의 활동을 동학농민운동기, 3·1운동 이전의 1910
년대, 3·1운동과 그 이후인 1920년대의 활동을 중심으로 살펴보고자 한다.
이를 통해 이종훈의 생애와 민족운동에 대한 이해를 보다 깊이 있게 할 수
있기를 기대한다.

2. 동학 입도와 동학농민운동 참여

정암 이종훈의 약력에 대해서는 夜雷 李敦化의 글3)을 토대로 재구성하
고자 한다. 이종훈은 1855년 2월 19일 京畿道 廣州郡 實村面 柳餘里4)에서
아버지 李尙載와 어머니 漆原 尹氏 사이에서 출생하였다.5) 본관은 廣州이
며 原名은 鍾玉, 字는 敬測이며, 正菴은 그의 道號이다. 그는 10살부터 14살
까지 漢學을 수학하였으며, 21세부터 37세까지는 상업에 종사하거나 官界
에 出仕하고자 노력하였으나 뜻을 이루지 못한 것으로 보인다. 그러다가 38
세인 1893년 1월 17일 동학에 입도하였고, 이듬해인 1894년에는 동학농민운
동에 中軍將으로 참여하였다. 1902년에는 손병희의 부름을 받아 일본에 건
너갔다가 1904년 귀국하여 進步會 조직에 중추적인 역할을 하였다. 이 때
그는 일본에 망명하여 있던 권동진, 오세창 등과 교유하였다. 1906년에는
천도교 고문이 되었으며 1907년에는 천도교 중앙총부 현기관장, 1908년에

---

3) 夜雷, 「正菴은 돌아가시었나」, 『新人間』, 1931년 5월.
4) 夜雷, 앞의 글, 40쪽. 성주현은 柳寺里(성주현, 앞의 글, 86쪽.)라 하였으나 1914년
   조선총독부가 지방행정구역을 개편하면서 柳餘里와 寺洞을 합쳐 柳寺里라 하였
   으므로 이종훈이 출생하던 당시의 柳餘里로 하는 것이 옳다고 본다.
5) 성주현, 앞의 글, 86쪽.

는 대종사장, 1909년에는 장로가 되었다. 이돈화는 이상과 같이 간략하게 이종훈의 생애를 정리하였으나 그의 삶은 그리 간단하지 않았다. 이를 보다 구체적으로 살펴보자.

이종훈이 누구의 영향을 받아 동학에 입도했는가는 확인할 수 없지만 천도교의 여러 기록들을 통해 볼 때 1894년 동학농민운동이 발발했을 당시 그는 해월 최시형의 문도였음이 확실하다고 할 수 있다. 따라서 그는 전봉준이 동학농민운동을 일으킬 당시에는 운동에 참여하지 않고 1894년 청일전쟁 이후 최시형의 명을 받고 참여한 것으로 보인다. 즉 1894년 6월 21일 일본군이 경복궁에 난입[6]한 사실을 알게 된 최시형은 격분하여 1894년 9월 18일 보은도소에서 전 동학군에 기포령을 발포하였다. 이에 충청도와 경기도의 동학군은 9월 하순부터 기포하여 10월 6~7일경에는 보은 장내리로 모였다가 며칠 후 청산으로 이동[7]하여 호남지역의 동학군과 합세할 준비를 하였다.

이 과정에서 1894년 10월 지평의 孟英在가 洪川 부근에서 동학군에 대한 토벌을 개시하고, 宣諭使 鄭敬源이 포병 500여 명을 이끌고 충주 사창리에 진을 치고 있을 때 京畿道 便義長 이종훈은 便義司 李容九와 함께 鄭敬源과 회담하고 "동일한 臣民으로써 國事岌業의 時를 當하여 自相戕害함이 萬不妥當한 意"[8]로 설명하여 정경원이 후퇴하여 星山에 주둔하도록 하여 동학농민군을 위기에서 구하였다. 그런데 이와 관련하여 『侍天敎歷史』에는 정경원의 선유에 따라 동학농민군이 해산한 것으로 되어 있다.[9] 또한 정부 측의 기록인 『高宗實錄』에는 선무사 정경원이 "綸音을 반포하여 알리고 德意를 선포하여 백성들을 무마하였으나, 흩어졌던 난민들이 다시 모이고 해

---

6) 『高宗實錄』, 고종 31년(1894) 6월 21일.
7) 『天道敎書』, 布德35年條.
8) 天道敎有志敎人一同, 『東學・天道敎略史』, 1990, 60쪽.
9) 『侍天敎歷史』, '1894年條'(『동학농민전쟁연구자료집(1)』, 여강출판사, 1991, 327쪽).

산하였던 무리들이 다시 집결한 것은 사실 직책을 제대로 수행하지 못한 탓입니다. 황송함을 금할 수 없어 待罪"[10]하였으나 고종이 이를 허락하지 않았다는 사실이 기록되어 있다. 결국 동학과 시천교, 그리고 정부측의 자료 모두 동학농민군과 정부군 사이에 무력충돌 없이 사태를 해결한 것으로 기록되어 있으나 동학측의 자료에는 동학군이 정부를 설득한 것으로 기록되어 있으나 시천교나 정부측의 자료에는 정부측이 동학군을 설득한 것으로 기록되어 있음을 확인할 수 있다.

그리고 1894년 10월 11일 최시형은 손병희에게 '大統領旗'라 쓴 기를 내리면서 李鍾勳包를 左翼, 鄭景洙包를 先陣, 全奎錫包를 後進, 李容九包를 右翼으로 삼고 손병희를 中央陳에 據하게 하여 各包를 指揮하도록 하였다.[11] 이 때 이종훈포에 속한 접주들은 다음과 같다.

洪在吉 · 李容九 · 辛在蓮(충주) 金來鉉(수원) 朴容九 · 權在天(음죽) 任命準 · 鄭璟洙(안성) 高在棠(양지) 洪秉箕 · 林淳灝 · 辛壽集 · 林學善(여주) 全奎錫 · 全昌鎭 · 李根豊(이천) 辛在俊(양근) 金泰悅 · 李在淵(지평) 廉世煥(광주) 李和卿 · 林淳化(원주) 尹冕鎬(횡성) 車基錫 · 沈相賢 · 吳昌燮(홍천)[12]

그리고 대도주 최시형을 비롯한 손병희, 손천민, 임정재, 이관영, 이원팔 등의 지도부와 장령 이종훈을 비롯한 장령 신택우, 정경수, 조재벽, 장건희, 박용구, 이용구, 신재련 등이 참석한 치성식이 거행되었다.[13] 이와 같이 편제와 치성식을 마친 후 이종훈부대는 11월 7일 괴산읍을 공격하였다.[14]
그런데 이종훈포에 속한 접주 가운데 충주의 이용구는 손병희의 高弟라

---

10) 『高宗實錄』, 고종31(1894) 8월 15일.
11) 『天道敎會史草稿』 제2편, 「地統」, 63쪽.
12) 이돈화, 『天道敎創建史』, 경인문화사, 1970, 65쪽.
13) 『천도교100년약사』(상), 251쪽. 참조 바람.
14) 「兩湖右先鋒日記」, 『叢書』 15, 26~29쪽;「天道敎會史草稿」(출처: 국사편찬위원회 한국사데이터베이스 http://db.history.go.kr)

불릴 정도로 손병희와 밀접하였으며, 후에 一進會의 회장이 된 인물이었다. 이외에도 임명준, 정경수, 홍병기, 전규석, 염세환, 차기석 등도 동학 내의 주요한 인물이었다. 특히 수원의 김래현은 안승관과 함께 수원지역에 동학을 널리 포교한 초기 지도자였으며, 1890년 육임제가 시행될 때 기호대접사에 임명된 인물로서 동학에 입도한 것만으로는 이종훈보다 앞선 인물이었다.[15] 따라서 이종훈이 이들을 지휘하는 입장에 선 것으로 보면 1893년 입도 이후 동학 내에서 중요한 역할을 하고 있었던 것으로 판단된다. 이렇게 볼 때 동학농민운동 과정에서 그는 최시형과 손병희를 보좌하는 역할을 하였다고 볼 수 있을 것이다.

한편 정부는 10월 초 巡撫營을 설치하고 申正熙를 巡撫使, 李圭泰를 선봉장으로 임명하여 일본군과 함께 동학농민군을 공격하였다. 동학농민군은 10월 14일 하동 고승당전투, 10월 21일 세성산전투, 10월 22일 홍천 서석면 풍암리전투, 10월 28일 홍성전투, 11월 7일 해미성전투를 거치면서 정부군의 공격에 밀렸으며, 11월 11일 공주 우금치전투와 11월 13일 청주전투 등에서 패배함으로써 패색이 짙어졌고, 11월 25일 원평전투의 패배로 동학농민운동은 사실상 종막을 고하고 말았다.[16] 이 과정에서 1895년 1월 29일 최시형이 손병희·임학선·이종훈 등과 함께 충주 외서촌 무극리를 지나다가 일본군 가흥병참부에서 파견한 정찰대와 제16대대 이시모리(石森) 중대의 지대를 만나서 공격했으나 반격을 받아서 수십 명의 전사자를 남기고 흩어졌다.[17]

이후 최시형을 비롯한 동학의 주요 지도자들은 정부의 탄압을 피해 피신을 하였다. 이종훈은 이 시기 최시형의 피신 생활을 적극적으로 도왔다. 즉

---

15) 「수원군종리원연혁」, 『천도교회월보』 통권 191호, 1927년 2월, 29쪽.
16) 표영삼, 「해월신사연대기」, 부산예술문화대학 동학연구소 엮음, 『해월 최시형과 동학사상』, 예문서원, 1999, 225~226쪽.
17) 『均菴丈 林東豪氏 略歷』 ; 『駐韓日本公使館記錄』 6, 16~17쪽.

최시형이 1894년 12월 30일 인제군 崔永瑞의 집에 피신하였을 때 이종훈은 최시형과 함께 하였다.[18] 이 때 손병희와 손병흠은 최시형의 피신 생활을 돕기 위해 원산을 거쳐 청국의 경계에까지 가서 무역을 통해 적지 않은 이윤을 남기었고, 이종훈은 자신의 水田 10두락을 팔아 금 200량과 冬衣 一襲을 제공하였다.[19] 그리고 1897년 12월 24일 손병희가 최시형으로부터 도통을 전수받아 대도주가 된 이후에도 이종훈은 최시형, 손병희의 피신 생활을 도왔다. 즉 1898년 4월 6일 최시형이 정부에 체포된 이후에는 校卒 金俊植과 의형제의 연을 맺고 수감생활을 뒷바라지하였을 뿐만 아니라 동학교도와 최시형을 연락하는 역할을 하였다.[20] 그리고 1898년 6월 2일 최시형이 교수 당한 후 이종훈은 김준식과 함께 光熙門에서 최시형의 시체를 수습하여 廣州 李相夏의 뒷산에 안장하였다.[21]

　이러한 과정에서 동학교단 내에서 일정한 지위를 인정받은 이종훈은 1902년 손병희의 부름을 받아 일본으로 건너가 1904년 귀국하여 진보회의 조직에 앞장섰다. 이보다 1년 전인 1903년 손병희는 민회운동을 신속하면서도 효과적으로 진행하고 교단 조직을 정비하기 위해 대두령제를 실시하였는데 그는 나용환, 홍기억, 노석기 등과 함께 대접주에 선임되었다.[22] 1904년 귀국한 여러 두목들은 大同會를 조직하기로 하고 일본에 있는 손병희에게 朴寅浩와 洪秉箕를 파견하였다. 이 때 손병희는 이들에게 동학교도들에게 일제히 단발할 것을 지시하였다. 그 이유는 첫째, 단발이 세계문명에 참여하는 표준이며 둘째, 단결을 굳게 하여 회원의 心志를 일치시키는 데에 있었다.[23] 그리고 7월 이종훈을 비롯한 박인호, 홍병기, 嚴柱東, 金冀

---

18) 天道敎有志敎人一同,『東學·天道敎略史』, 1990, 68쪽(출처: 국사편찬위원회 한국사데이터베이스 http://db.history.go.kr).
19) 이돈화, 앞의 책, 71~72쪽.
20) 이돈화, 앞의 책, 84~85쪽.
21) 이돈화, 앞의 책, 85쪽.
22) 성주현, 앞의 글, 88~89쪽.
23) 이돈화, 앞의 책, 제3편 義菴聖師, 44쪽.

培, 羅龍煥, 金明濬, 全國煥, 朴衡采, 鞠吉賢, 崔榮九, 鄭景洙 등이 慕華館 山
房에 모여 大同會를 中立會라 고치고 각 지방의 동학 조직에 통지하였다.[24)
이처럼 이종훈은 진보회의 조직 과정에서 핵심적인 역할을 하였다. 다만
아쉬운 점은 진보회 조직 이후 이종훈의 활동에 대한 자료가 거의 보이지
않는다는 점이다. 그것은 진보회가 중앙 단위가 아니라 지방 조직 단위로
활동을 전개한 때문이 아닌가 생각된다.[25)

3. 1910년대의 민족운동

동학농민운동이 미완의 상태로 끝난 이후 이종훈은 천도교 내의 인물들
과 교류하면서 민족운동에 참여하였다. 『묵암비망록』을 통해 볼 때 그와
밀접하게 교류하였던 인물은 沃坡 李鍾一이었던 것으로 보인다. 『묵암비망
록』에는 이종일이 이종훈 등 천도교의 주요인물들과 민족운동에 대해 논
의, 활동한 사실들이 자세히 기록되어 있다. 이를 통해 1910년대의 이종훈
의 민족운동을 살펴보자.

일제가 조선을 합병한 직후인 1912년 1월 이종훈은 이종일, 林禮煥 등과

---

24) 이돈화, 앞의 책, 제3편 義菴聖師, 44쪽.
25) 이와 관련한 대표적인 연구는 다음과 같다.
· 조항래, 「日本의 對韓侵略政策과 舊韓末親日團體(2)-一進會 組織過程의 時代的
背景과 그 活動相」, 『霞汀 徐廷德敎授華甲紀念學術論叢』, 霞汀徐廷德敎授華甲紀
念論文集刊行委員會, 1970.
· 김종준, 「進步會·一進支會의 활동과 향촌사회의 동향」, 『韓國史論』, 서울대 국
사학과, 2002.
· 성주현, 「1904년 진보회의 조직과 정부 및 일본의 대응」, 『京畿史學』 8, 경기사학
회, 2004.
· 이용창, 「東學敎團의 民會設立運動과 進步會」, 『中央史學』 21, 한국중앙사학회,
2005.
· 한명근, 『한말 한일합병론연구』, 국학자료원, 2006.

일제의 경제적 수탈이 적지 않으므로 농어민을 중심으로 한 민중운동을 전
개하기로 결정하였다. 이를 위해 이들은 농어민에 대한 일제의 경제수탈상
을 먼저 파악하기로 하고 이종훈은 농민의 피해상태, 임예환은 어민의 피
해상태를 조사하기로 하였다.[26] 그리고 한 달 정도가 지난 1912년 2월 25일
이종훈은 농민의 8할 이상은 배일감정이 농후하다고 주장하면서 경기지방
농민을 상대로 시위운동을 일으키면 효과적일 것이라는 보고를 하였고, 임
예환은 서해안 일대의 어민을 대상으로 한 조사의 결과 6할 이상의 어민이
반일감정을 갖고 있다는 보고를 하였다.

이를 바탕으로 이들은 우선 농어민을 상대로 비정치성 집회를 구상하고
향후 서울을 중심으로 노동자를 포섭할 계획을 수립하였다.[27] 이를 위해
이들은 1912년 6월 30일 손병희의 후원 하에 보성사 사원 60여 명이 중심되
어 범국민신생활운동을 계획, 추진하기로 합의한 후 취지문, 결의문, 행동
강령 등을 제정하고 7월 15일을 집회일로 정하였다.[28] 그러나 7월 14일 일
제는 이 집회를 준비했던 이종일을 연행하고 취지문, 결의문, 행동강령 등
을 압수하여 집회는 성사되지 못하였다.[29]

한편 1912년 10월 31일 천도교단을 중심으로 한 민족문화수호운동본부가
조직되어 총재 손병희, 회장 이종일, 부회장 김홍규, 제1분과위원장 권동진,
제2분과위원장 오세창, 제3분과위원장 이종훈 등이 선임되었다. 이외에도
장효근, 신영구, 임예환, 박준승 등 천도교인이 참여하였다. 이 民族文化守
護運動本部는 앞에서 본 범국민신생활운동이 실패로 끝난 이후 이종일이
손병희와 협의하여 추진한 비밀결사의 성격을 갖는 것이었다.[30] 그런데 민

---

26) 이종일, 『묵암비망록』, 1912년 1월 16일.(박걸순, 『이종일』, 독립기념관한국독립
　　운동사연구소, 1997, 229쪽)
27) 이종일, 앞의 책, 1912년 2월 25일(박걸순, 앞의 책, 229쪽).
28) 이종일, 앞의 책, 1912년 6월 30일(박걸순, 앞의 책, 230쪽).
29) 이종일, 앞의 책, 1912년 7월 14일(박걸순, 앞의 책, 230쪽).
30) 이종일, 앞의 책, 1912년 10월 14일(박걸순, 앞의 책, 231쪽).

족문화수호운동의 방법으로 이들이 구상했던 것은 민중시위운동이었다.[31] 민중을 동원하기 위해 이들은 강연회를 통해 민중들의 의식을 각성시키고자 하였다. 그리하여 1913년 5월 7일 보성사에서 이종일이 '永生不朽設로 勉諸敎友'라는 제목으로 강연을 하였으며,[32] 1914년 4월 29일 이종훈은 '민족문화수호의 의의'에 대하여 100여 명의 청중을 대상으로 강연을 하다가 연행되었다.[33]

또한 천도교에서는 1914년 8월 31일 보성사 내에 천도구국단이라는 비밀결사를 만들어 이종일을 단장으로 선출하였다.[34] 천도구국단은 제1차 세계대전에서 일본의 승패를 분석하면서 일본이 패전하였을 경우 조선은 독립할 것이라 예측하고 그러한 상황이 도래할 때 천도구국단이 정권을 담당할 모체가 될 수 있도록 준비하고자 하였다.[35] 그리고 운동방법으로는 민족문화수호운동본부와 마찬가지로 민중시위운동을 채택하였다.[36] 이를 위해 이종훈과 이종일은 제1차 세계대전의 종전이 가까웠던 1916년 2월 조선의 각계 원로들을 접촉하여 민족운동에 참가할 것을 촉구하기로 하고, 이종훈은 이상재, 김홍규은 한규설, 신영구는 윤용구, 장효근은 김윤식, 홍병기는 박영효, 이종일은 남정철을 방문하기로 역할을 분담하였다.[37] 그 결과 기독교의 이상재만이 협조[38]하겠다는 의사를 피력하여 민중시위운동은 천도구국단의 힘만으로 이행할 수밖에 없다는 결론을 내리게 되었다.

이상에서 볼 때 이종일과 이종훈은 민중시위운동을 독립운동의 주요한 방법으로 설정하고 있었음을 알 수 있다. 그리고 이들은 천도교를 민중시

31) 이종일, 앞의 책, 1913년 4월 6일(박걸순, 앞의 책, 232쪽).
32) 이종일, 앞의 책, 1913년 5월 7일(박걸순, 앞의 책, 233쪽).
33) 이종일, 앞의 책, 1914년 4월 29일(박걸순, 앞의 책, 235쪽).
34) 이종일, 앞의 책, 1914년 8월 31일(박걸순, 앞의 책, 236쪽).
35) 이종일, 앞의 책, 1914년 11월 19일(박걸순, 앞의 책, 237쪽).
36) 이종일, 앞의 책, 1915년 1월 25일(박걸순, 앞의 책, 238쪽).
37) 이종일, 앞의 책, 1916년 2월 20일(박걸순, 앞의 책, 240~241쪽).
38) 이종일, 앞의 책, 1916년 3월 3일(박걸순, 앞의 책, 241쪽).

위운동에 동원하기 위하여 천도교주 손병희의 동의를 구하고자 하였다. 그
리하여 이종일은 수시로 손병희에게 민중시위운동에 나서줄 것을 요청하
였고 이에 대해 손병희는 1917년 5월 15일 자금지원뿐만 아니라 민중시위
운동에 적극 참여할 것이라는 의사를 밝힘과 동시에 이종훈, 권동진, 최린,
오세창 등을 민중시위운동의 창구로 할 것을 지시하였다.[39]

이러한 연장선에서 1918년 이종일은 손병희에게 시위운동을 전개할 것을
강력하게 주장하였다. 이에 손병희는 권동진, 오세창, 최린에게 시위운동의
가능성을 타진하라고 지시했다면서 만류하였다.[40] 그리고 1918년 5월 손병
희의 지시를 받은 이종훈은 권동진, 오세창, 최린과 함께 독립운동의 원칙
으로서 대중화 · 일원화 · 비폭력의 3원칙을 제시하였다. 그리고 9월 9일 민
중시위에 의한 독립운동을 전개하고자 하였으나 최남선이 작성하기로 했
던 독립선언서가 완성되지 않아 일단 시위운동은 중지하게 되었다.[41] 그리
고 12월 15일 앞의 3원칙을 확인하였다.[42]

4. 3·1운동 참여

이와 같이 천도교계에서 민중시위운동에 의한 독립운동을 준비하는 한
편 계기를 찾고 있었다. 이러한 상황에서 지난 10년여 간의 무단통치는 일
제에 대한 조선 민중의 반일 의식을 강화시켰으며, 1919년 1월 22일 고종의
사망을 둘러싼 독살설은 조선 민중의 반일 감정을 더욱 고조시켰다. 더욱
이 이 시기는 국제적으로도 1917년의 러시아혁명의 성공과 민족자결주의의
영향으로 약소민족의 독립과 해방에 대한 기운이 확산되고 있던 시기였다.

---

39) 이종일, 앞의 책, 1917년 5월 15일(박걸순, 앞의 책, 243쪽).
40) 이종일, 앞의 책, 1918년 2월 28일(박걸순, 앞의 책, 247쪽).
41) 이종일, 앞의 책, 1918년 11월 10일(박걸순, 앞의 책, 248쪽).
42) 이종일, 앞의 책, 1918년 12월 15일(박걸순, 앞의 책, 248쪽).

또한 식민지 본국인 일본에서도 이른바 '다이쇼(大正) 데모크라시'에 따른 형식적 민주주의가 확산되던 시기였다.

이러한 시기에 앞 절에서 본 바와 같이 천도교는 일찍부터 독립운동을 준비하고 있었고 민중시위운동을 독립운동의 방법론으로 생각하고 있었다. 뿐만 아니라 이를 실행하기 위해 실제 기독교와 유림, 그리고 정계의 원로들을 설득하기도 하였다.[43]

이렇게 천도교계가 민중시위운동을 방법으로 하는 독립운동을 모색하던 중 1918년 미국 대통령 윌슨이 민족자결주의를 제창하였다. 이에 대해 이종훈 등과 민중시위운동을 준비하던 이종일은 다음과 같이 말하였다.

> 지난 1월 8일 윌슨 대통령이 정식으로 민족자결주의 원칙 14개조를 발표하여 공식화되었는데 과연 그것이 우리에게 적용될 것인가는 매우 의심스럽지 않을 수 없다. 남의 장단에 의지하는 것보다는 자력으로 자활하겠다는 기백이 더 중요치 않을까 싶다.[44]

> 벌써 2월 16일에는 리투아니아가 독립을 힘차게 선언했다고 하며, 24일에는 에스토니아가 독립을 선언했다고 하는 등 우리의 처지와 비슷한 나라들이 하나 둘씩 독립을 선포하는데 우리는 민중시위 한 번 못하니 이게 될 말인가.[45]

> 체코·유고·폴란드 등이 민족자주권을 선언하기에 이르니 손의암의 결단이 아쉬울 뿐이다.[46]

이상의 인용문에서 볼 수 있듯이 이종일은 민족자결주의에 따라 식민지 조선이 독립하지 못할 가능성이 있다는 사실을 이미 알고 있었다. 그리고 오세창도 1918년말 『오사카마이니치신문(大阪每日新聞)』과 『오사카아사히

43) 이종일, 앞의 책, 1918년 1월 27일(박걸순, 앞의 책, 246쪽).
44) 이종일, 앞의 책, 1918년 1월 27일(박걸순, 앞의 책, 246쪽).
45) 이종일, 앞의 책, 1918년 2월 28일(박걸순, 앞의 책, 247쪽).
46) 이종일, 앞의 책, 1918년 5월 6일(박걸순, 앞의 책, 247쪽).

신문(大阪朝日新聞)』을 읽고 미국의 윌슨 대통령이 민족자결주의를 제창한 사실을 알고 있었다. 그는 윌슨이 주장한 민족자결주의가 직접 전란에 관계된 나라에 한해서 실행되고 그 밖의 나라에 대해서는 실행되기 곤란하다고 생각하고 있었다.[47] 그러함에도 불구하고 이들은 민족자결주의를 이용하여 조선인도 민족자결의 의사가 있다는 것을 발표할 필요가 있다고 생각하였다. 더욱이 리투아니아·에스토니아·체코·유고·폴란드 등의 독립선언에서 민족자결주의가 조선의 독립에 하나의 계기가 될 수 있으리라는 생각을 갖고 있었던 것으로 보인다. 이러한 생각은 이종일이 이종훈, 권동진, 오세창 등과 민중시위운동을 지속적으로 논의하고 손병희와 상의하는 한편 손병희가 결단을 내릴 것을 기대한 사실에서도 보듯이 천도교 지도부에서는 민족자결주의의 한계성을 인식하고 있었던 것으로 판단된다.

또한 앞에서 보았듯이 천도교계에서는 1912년의 범국민신생활운동과 민족문화수호운동, 1914년 천도구국단, 1917년의 기독교·유림 및 정계 원로들과의 연합에 의한 민중시위운동계획이라는 일련의 과정을 거치면서 1918년 5월 손병희의 지시를 받은 이종훈이 권동진, 오세창, 최린과 함께 독립운동의 원칙으로서 대중화·일원화·비폭력의 3원칙을 제시[48]하였던 것이다. 그리고 이 원칙은 3·1운동의 원칙에 반영되었으리라 생각된다.

이와 같이 천도교는 이미 일제의 조선 강점 이후부터 민중시위운동을 통해 조선의 독립을 쟁취하고자 하였다. 이는 최남선의 독립선언서에도 반영되었다. 이렇게 볼 때 '민족대표'가 채택한 3·1운동의 비폭력적 민중시위운동의 원형을 천도교계의 활동에서 찾아볼 수 있는 것이라 생각된다. 이러한 천도교계의 민중시위운동의 추진 계획 속에서 이종훈은 이종일, 권동진, 오세창 등과 함께 손병희의 측근으로서 처음부터 논의에 참여한 것으로 판단된다. 그리하여 이러한 배경 하에서 이종훈은 "오세창·권동진·최린의

47) 국사편찬위원회,『한민족독립운동사자료집』11권, 1990, 52쪽.
48) 이종일, 앞의 책, 1918년 11월 10일(박걸순, 앞의 책, 248쪽).

권유에 따라"[49] 천도교의 장로로서 '민족대표'에 참여한 것이라 주장했으나 실은 앞에서 서술했듯이 이들과 함께 운동을 계획하고 준비했던 것으로 보인다. 그런데 3·1운동 당시 천도교계의 인사로서 '민족대표'가 된 사람은 모두 15명인데 이들은 대부분 장로와 도사, 그리고 각 기관장 중에서 선정하였다. 장로로는 이종훈 외에 洪秉箕가 있었으며, 權東鎭·吳世昌·林禮煥·權秉悳·羅仁協·洪箕兆·羅龍煥은 道師, 崔麟은 보성고등보통학교 교장, 李鍾一은 천도교월보사장이었다.

이종훈은 길선주, 김병조, 윤여대, 정춘수 등 피신한 사람들을 제외한 나머지 대표들과 함께 3·1운동 당일 일제에 체포[50]되어 재판에 회부되었다. 재판 과정에서 그는 "조선민족이 자유를 찾으려고 하기 때문에 독립을 하려고 하였다."[51]거나 "나는 일한합병에는 조선사람인 고로 물론 반대하였고 금후라도 기회만 있으면 (독립운동-인용자)을 할 것이다."[52]고 하여 독립 의지를 명확히 하였다. 그런데 그의 이와 같은 의지는 "선생(손병희-인용자)이 그 계획을 계속하면 가입할 것이다."[53]고 하여 천도교의 틀 내에서 이루어지고 있었음을 알 수 있다.

다음으로 살펴볼 것은 이종훈이 '민족대표'의 1인이기 때문에 이른바 '민족대표'를 어떻게 평가할 것인가이다. 이에 대해서는 크게 '민족대표'의 역할을 긍정하는 주장, 부정하는 주장, 제한적으로 긍정하는 주장 등으로 나뉜다. 긍정론자는 '민족대표'야말로 3·1운동의 이념적, 조직적 지도자라고 주장하며, 부정론자는 민족자결주의에 환상을 품고 독립운동을 준비하기는 하였으나 민중의 혁명적 진출을 두려워하여 일제에 투항하였고 비폭력을 내세움으로써 운동의 실패를 방조하였다고 주장하였다. 이에 반하여 제한

49) 「李鍾勳審問調書」, 『韓民族獨立運動史資料集』 12, 국사편찬위원회, 1990, 36쪽.
50) 「내지혁명소식」, 『신한민보』, 1919년 4월 19일.
51) 「李鍾勳先生取調書」, 李炳憲 編著, 『三一運動秘史』, 時事時報社出版局, 1959, 378쪽.
52) 「李鍾勳先生取調書」, 李炳憲 編著, 앞의 책, 381쪽.
53) 「李鍾勳先生取調書」, 李炳憲 編著, 앞의 책, 385쪽.

적 긍정론자들은 3·1운동을 초기의 기획, 준비 단계와 후기의 민중화 단계로 구분하여 초기에는 지도력을 발휘했다고 주장하였다.[54] 그러나 실제 '민족대표'와 각 지역 단위에서 일어난 3·1운동과의 연관성을 논증한 연구는 거의 없다. 따라서 이를 입증해야만 긍정론이든 부정론이든 설득력을 가질 수 있을 것이다.[55]

그런데 '민족대표' 이종훈의 활동을 통하여 이러한 의문을 해명할 수는 없다. 그것은 3·1운동 당시 그의 활동이 지방의 천도교 조직과의 연락을 담당하거나 운동을 지도한 것이 아니라 중앙 차원에서 운동을 조직하는 일에 종사하였기 때문이라 생각된다. 다만 심문조서를 통해 알 수 있는 것은 예심판사의 질문에 대해 "학생들 중에는 불량한 사람도 있을 것이니 우리들이 선언서를 발표하면 자연 체포될 것이다. 그것을 보고 돌을 던지던지 난폭한 행동이 있을까 생각되어 발표할 장소를 변경하였다"[56]고 하면서 비폭력원칙을 지키고자 했다는 점과 조선총독부와 경무총감부에 독립선언서를 보내어 독립을 청원할 계획이었다고 진술하였다. 이러한 점으로 보아 그는 '민족대표'의 전형적인 모습을 보였다고 할 것이다.

5. 천도교 개혁운동

다음으로 그의 삶은 천도교와 뗄 수 없는 관련이 있으므로 천도교 내에서 그의 직분을 살피면 다음의 〈표 1〉과 같다.

---

54) 역사문제연구소 민족해방운동사연구반, 『민족해방운동사』, 역사비평사, 1990, 147~148쪽.
55) 이와 관련된 연구로는 조성운, 「일제하 수원지역 3·1운동과 민족대표의 관련성」, 『수원학연구』 4, 2007. 참조 바람.
56) 「李鍾勳先生取調書」, 李炳憲 編著, 앞의 책, 385쪽.

〈표 1〉 천도교 내에서의 이종훈의 직분

연도	기관	직분	임명일	기타
1907	顧問室	고문	12월 18일	
1908~1910	職務道師室	道師長		1909년 박인호 대도주 취임
1910	大宗司	司長	12월 8일	1910년 12월 30일 개정 대헌에 따름
1911~1921	道師室	長老	6월 9일	司長에서 長老로 陞任
1923~1924	講道師			
1925	宗法師			
1926~1928	宗法師			신파 중앙 종리원

(자료) 李東初 編著,『天道敎會 宗令存案』, 모시는 사람들, 2005, 465~528쪽에서 작성.

　　그런데 〈표 1〉을 보면 1922년 이종훈은 천도교의 敎職에서 찾아볼 수 없다. 이는 1921년 12월 10일 의정원에서 이루어진 천도교 개혁안은 1922년 1월 7일 춘암 박인호가 종령 126호로 공포한 새로운 종헌에 기인한 것이었다. 새로운 종헌은 대도주 박인호를 교주라 칭하였으며, 연원제도를 폐지하고 교직을 선거에 의해 선출하도록 한 것이 특징이었다. 이에 연원제의 폐지를 반대하는 保守派와 찬성하는 新制派 사이의 분규가 발생하였고, 이에 오영창을 중심으로 했던 보수파는 誠米를 상납하지 않았다. 그 결과 천도교는 재정상의 압박을 받게 되었다. 상황이 이와 같이 전개되자 1922년 4월 5일 천일기념식을 마친 후 교주 박인호는 의암 손병희의 특명이라 하며 사관원제와 연원제의 복구를 발표하였고, 4월 12일에는 교주 중심 체제를 내용으로 하는 敬告 5호를 발표하였다. 이러한 교주 박인호의 정책에 대해 이종훈을 비롯한 오지영·홍병기·윤익선·김봉국·조인성·정계완 등이 항의하며 종의사후원회를 조직하자 박인호는 5월 5일과 12일에 이들을 제적 처분하였던 것이다. 이러한 과정에서 1922년 이종훈은 천도교의 교직에서 제외되었던 것이다. 그러나 1922년 5월 19일 손병희의 사망을 계기로 박인호는 6월 2일 교주직을 사임하고 6월 10일 임시교인대회를 개최하여 無敎主制를 채택하였고, 6월 12일에는 교인대회 대표위원회가 개최되어 제적했

던 이종훈 등을 6월 13일 복권시켰다.[57]

한편 그는 1919년 3 · 1운동 당시 민족대표로 서명하였고, 이로 인하여 2년간의 옥고를 치르다가 1921년 만기 출옥하였다. 그후 북만주 일대를 중심으로 포교활동을 전개하였으며, 1931년 5월 2일 76세를 일기로 사망하였다. 사망 후 영결식장에 걸린 弔旗에 쓰인 "主義一貫 大難三經"(조선농민사 조기), "持難踏險一片赤心爲敎會"(천도교청년당 본부의 조기)라 하여 그의 일생이 천도교와 함께 하였으며, "선생은 교회와 민족을 위하여 鞠躬盡瘁하였습니다."는 이종린의 式辭와 "선생은 육체는 돌아갔으나 사업으로는 영원히 영생을 얻었다."는 이돈화의 式辭에서는 그의 민족운동에 대한 평가가 담겨있다고 할 수 있다.[58]

한편 그의 장남 李東洙와 손병희의 장녀 孫寬嬅가 혼인을 하였으므로 그와 손병희는 사돈지간이다.[59] 따라서 그는 천도교 내에서 상당한 인적 기반을 갖춘 인물이었다고 평가할 수 있다. 천도교 내에서 이러한 인적 기반을 갖고 있었기 때문에 그가 민족대표로 3 · 1운동에 참여하여 재판에서 징역 2년형을 언도 받고 1921년 11월 4일 만기 출소했을 때 그의 집에는 천도교 대도주 박인호가 찾아와 위로하였던 것이라 생각된다.[60]

이와 같이 천도교 내에서는 혼인을 통해 종교적인 연대를 강화하는 사례는 동학 초기에서부터 찾을 수 있다. 즉 최시형의 장남인 崔東羲는 동학의 창시자인 水雲 崔濟愚의 양손이며, 최시형은 자신의 제자인 손병희의 여동생과 혼인을 하였다. 그리하여 최동희는 천도교 3세 교조인 손병희의 조카이기도 하였다. 또한 최동희이 손위 처남은 천도교 장로인 洪秉箕였으며, 최동희의 동생인 崔東昊는 천도교의 주요 인물이었던 吳知泳의 사위였다.

---

57) 천도교중앙총부 교서편찬위원회, 『천도교약사』, 천도교중앙총부출판부, 2006, 194~205쪽.
58) 夜雷, 「正菴은 돌아가시었나」, 『新人間』1931년 5월, 39쪽.
59) 성주현, 앞의 글, 86쪽.
60) 「9개월을 病監에 서대문에서 출옥한 李鍾勳氏談」, 『동아일보』, 1921년 11월 5일.

그리고 3·1운동 이후 천도교 대종사장이 되는 鄭廣朝와 어린이운동으로
유명한 方正煥은 손병희의 사위였다. 따라서 동학은 초기부터 가족주의적
인 성향을 강하게 내포하고 있었다고 볼 수 있다. 그리고 최동희의 경우에
는 이러한 인맥 관계를 바탕으로 혁신운동을 전개할 수 있었다.[61]

이러한 천도교의 가족주의는 교단 내의 다양한 세력을 교주를 중심으로
포용하는 구심력으로 작용하기도 하였으나 교주의 힘이 약화되었을 때는
오히려 천도교의 단결력을 해치는 원심력으로 작용하기도 하였다. 그것은
손병희가 3·1운동 이후 병약해지고 춘암 박인호가 대도주에 취임한 직후
나타난 바와 같다.

그리고 이종훈이 천도교 내에서 이와 같은 위치를 점할 수 있었던 것은
앞에서 볼 수 있듯이 천도교의 중요 敎職을 담당했을 뿐만 아니라 동학농
민운동에 중군장으로 참여했고 1895년 정부에 의해 교수당한 해월 최시형
의 시신을 수습하는 등 교단과 운명을 같이 하였기 때문이라 생각된다.

한편 천도교는 1923년 혁신파와 보수파의 분립이 일어났다. 천도교의 혁
신파와 보수파의 분립은 춘암 박인호의 대도주 취임 이후 근대 체제로의
변화를 꾀하던 과정에서 舊制를 고수하고자 하였던 박인호와 新制를 추진
하던 세력 사이의 의견대립에 따른 것이었다. 이종훈은 이 과정에서 신파
에 가담한 것으로 보인다. 이 때 박인호와 의견을 달리 한 인물은 이종훈
외에 洪秉箕·羅龍煥·羅仁協·林禮煥·洪基兆·李炳春·鄭桂玩·李鍾奭·
朴準承·吳知泳·洪基億 등 천도교의 최고 지도층이었다.[62]

그의 이러한 모습은 당시 부르주아 민족주의자들의 한계를 보여주는 것
이기도 하지만 동시에 일제의 식민지 통치에 대응하는 천도교단의 방침 혹

61) 이에 대해서는 이준식, 「최동희의 민족혁명운동과 코민테른」, 『역사와 현실』 32,
    1999를 참조 바람.
62) 오지영, 「천도연혁대개」, 『동학사(초고본)』(출처: 국사편찬위원회 한국사데이터
    베이스(http://db.history.go.kr)

은 이념에 기인한다고 할 수 있다. 즉 1910년대 국내외의 독립운동자들은
외교론·실력양성론·무장투쟁론 등 다양한 독립운동방략을 모색하였다.
천도교단의 주류인 문명파는 대한제국 이래 실력양성노선을 고수하면서
교육운동에 주력하였다.[63] 바로 이러한 천도교단의 흐름이 이종훈으로 대
표되는 '민족대표'의 활동에 그대로 담겨있다고 볼 수 있지 않을까 한다.

1921년 11월 4일 만기 출옥한 이후 그의 활동은 다시 천도교단을 중심으
로 이루어지고 있다. 다만 1922년 12월 그는 민립대학기성준비회의 발기인
으로 참여하였다. 민립대학기성준비회의 발기인은 다음과 같다.

李商在 玄相允 崔奎東 李鍾勳 鄭大鉉 高元勳 韓龍雲 李昇勳 姜邁 許憲 張
斗鉉 宋鎭禹 張德秀 李相協 任璟宰 張膺震 鄭魯湜 崔麟 洪性偰 李甲成 白
南奎 薛泰熙 金一善 朴熙道 吳鉉玉 俞星濬 朴勝鳳 李鍾駿 李光鍾 金佑鉉
申明均 李時琓 李奉和 李鉉植 金貞植 崔淳鐸 姜栢淳[64]

그런데 이종훈은 이 이후에 민립대학설립운동에서 이름이 보이지 않는
것으로 보아 이 운동과의 관련을 끝낸 것으로 보인다. 그것은 천도교가 민
립대학설립운동에 조직적으로 참여하지 않은 것과도 관련이 있는 것으로
보인다. 또 1923년 5월 28일 지방교황을 시찰하기 위하여 원산을 비롯한 북
부지방과 북간도의 龍井, 局子街, 頭道溝, 銅佛寺 등 각지를 방문한 사정 및
1922년 5월 19일 손병희의 사망 이후 불거졌던 천도교 혁신문제에 따른 천
도교의 내홍문제 등에 기인한 것이라 생각된다.

그리고 그는 최시형의 손자인 최동희가 조직한 고려혁명위원회의 고문
으로 참여하였다. 고려혁명위원회는 최동희의 천도교 혁신운동과 맥을 같
이 하는 것이었다. 최동희는 1921년 4월 教憲 改制, 제도 해방, 평등 자유와

63) 김정인, 「손병희의 문명개화노선과 3·1운동」, 『한국독립운동사연구』 19, 독립기
　념관 한국독립운동사연구소, 2002, 66쪽.
64) 「民立大學準備會布告文」, 『조선일보』, 1922년 12월 7일.

인내천에 본령을 둘 것을 주요 내용으로 하는 교단혁신을 주장하였으며, 5월에는 사회주의사상의 연구를 표방하면서 思想講究會를 조직하였다. 최동희가 이와 같이 혁신을 추진할 수 있었던 것은 그가 최시형의 손자라는 점이 크게 작용하였다. 즉 그는 3·1운동으로 옥고를 치른 이종훈, 홍병기, 나용환, 나인협, 권병덕 등 원로들의 지지를 얻어 이와 같은 일을 추진할 수 있었으나 1922년 4월 와병 중이던 손병희가 끝내 교단 개혁을 지지하지 않자 서서히 천도교 중앙의 주도권 다툼에서 밀리기 시작하였다. 결국 손병희 사후 천도교는 정광조, 최린 등이 주도권을 장악했고, 최동희는 이 과정에서 고려혁명위원회를 구성하였던 것이다.[65] 이 고려혁명위원회는 고려혁명당의 전신이라 불러도 좋을 것이다.

고려혁명위원회 이후 이종훈이 어떠한 민족운동단체에 가입하여 활동했다는 증거를 찾기는 어렵다. 이돈화는 이종훈이 1921년 출옥 이후 만주에 대한 포교활동에 힘을 기울였다고 하였다. 따라서 1920년대 이후 만주지방에서 발생한 천도교계의 민족운동에 이종훈이 영향을 끼쳤을 가능성은 있다고 할 것이다.

6. 맺음말

이상에서 우리는 정암 이종훈의 삶과 민족운동에 대해 개략적으로 정리하였다. 이를 다음의 몇 가지로 요약할 수 있다.

첫째, 이종훈은 동학농민운동에 참여하여 무력에 의한 변혁운동을 전개하였다. 그는 경기도 편의장으로서 기포하여 손병희의 휘하에서 좌익으로 활동하였다. 그리고 동학농민운동 이후 최시형과 손병희의 피신을 돌보면서 측근에서 보좌하였다.

---

65) 고려혁명위원회에 대해서는 이준식, 앞의 논문을 참조바람.

둘째, 이후 이종훈은 1901년 손병희가 일본에 망명한 후 동학 자제의 일본 유학을 추진하고 일본 군부와 연계하여 조선의 정치개혁운동을 추진하는 것을 도왔다. 특히 1904년 이른바 갑진개화운동이 전개될 때 이들은 중요한 역할을 하였다. 그리고 1905년 12월 동학이 천도교로 바뀐 후 이종훈은 손병희를 지지하거나 받들며 지방과 중앙에서 천도교의 발전에 공헌하였다.

셋째, 이종훈은 1910년 일제의 조선 강점 직후 천도교의 틀 내에서 보성사 사장이었던 이종일과의 협의를 통해 민중시위운동의 방법으로 독립운동을 준비하였다. 그것은 범국민신생활운동, 민족문화수호운동, 기독교·유림 및 구정객과의 연합에 의한 것이었다. 그리고 이 과정에서 특히 주목되는 것은 이종훈 등이 제시했던 대중화·일원화·비폭력이라는 민족운동의 3원칙과 민중시위운동의 방법론은 곧 3·1운동의 방법론과 같은 것이었다. 결국 천도교에서는 이미 3·1운동의 원칙과 방법론을 이미 일제의 조선강점 직후부터 준비하고 있었던 것이라 생각된다.

넷째, 이종훈은 3·1운동의 '민족대표'로 참여하면서 천도교 내부에서 운동을 준비하였던 것으로 판단된다. 그것은 이종훈이 권동진·오세창·최린 등의 권유에 따라 '민족대표'로 참여한 것이 아니라 이미 운동의 계획 단계에서부터 천도교 외부와 내부의 역할분담이 이루어졌을 가능성을 보여준다고 할 것이다. 그리하여 권동진·오세창·최린 등이 주로 운동의 지도부로서 천도교단의 외적 활동을 담당하고 천도교 내부에 대해서는 이종훈 등이 담당하도록 한 것이라 판단된다.

다섯째, 3·1운동 이후 이종훈은 1922년 고려혁명위원회의 고문으로 참여하였다. 고려혁명위원회는 최시형의 손자이며, 손병희의 조카, 홍병기의 손위 처남인 최동희가 천도교 내의 인적 기반을 바탕으로 천도교에 대한 혁신을 추진하는 과정에서 조직된 단체이다. 그리고 이후 고려혁명당으로 발전하였다. 이는 이종훈이 1922년 천도교의 혁신을 주장하며 조직한 종의

사후원회와 그 맥락을 같이 하는 것이라 보인다. 이는 그가 혁신파와 보수
파의 분립시 천도교 혁신파를 선택한 것에서도 알 수 있다.

결국 이종훈은 천도교의 혁신을 주장하면서 근대적인 종교로의 발전을
꾀했던 인물이며, 이를 바탕으로 민족운동을 전개한 '천도교인'이었다고 할
것이다.

김포지역의 3·1운동의 역사적 의의

-김포지역사적 관점에서-

1. 머리말

잘 알려져 있듯이 경기도지방은 3·1운동에 적극적으로 참여한 대표적인 지방이었다. 이에 따라 경기도의 각 지역에서 전개되었던 3·1운동에 대한 연구도 비교적 많이 축적되어 있다고 할 수 있다. 그러나 기존의 연구는 주로 수원[1]과 안성[2]지역을 중심으로 이루어졌으며, 최근에야 용인, 인천, 김포 등지의 3·1운동에 대한 연구가 이루어져 경기도지방의 3·1운동사[3]에 대한 연구의 폭과 깊이가 확대되었다. 또한 이들 연구를 통해 그 동안 알려지지 않았던 새로운 사실들이 밝혀지기도 하였다.

---

1) 수원지역의 3·1운동에 대한 연구사는 조성운, 「수원지역 근현대사 연구의 동향」, 『기억과 전망』 2004년 겨울호(통권 9호) 및 박환, 「수원지역 민족운동사 연구 동향과 과제」, 『수원학연구』 2, 수원문화원 수원학연구소, 2005를 참조 바람.
2) 안성지역의 3·1운동에 대한 연구 동향은 박환, 『경기지역 3·1독립운동사』(선인, 2007)이 참조된다.
3) 경기도지방의 3·1운동에 대해서는 다음의 연구가 참조된다. 경기도사편찬위원회, 『경기도항일독립운동사』, 1995; 박환, 위의 책; 이지원, 「경기도지방의 3·1운동」, 『3·1민족해방운동연구』, 청년사, 1989.

이와 같이 최근 경기도지방의 3·1운동에 대한 연구는 비교적 활발히 이루어지고 있다. 이러한 현상은 1995년 지방자치제가 전면적으로 실시된 이후 각 지방자체단체가 자기 지역의 정체성을 확립하기 위한 방법의 하나로서 市史와 郡史의 연구와 편찬에 노력한 결과이기도 하였다.

이 과정에서 지금까지 주로 향토사가에 의해 주도되던 지역사에 대한 연구에 대학에서 전문적으로 공부한 학자들이 참여하기 시작하였다. 이로써 지역사에 대한 연구는 방법론적으로 이전의 연구 수준을 뛰어넘게 되었다. 또한 지역사에 대한 연구가 활발히 이루어지고 있는 일부 지역에서는 지역사에 대한 연구회나 연구소가 조직되어 지역사 연구를 선도하기도 하였다.4) 이처럼 지역사에 대한 지역사회의 요구가 커지면서 지역사에 대한 연구는 현재 매우 활발히 전개되고 있다.

김포지역은 지역사에 대한 관심과 연구가 그리 활발히 진행되지 못한 지역 중의 하나였다. 그러나 2006년 3월 23일 오라리장터 3·1만세운동기념사업회가 주최한 「오라리장터 3·23만세운동기념 학술심포지움」이 개최되고 김진수의 『김포항일독립운동사』가 간행되면서 김포지역에서도 지역사에 대한 연구가 본격적으로 진행되기에 이르렀다.

이것은 지역사의 측면에서 보면 대단히 중요한 의미를 갖는다. 곧 대규모 택지 개발을 통해 지속되던 지역의 공동체가 급속도로 붕괴되면서 정체성을 상실하는 위기 속에서 자기의 정체성을 유지하고 보존하려는 적극적인 노력의 소산이라 할 수 있기 때문이다. 특히 3·1운동은 일제의 식민지배에서 벗어나고자 했던 전민족적이고 거국적인 운동이었기 때문에 각 지역의 민중들이 함께 참여했다는 사실은 민족적 정체성과 함께 지역적 정체

---

4) 대표적인 지역으로는 수원을 들 수 있다. 수원에서는 1995년 수원문화원 부설 수원문화사연구회가 조직되어 『수원문화사연구』를 창간하여 현재까지 7집까지 발간하였으며, 2005년에는 수원학연구소가 역시 수원문화원 부설로 조직되어 『수원학연구』를 3집까지 간행하였다. 이외에도 수원지역에는 정조사상연구회, 화성연구회 등이 조직되어 활발한 활동을 전개하고 있거나 전개하였다.

성을 동시에 구현한다는 의미에서 대단히 큰 의미가 있다고 할 것이다.

김포지역사에 대한 연구는 이제 시작단계이기 때문에 김포지역의 3·1운동에 대한 연구 역시 그리 축적되어 있는 형편이 아니다. 김진수의 저서[5]와 「오라리장터 3·23만세운동기념 학술심포지움」에서 발표한 논문[6]이 거의 전부라 할 수 있다. 이러한 연구들에서는 김포지역의 3·1운동에 대한 제반문제점들을 다루었다. 즉 김포지역 3·1운동의 사회경제적인 배경, 김포지역 민족운동의 성장과 그 맥락, 3·1운동에 참여한 동기 및 주도세력의 성격 분석, 그리고 3·1운동 이후 김포지역의 민족운동의 성장 등에 대해 서술하였다. 그러나 이 연구들은 기본적으로 개괄적인 서술에 그친다는 한계를 가지고 있다. 특히 3·1운동에 대한 연구는 김진수가 그 토대를 마련하였지만 김포지역 3·1운동 주도세력의 참여 동기, 운동의 준비과정, 운동의 전개 과정, 중앙과의 연락, 김포지역 3·1운동에 대한 일제의 대응 등에 깊이 있는 분석에 이르지 못하였다.

본고에서는 이러한 김포지역 3·1운동의 한계성을 인식하면서 김포지역 3·1운동의 전개과정을 다시 확인하면서 일제가 김포지역의 민심으로 어떠한 방법과 수단으로 무마하고자 하였는가를 살펴보고자 한다. 이를 통해 김포지역 3·1운동에 대한 연구의 질과 폭이 확대되기를 기대한다.

---

5) 김진수, 『김포항일독립운동사』, 김포문화원, 2006, 2.
6) 이 심포지움에서 발표된 논문은 다음과 같다.
　김인호, 「김포지역의 사회경제적 기초」.
　성주현, 「구한말 김포지역 민족운동세력의 성장과 민족운동」.
　이상일, 「김포지역의 3·1운동과 그 성격」.
　김권정, 「1920년 이후 김포지역의 민족운동」.

2. 김포지역 3·1운동의 배경

1) 사회경제적 배경

김포는 조선시대에는 금양현이라 불렸으며, 1896년 전국 23부를 폐지하고 13도로 개편할 때 군으로 승격되었다. 그리고 1914년 3월 행정구역 개편이 이루어지면서 김포, 통진, 양천군이 김포군으로 통합되었다.[7] 특히 1914년의 행정구역 개편은 면 서기의 증가, 면 재정의 안정화, 면의 행정력 강화 등을 통해 일제의 지방 장악 및 지배를 위한 조치였다. 이를 바탕으로 1917년 '면제'의 실시는 일제가 지방 지배를 위한 일선 지방행정단위로 종전의 군 대신 지방 농민들과 보다 밀접한 관계를 갖고 있는 면을 선택했다는 점에 의미가 있다.[8] 이로써 김포지역에서도 면을 중심으로 한 지방 지배체제가 완성되었다. 이러한 지배체제의 정비는 식민지 조선을 영구히 지배하기 위한 것이었음은 물론이다.

이렇게 행정체제를 개편한 이후 일제는 행정적인 방법 이외에 경제적, 사회적, 문화적인 측면에서 다양하게 조선 사회를 지배하려 시도하였다. 이러한 시도는 지방 사회에서도 예외는 아니었다. 김포지역에서도 경제적인

---

7) 본고에서 말하는 김포지역은 1914년 행정구역개편에 의해 김포군에 통합된 통진과 양천지역을 포함한다. 통합 전 김포군에 속했던 군내면, 석한면, 고현내면은 군내면으로, 검단면, 마산면, 노장면은 검단면으로, 임촌면, 고란채면은 고촌면으로, 통진군에 속했던 부내면, 보구곶면, 월여곶면, 소이곶면, 고리곶면, 방니촌면, 질전면, 봉성면, 대파면, 양릉면, 상곶면은 지역 조정을 거쳐 월곶, 하성, 양촌, 대곶면으로, 양천군의 현내면, 삼정면, 가배곶면, 남산면, 장소면은 양동면과 양서면으로 나뉘었다. 이로써 김포군은 9개면으로 조정되었다. 다른 한편 이 때 경기도내에서 폐합된 군은 김포에 폐합된 통진과 양천군 이외에 교동, 양성, 과천, 양지, 부평, 남양, 풍덕, 죽산, 안산, 삭녕, 영평, 마전, 교하, 음죽, 적성 등 17개 군에 이른다.

8) 최재성, 「1914년의 지방행정구역의 개편과 그 성격」, 수요역사연구회편, 『식민지 조선과 매일신보 1910년대』, 2003, 62쪽.

측면에서는 지주 · 소작관계에 입각하여 농민층에 대한 지배가 강화되었다. 1912년 김포와 통진에 정주하는 일본인은 통계상 없었다9)고 보이나 일본인 소유의 토지가 김포지역에 존재하지 않았다는 것은 아닐 것이다. 보통 일본인 지주는 경성 등 대도시에 거주하면서 지방에 토지를 소유하였을 가능성이 있기 때문이다. 연도가 확인되지는 않지만『朝鮮ノ小作慣行』에 따르면 김포지역에는 일본인 회사농장의 소작인 호수가 1,243호, 일본인 개인 지주의 소작호수가 745호10)로 모두 1,988호에 달하였다. 이러한 통계 수치는 당시 김포지역 전체의 소작인 호수 7,866호11)의 약 25.2%가 일본인 소유의 토지에서 소작하고 있었음을 보여준다. 1933년 현재 김포지역의 전체 인구는 9,902호, 54,659명인데 이 중 일본인의 수는 34호, 293명12)으로서 전체의 0.5%에 불과하였다. 따라서 3 · 1운동 당시 김포지역에 거주하는 일본인의 수는 많지 않았다고 할 수 있다. 그런데 0.5% 정도에 불과한 일본인의 토지를 경작하는 소작농의 비율이 25.2%라면 김포지역 내 일본인 혹은 일본인 소유의 농장의 토지 규모는 대규모라 볼 수밖에 없을 것이다.

『김포군지』에 따르면 1914년 5월 김포군 양동면 목동리에 합명회사 陽東殖産13)이 설립되면서 일본인의 진출이 본격화되었다고 한다.14) 따라서 이 시기부터 김포지역에 일본인이 정주하기 시작하였음을 알 수 있다. 이후 일본인의 수는 점차 증가하였지만 앞에서 보았듯이 1933년까지도 김포지역에 거주하는 일본인의 수는 그리 많은 편이 아니었다. 그것은 서울과 지근의 거리에 있다는 지리적인 요인과 함께 일본인은 소유한 토지의 면적이

---

9) 『朝鮮統督府京畿道統計年報』(大正1~6年), 176~177쪽.
10) 朝鮮總督府, 『朝鮮ノ小作慣行』(下卷), 80쪽.
11) 위와 같음.
12) 朝鮮總督府, 『朝鮮の人口統計』, 1935, 28쪽.
13) 사장은 龜割安藏이었으며, 小林長兵衛, 高橋實親이 이사, 堀內廉一이 감사로 있었던 일본인이 설립한 농림회사였다.
14) 『김포군지』, 1993, 232쪽. 양동식산은 이후 1922년 9월 15일 주식회사로 전환하였다(『해방전회사자료』).

큰 부재지주였다는 것을 의미한다고 할 수 있다. 실제 일본인 회사농장과 일본인 개인지주는 토지의 경작을 위한 최소한의 관리자만을 김포지역에 거주시켰을 가능성이 높다고 할 것이다. 실제 1927년 『동아일보』의 기사에서 볼 수 있듯이 양동식산의 지배인은 오타니(大谷)라는 일본인이었다.[15]

또한 양동식산의 성장과 함께 1918년에는 黃海社가 설립되어 40여 정보의 鴻島坪을 개간하기 시작하였다.[16] 이 황해사는 1920년대 중반에 가토정미소에 매매되었다.[17] 가미타니(神谷宗八)는 1928년 12월 1일 자본금 38만원으로 神谷농장주식회사를 하성면 전유리에 설립하였다.[18] 신곡농장의 설립목적은 1. 토지를 소유하고 농사의 경영 2. 개간 간척 식림 등의 사업경영 3. 위의 사업경영에 필요한 부대사업[19]으로서 이처럼 1910년대 중반이후 김포지역의 토지에 대한 회사농장과 정미소를 중심으로 일본인과 일본 자본의 침투가 본격적으로 이루어지기 시작하였던 것으로 판단된다.

한편 당시 김포지역민은 국세, 지방비부과금, 면비부과금 등에서 경기도의 다른 부군보다 높은 세금을 부담하였다.[20] 이것은 물론 조선총독부의 재정 원천이 기본적으로 토지세에 근거하여 직접세의 비중을 높였기 때문에 상대적으로 토지가 많은 김포지역의 세금 부담이 높을 수밖에 없었던 상황에 기인한다고 할 수 있다. 이러한 상황은 김포지역 농민층의 생활을 더욱 열악하게 만드는 원인이 되었다. 더욱이 소작농의 경우는 높은 소작료로 인해 자신의 삶을 유지할 수 없을 정도였다. 1920년대 중반의 기록이

---

15) 『동아일보』1927년 7월 8일, 「양동식산주식회사 豹變으로 金浦農民 流離 자선한다고 국유지를 대부하여 주민에게 주었다 함부로 떼어」.
16) 『김포군지』, 1993, 232쪽. 黃海社의 연원과 성장에 대해서는 『김포군지』(1993)를 참조 바람.
17) 김인호, 앞의 글, 12쪽.
18) 위와 같음.
19) 『해방전회사자료』. 대표는 神谷宗八, 전무이사는 石田進一, 이사는 渡邊直助, 감사는 平岩義一, 長谷川信孝이었으며, 대주주는 神谷宗八(6330주), 石田進一(500주), 渡邊直助, 平岩義一(각 300주)이었다.
20) 朝鮮總督府, 『朝鮮總督府京畿道統計年報』(大正1~6年), 323~325쪽.

지만 이 시기 김포지역 소작농의 상황을 다음의 신문 기사에서 볼 수 있다.

① 금년 김포에는 과반의 홍수로 전군이 반 이상이나 수해를 당하여 수많은 농민들은 벌써부터 먹을 것이 없어 남부여대하고 동서로 유리걸식하는 실로 비참한 형편에 빠져있는데 설상가상으로 여러 지주들의 무도함은 날로 심하여 일반소작인들의 원성은 자못 높아가는 중 지난 4일 아침에 김포군 하성면 석탄리 705번지 張用文이라는 사람이 김포군 하성면 顚流里 渡邊直造라는 일본사람을 걸어 방화죄로 고소를 제기하였는데 그 자세한 내용을 듣건데 전기 장용문은 종래 피고소인의 관리하는 신곡산업주식회사 농장의 토지를 소작하여 오던 중 지나달 15일에 금면 수확된 전부 4석의 벼를 수확하여 두 섬씩 나누게 되었는바 도변관리인은 그 이튿날 새벽에 서울로 실리겠으니 밤중으로 해안부두에까지 가져다 달라고 함으로 장용문은 조금도 기억지 못하고 그날 밤중에 부두까지 실어다 놓은 것이 공교롭게 그 이튿날 아침에 비가 와서 벼가 젖게 되었으므로 전기 도변이는 벼가 비 맞았다고 분이 나서 농장 별관에 장용문의 것으로 육백여 속을 쌓아둔 노적에 무단이 불을 놓아 전부 타게 하고 그 외 멍석 3개와 발채 등을 태워 재가 되게 하였으므로 장용문은 그의 비행을 책하고 그는 도리어 물어주는 것은 고사하고 무수한 욕설을 함으로 그와 같이 고소한 것이라더라.[21]

② 양동식산이 동리에 사는 김재하의 소작을 모조리 거두었는데 그 이유는 이앙을 하지 않는다는 명목이었고 다시 김시묵 외 율칠명의 소작권도 빼앗았는데 그래서 어쩔 수 없이 사방으로 유리하고 말았다… 원래 이 회사는 지금으로부터 8·9년 전 모가 등 면에 있는 국유미간지 수백정보를 동면의 수백 명을 구제하겠다고 하며 면민 수백명의 연서로 총독부에 진정을 하면서 대부 신청을 한 후 (지금까지 허가는 아니되었음) 대정 9년부터 곧 개간에 착수하여 일반에게 소작을 하게 하여 오던바 작년에 와서는 돌연히 전에 없던 세를 매겨서 즉 소작료를 육할(소작료는 이전과 같음) 외에 짚(고초)도 육할을 각 소작농에게 달라고 함으로써 앞서 김시묵 외 칠팔인이 군과 경찰서에 진정을 하였던 바 군과 경찰서에서도 소작인을 동정하여 수차례 그 회사의 지배인으로 있는 大谷씨를 수차례 불러다가 말을 하였다.[22]

---

21) 『동아일보』 1925년 12월 10일.
22) 『동아일보』 1927년 7월 8일.

③ 김포군 검단면 왕광리 소작인 일동이라고 쓴 탄원서가 들어왔는데 이곳
왕광리에는 전부 禹某씨의 땅이고 우리는 전적으로 여기에다 생령을 달고
있습니다. 금년은 풍년이라고 하여도 말로만 풍년이지 우리들의 생활은 더
욱 위협을 받고 있습니다. 그리하여 장차 유리구걸의 참경에 방황하게 될
뿐인데 … 지주는 무리하게 소작료 이외 가봉이니 무엇이니 하여 우리가
피와 땀으로 만든 곡식을 너무나 착취하여 가니 어찌 살 수 있겠습니까.
현명하신 경찰관은 우리의 참담한 정경을 굽어 살피사 사실을 조사하여서
부디 부당한 지주를 징치하여 주십시오.[23]

위의 사례에서 보듯이 김포지역의 소작농은 대략 60% 정도의 고율의 소
작료를 납부하였으며 이외에도 지주들은 소작인에게 짚(고초)이나 운반비
용 등과 같은 여타의 비용을 부담시키고자 하였다. 또한 수해임에도 불구
하고 소작료를 인하하거나 소작인의 형편을 원조하려는 노력은 없이 소작
인들을 착취하였음을 알 수 있다.

그러나 다른 기록에는 "畿內에서 대경지 면적을 점유한 五郡中第五位가
되는 이 金陵은 巴陵의 勝狀과 通津의 穀鄕을 아울러 河海가 삼면을 둘러
싸고 田野가 사방으로 열리었으니 지리도 이만하면 남만 못하지 않고 경지
16,163町步나 되는 토지에 엇붙어서 먹고 사는 농가 7,786戶가 평균 每家 2
町步의 이윤을 얻어서 남달리 빈부 현격의 차가 없음은 나도 돈이 있다는
자랑을 할만도 하다."[24] 할 정도로 김포지역 농민층이 비교적 부유하였다
는 사실을 전하고 있다. 이를 종합하면 고율의 소작료를 부담하였으나 김
포지역의 농민층의 생활 상태는 비교적 여유가 있었다고 볼 수 있다.

여기에 김포지역 소작농민의 대지주투쟁의 특징이 있다고 볼 수 있다.
보통 이 시기 다른 지역의 농민운동이 주로 농민조합운동의 형태로 나타나
는데 비해 김포지역은 1920년대 초반 이래 소작인조합이나 농민조합 등 농
민운동단체의 존재가 보이지 않는 것이다.

23) 『중외일보』 1927년 12월 4일.
24) 「新局面을 展開하는 金浦郡」, 『開闢』 50, 70쪽.

2) 민족운동사적 배경

김포지역 3·1운동의 발생 배경으로서 사회경제적인 조건과 함께 고려되어야 할 것이 주체적 역량으로서의 민족운동의 흐름이다. 구한말 이래 김포지역의 민족운동은 크게 의병항쟁과 애국계몽적인 성격의 민족운동으로 나누어 살필 수 있다.

이를 위해 김포지역에서 있었던 일본 관련 사례를 정리함으로써 이 지역민의 일본에 대한 인식을 통감부가 설치되는 1905년 이후의 사실을 중심으로 살피고자 한다.

첫째는 조선인에 대한 행패 및 수탈 행위이다. 몇 가지 사례를 살펴보면 다음과 같다.

① 1905년 1월 12일 상야길태랑이 조선인 5~6인을 끌고와 행패를 부리고 재물을 약탈했으니 일본공사관에 조회하여 처벌해달라는 김포군수의 보고[25]
② 일본인 3명이 김포군에 와서 役夫 300명을 强募한 사실과 이로 인한 민정의 비등과 장차의 확산을 우려하여 日軍臨時鐵道監部 해결해줄 것을 외부대신 이하영이 최촉한 사실[26]
③ 김포군에 조만간 일본 병참을 신설했는데 김포군 경무분서에서 각 면에 매달 닭 15수와 계란1첩씩을 징수하여 공급하도록 하고 가격은 시장값의 반만 내고 있어 사람들이 곤란하다는 기사[27]
④ 김포군에 주둔한 헌병 오장 중본방태랑이 역부에게 대금을 주지 않고 군내 닭과 계란을 늑탈하여 원성이 자자하다고 하다.[28]

이상의 사례에서 보듯이 김포지역에서는 일본군의 행패와 수탈이 그치

25) 『대한매일신보』 1905년 1월 18일.
26) 『고종시대사』 1905년 6월 1일.
27) 『대한매일신보』 1908년 5월 9일.
28) 『대한매일신보』 1908년 12월 8일.

지 않고 진행되어 김포군민의 일본에 대한 인식은 그리 좋은 편이 아니었
을 것이다. 특히 이 시기는 1905년 통감부가 설치된 이후이기 때문에 일본
의 조선침략에 대한 조선민중의 각성이 이루어진 시기이므로 반일감정은
더욱 커졌을 가능성이 높다고 할 것이다.

　이러한 상황 하에서 김포지역에서도 항일의병투쟁과 학교 설립을 중심
으로 한 애국계몽운동이 전개되었다. 먼저 의병항쟁을 살펴보도록 하자.

　1906년 한강을 사이에 두고 있던 김포군 楓谷里와 고양군 外坡洞 일대에
바다를 무대로 의병부대가 군량미를 획득하기 위한 활동을 전개[29]하고 있
던 의병활동이 의병항쟁에 관한 김포지역 최초[30]의 기록이라 할 수 있다.
이에 김포군수 이성직은 의병을 토벌하기 위해 양총 8정을 구입하기로 하
고 대금은 일반 인민에게 부담하도록 하여 원성을 사기도 하였다.[31]

　이렇게 시작된 김포지역의 의병항쟁은 1907년 8월 군대해산 이후 본격적
으로 전개되었다. 강화에서 해산된 구한국군인 10여 명이 관아를 습격하여
군수에게 총기와 탄약을 강청하였으며,[32] 1907년 12월 3일 밤에는 임촌면
장촌리의 윤용구의 집에 의병의 使者가 와서 주인을 誘勸하고 4일에는 읍
내 민가 두 집에 격문을 첩부하였다.[33] 1908년 4월에는 의병이 통진군 조강
리의 부호 鄭成汝의 집에 돌입하여 정성여와 이장을 인질로 군자금을 요구
하는 사건이 발생하였다.[34] 이에 정성여는 票를 써 준 후 피신하였으나 의
병은 정씨가 없자 그의 아들을 위협하여 인질로 잡아 그들이 요구했던 군
자금을 마련하였다.[35] 그리고 1908년 5월에는 김포군 후곶(後串)에서는 의
병이 일본상인이 백미 수십 석을 배에 싣고 가는 것을 보고 모두 탈취하였

29) 『만세보』 1906년 11월 1일.
30) 성주현, 앞의 글, 37쪽.
31) 『만세보』 1907년 1월 8일.
32) 『대한매일신보』 1907년 8월 14일.
33) 『대한매일신보』 1907년 12월 12일.
34) 『황성신문』 1908년 4월 15일.
35) 『대한매일신보』 1908년 4월 23일.

다.36) 같은 해 5월 9일에는 통진군 행곶면에서 의병 20여 명이 김포분견소 헌병대와 20여 분 교전하였으며,37) 6월 7일에는 통진군의 김유복이 통진군 마진포에서 일본어선 4척을 습격하여 금품을 탈취하고 2척을 불살랐으며, 9월 20일에는 일당 3명이 통진군에 들어와 순사주재소를 정탐하다가 체포되었다고 한다.38) 7월에는 통진군수로 있던 의병장이 군내 사람들로 의병을 구성하고 통진군 순사주재소의 순사를 습격하여 죽이겠다고 하였다고 한다.39) 1908년 8월 29일에는 통진군 조강리에서 의병 30여 명이 일본 헌병 및 헌병보조원과 교전하였고,40) 1909년 3월 27일 통진군 동남쪽 약 20리 부근에서 의병 30여 명이 헌병분견소 병사 3명 및 순사 4명과 교전하였다.41) 또 '폭도' 40여 명이 1909년 4월 12일 통진군 사초리에 돌입하여 인민을 위협하고 군수전을 강탈해갔다는 기록도 보인다.42)

이와 같은 김포지역의 의병항쟁을 지역적으로는 주로 구 통진지역을 중심으로 전개되었다는 특징이 있다. 이러한 현상이 나타난 원인에 대해 향후 구명해야 할 것이다. 이러한 의병투쟁의 영향인지는 확인되지 않으나 일제는 조선을 강점하기 직전인 1910년 김포군에 아키야마(秋山英太郎)를 서장으로 하여 경찰서를 신설하고 양천군과 통진군을 관할하게 하였다.43)

다음으로는 애국계몽적인 활동을 살피기로 한다. 김포지역의 애국계몽 활동은 주로 학교의 설립을 통한 교육활동에 집중되어 있으며 학회 활동 등에 대한 기록은 찾을 수 없었다. 그리고 국채보상운동 역시 활발하게 전개되었음도 확인할 수 있었다.44)

---

36) 『대한매일신보』 1908년 5월 6일.
37) 『대한매일신보』 1908년 5월 15일.
38) 『대한매일신보』 1908년 9월 29일.
39) 『대한매일신보』 1908년 7월 16일.
40) 『대한매일신보』 1908년 9월 16일.
41) 『대한매일신보』 1909년 4월 1일.
42) 『황성신문』 1909년 4월 13일.
43) 『대한매일신보』 1910년 6월 9일.

1906년 말 학부의 사립학교 조사에 의하면 전국의 173개의 사립학교 중 경기도에는 72개교[45]로서 전체의 41.16%에 해당하였다. 그만큼 경기도지방의 학교설립이 활발히 전개되고 있음을 알 수 있다. 1910년 7월에는 경기도에 각종학교 139개, 종교학교 44개 등 183개교의 사립학교가 설립되어 운영되었다.[46] 김포지역에는 금릉학교, 신명야학교, 통진군에서는 분양학교, 분남학교(심계택이 설립, 대한매일신보, 1906년 12월 6일, 이인혁, 심상대, 이건영 등 30명이 7~8년 동안 강회를 열어 모은 180원을 분남학교에 기증), 분남보성학교, 광희학교, 양흥학교, 성산측량학교, 노동학교 등 공사립학교가 설립되어 교육활동에 전념하였다. 특히 오라리장터 만세운동의 주역 중의 한 사람인 임철모는 분남학교의 졸업생이므로 이러한 학교 출신의 인물들이 이후 지역사회에서 어떠한 활동을 전개하였는가를 살피는 것도 향후 과제라 할 것이다.

3. 김포지역 3·1운동의 전개 -오라리장터 만세운동을 중심으로-

1) 만세운동의 전개

앞 절에서도 보았듯이 김포지역은 구한말 이래 사회경제적으로 일본의 침탈을 지속적으로 받아오던 지역이었으며 동시에 항일의병투쟁과 애국계몽운동이 활발히 전개된 지역이기도 하였다. 이러한 주객관적인 배경을 바탕으로 김포지역에서도 3·1운동이 전개되었다. 특히 구한말 이래 성장하던 민족운동은 3·1운동이 가능했던 주체적 요인으로서 기능하였다.

---

44) 이 부분에 대해서는 성주현, 앞의 글을 주로 참조하였다.
45) 『만세보』 1907년 3월 6일.
46) 김상기, 「한말 사립학교의 교육이념과 교육구국운동」, 『청계사학』 1, 1984, 74~75쪽.

　김포지역의 3 · 1운동은 월곶면 군하리, 양촌면 오라리를 중심으로 전개
되었다. 이외에도 고촌면 신곡리와 양동면 양화리에서도 시위가 전개되었
다.

　먼저 월곶면 군하리의 만세운동은 1919년 3월 22일에 발생하였다. 군하
리의 만세운동은 朴容義의 주도 아래 成泰永, 白日煥, 이살눔(李撒路美)의
주도로 진행되었다. 즉 월곶면 군하리의 만세운동은 박용희가 성태영과 李
炳麟에게 독립운동을 권유[47]하면서 시작된 것으로 판단된다. 박용희는 월
곶보통학교를 졸업한 이후 측량강습소를 제1기로 수료하였다. 만세운동을
전개한 후인 1919년 10월 중국 길림으로 망명하여 韓民會를 조직하여 1921
년 5월까지 활동하였으며, 1921년 11월부터 1926년 3월까지 길림성 六家子
에서 김한식, 김영선 등과 함께 三成農場을 경영하여 독립군자금으로 제공
했다고 한다. 1926년 5월부터 1933년 7월까지는 間島組를 설립하여 토목,
청부사업을 하던 중 일본인이 경영하던 大林組에 의해 間島組가 파탄에 빠
지자 일인을 살해하고 소만국경으로 도피하여 생활하던 중 해방을 맞았다.
그는 해방 이후 귀국하여 한국전쟁 전까지 민족청년단에서 활동하였다.[48]
그런데 또 다른 기록에는 이경덕(이살눔)이 성태영, 박용희, 조남윤, 윤종
근, 최복석에게 비밀리에 독립선언서를 배포하고 이들을 중심으로 만세운
동을 준비하였다고 하였다.[49] 이렇게 월곶면 군하리의 만세운동은 운동을
누가 주도하였는가에 대해 2가지의 설이 있다. 만약 이살눔이 중앙에서 독
립선언서를 가지고 왔다면 군하리의 만세운동은 중앙과 연계하여 전개된
것으로 이해할 수 있다. 이것을 이살눔이 경성예수학교 학생이었다는 사실
에서 추측하면 이살눔이 기독교 계통의 연락과 지시를 받고 자신의 고향에

47) 「成泰永, 白日煥, 이살눔(李撒路美)에 대한 판결문」(문서번호는 미상) : 「이병린
　　에 대한 판결문」(문서번호는 미상)
48) 「獨立有功者 功績 調書」및 「獨立有功者 半生履歷書」(국가보훈처 소장)
49) 이용락, 『3 · 1운동실록』, 金井, 1966, 437쪽.

서 만세운동을 전개하였다는 것이 된다. 따라서 김포지역 3 · 1운동이 일정
하게 기독교의 영향을 받고 있음을 의미하는 것이다. 그런데 여기에서 의
문은 3 · 1운동의 전개과정에서 보통 기독교의 영향을 받은 지역은 주로 도
시지역이었고 또 만세운동은 전개한 시기가 비교적 이른 시기였다는 점인
데 군하리장터 만세시위운동은 3월 22일에 발생하였으므로 보다 깊은 천착
과 검토가 필요할 것이다.

다음으로는 본고가 중점적으로 살필 오라리장터의 만세운동의 전개과정
을 살피도록 하자. 양촌면 오라리장터의 3 · 1만세운동은 양촌면 누산리 출
신의 朴忠緖, 박승각, 박승만, 안성환, 전태순 등을 중심으로 한 조직과 대곶
면 초원지리 423번지에서 서당을 설립하고 직접 학생들을 가르치면서 독립
정신을 고취하던 丁仁燮, 임철모를 중심으로 한 조직에 의해 주도되었다.[50]

오라리장터 만세시위운동의 주도자인 박충서는 당시 경성제1고등보통학
교의 졸업반인 3학년 학생으로서 경성에서 전개되었던 만세운동에 적극적
으로 참여하였다. 즉 박충서는 3월 1일 탑골공원의 시위운동에 참여하여
종로, 덕수궁 대한문, 남대문, 각국 영사관 등지를 순회하면서 시위하였으
며, 3월 5일에는 남대문정거장 앞에서 시위하였다.[51] 이에 일본경찰은 그의
부친인 서당 훈장 박승혁에게 강권하여 박충서를 귀향시키도록 하였다.[52]
이는 곧 박충서가 일본경찰이 주목할 정도로 3 · 1운동에 매우 적극적으로
참여하였음을 의미한다. 이러한 박충서가 고향에서 만세운동을 조직하고
주도하게 된 것은 당연한 일이라 할 수 있다. 귀향 이후 박충서는 자신의
삼촌인 박승만과 친지인 안성환, 전태순 등과 협의하여 3월 19일 안성환의
집에서 "독립만세를 부르기 위하여 모이라"는 취지의 통문 수 십 통을 작성
하였다. 그리고 오인환과 양촌면 학운리의 외가친척인 정억만 등 7인을 획

50) 이상일, 앞의 논문, 73쪽.
51) 「박충서 등 7명에 대한 판결문」.
52) 김진수, 앞의 책, 63쪽.

득하여 각각 책임부서를 정하였다. 그리고 이들은 3월 23일 오라리 장날을 이용하여 만세운동을 전개하기로 한 후 자신들이 작성한 통문을 양촌면 각지에 배포하면서 면민들이 만세운동에 적극적으로 참여할 것을 촉구하였다.[53] 또한 이들은 거사 전 주재소의 통신을 차단하기 위해 전화선의 절단을 기도하였으나 사전이 이를 감지한 주재소 경찰에 의해 실패하였다.[54] 3월 23일 오후 2시경 오라리장날 이들은 수 백 명의 군중과 함께 만세시위운동을 전개하다 체포되었다. 여기에서 확인할 수 있는 것은 박충서그룹이 계획적으로 운동을 준비하였다는 것이다. 즉 이들은 책임부서를 정하였고, 통문을 작성하여 양촌면민에 만세운동이 전개될 것이라는 점을 사전에 고지하였으며, 일본경찰의 출동을 저지하기 위해 전화선의 절단을 기도하였던 것이다.

한편 대곶리 초원지리의 정인섭은 3월 초순경부터 전국적으로 만세운동이 발생하였다는 것을 알고 이에 동조하여 적극 참여하기로 하였다. 그는 3월 22일 임철모의 집에서 다음 날인 3월 23일이 오라리장이 서는 날이므로 이 날을 이용하여 시위운동을 전개하기로 결정하였다. 이 결정에 의해 정인섭은 무명천에 "독립만세"라 쓰고 태극기 한 장을 그린 후 3월 23일 오후 4시경 오라리장터에서 만세운동을 전개하였다.[55] 그리고 3월 27일 양촌면의 2개소와 군내면의 감정리에서 횃불시위가 있었다[56]고 하나 구체적인 내막을 알 수는 없다.

이러한 만세시위운동의 결과 박충서, 박승각, 박승만, 정억만, 안성환, 전태순, 오인환 등 7명과 정인섭, 임철모 등이 체포되었다. 이에 해산하였던 시위 군중들은 체포된 인사들에 대한 석방을 요구하면서 주재소를 포위하

---

53) 「박충서 등 7명에 대한 판결문」.
54) 김포군지편찬위원회, 『김포군지』, 1977, 80쪽.
55) 「정인섭 등 2명에 대한 판결문」.
56) 「독립운동에 관한 건」(제31보), 1919년 3월 30일, 『조선소요사건관계서류』(7).

고 격렬하게 시위하다가 이튿날인 3월 24일 오전 7시경 해산하였다. 그리고 이 시위에서 60명이 또다시 체포되었다.[57]

그런데 체포자를 구출하기 위한 이 시위의 군중 수에 대해서는 기록에 따라 150명에서 2000명으로 편차가 크다. 이에 대해 한 연구는 박충서가 이끈 1차시위에 2000명이 참여한 후 2차시위에서 임철모, 정인섭이 체포되자 연행된 시위 주동자를 구출하기 위해 2000명이 재차 모여 주재소와 면사무소를 습격한 것으로 보고 있다.[58] 그러나 이는 '첩보' 수준의 상황보고에 의한 것이어서 믿을만한 것이 못된다고 할 수 있다. 2000명 정도의 인원이 모이려면 수원이나 안성에서 보이듯이 보다 조직적인 동원이 있어야 하는데 오라리장터 만세운동에서는 조직적인 동원의 흔적을 찾기 어렵다. 더욱이 박충서 등이 만세운동을 계획한 것이 3월 19일이고 4일 후인 3월 23일 만세운동이 전개되었으므로 시간적으로도 무리가 따른다. 따라서 일제측의 '첩보' 수준의 문서에 나타난 기록을 그대로 믿을 수는 없다고 본다.

한편 오라리장터 만세시위운동을 포함한 김포지역 3·1운동의 특징으로는 다음의 몇 가지를 들 수 있다. 첫째, 시위가 평화적인 방법에 의하여 전개되었다가 일제의 탄압에 의해 점차 격렬하게 되었으나 수원이나 안성에서 보이는 바와 같은 주재소나 면사무소에 대한 폭력의 행사는 보이지 않았다는 점이다. 즉 태극기를 들고 "대한독립만세"를 고창하였고 주재소, 면사무소로 이동하여 시위를 전개하고자 하였다.[59] 이들이 주재소와 면사무소로 이동하려 했던 것은 일제 식민당국에 독립요구를 전달하고자 했던 것으로 이해된다. 둘째, 위에서 서술했듯이 오라리장터 만세운동의 경우 박충서 등이 조직체계를 갖추어 책임을 부여하였다고는 하나 그것이 민중을 시

---

57) 高第8468號「독립운동에 관한 건」(제25보), 1919년 3월 24일, 『조선소요사건관계서류』(7).
58) 김진수, 앞의 책, 66쪽.
59) 위와 같음.

위에 대대적으로 동원하려 했던 것이라기보다는 만세운동에 참가를 독려하는 수준이었다고 판단된다. 셋째, 경성의 지도부와의 연계 가능성이 보인다는 점이다. 그것은 박충서나 이살눔이 경성제1고등보통학교와 경성예수학교의 학생이었고, 박충서는 3월 1일 당일부터 경성에서 운동에 적극 참여하였으며, 이살눔은 독립선언서를 가지고 김포에 와서 운동을 주도했다는 기록이 보이기 때문이다. 다만 이살눔의 경우 보다 깊은 천착이 이루어져야 김포지역의 3 · 1운동이 중앙과 연계 하에 전개되었다는 점이 명확해질 것이다. 넷째, 운동의 주도세력이 지역사회의 유지출신으로서 지식인이었다는 점이다. 박충서는 당시 경성제1고등보통학교의 졸업반인 3학년 학생이었다. 정인섭은 "정씨네 땅을 밟지 않고는 마을을 제대로 오갈 수 없다."[60]는 천석지기였다. 또한 박충서가 동지로 포섭한 인물들이 대략 20대 중반이며 자신의 인척이었던 것은 박충서가 경제적으로나 신분적으로 이들을 동원할 수 있었던 위치에 있었던 것으로 보인다.[61] 또한 임철모는 구한말 설립된 분남학교를 졸업하고 참봉직에 있었으며 정인섭은 서당교사였다.[62] 다섯째, 다른 지역에서도 공통적으로 보이는 것이지만 장날을 이용하여 대규모의 만세운동을 전개하고자 하였다는 점이다. 다만 고촌면 신곡리의 경우 일제의 사전 봉쇄에 따라 자기 마을을 중심으로 한 소규모의 시위운동으로 전개한 경우도 보인다. 여섯째, 운동에 참여한 인물들이 독립한 이후 국가의 政體를 '구한국으로의 복귀'라 생각했는가 하는 점이다. 군하리 만세운동의 주도자 중 한 사람인 백일환은 "독립만세의 의미는 구 대한국으

---

60) 『김포뉴스』 2001년 3월 31일.
61) 운동 주도세력의 사회경제적 위치는 지역의 사정을 잘 아는 지역의 역사가에게 의존해야 할 부분이라 생각된다. 특히 운동이 전개되었던 지역에서 중심적인 역할을 했던 인물이나 그 인물의 출신 동리 등에 대해 깊이 있는 연구가 요망된다. 예를 들면 집성촌의 여부, 사회경제적 위치, 지역사회에서의 명망 정도, 교육 정도 등 다양한 측면에서 접근이 이루어져야 할 것이다.
62) 김포군지편찬위원회, 『김포군지』, 1992, 238쪽.

로 만드는 것"[63]이라 하였다. 이 부분은 3·1운동 이후 공화정체의 임시정
부가 수립되는 것에 비추어 독특하다고 할 것이다.

2) 만세운동에 대한 일제의 대응

3·1운동에 대한 일제의 대응에 대한 연구는 그리 많지 않다. 기존의 연
구[64]에 따르면 3·1운동에 대해 일제는 초기에는 단순한 시위 정도로 판단
하였으나 4월이 되면서 이러한 판단이 변화된 것으로 보았다. 즉 4월 10일
일본으로부터 조선에 군대를 증파하면서 강경한 진압책을 채택하였다고
보았다. 그러나 일제는 한편으로는 3·1운동을 진압하기 위하여 법적·제
도적 장치를 마련하고 있다. 그리하여 조선총독부는 緊急制令[65]과 騷擾處
罰令을 발포하였다. 특히 소요처벌령을 4월 15일에 발포하여 당일 시행하
기로 하였다. 소요처벌령은 정치의 變更을 목적으로 하여 안녕질서를 방해
하거나 또는 방해하고자 하는 자는 10년 이하의 징역 또는 禁錮에 처하도
록 하였으며 범죄가 발각되기 이전에 자수한 자는 형을 감하거나 면제하는
것을 내용으로 하였다.[66]
한편 조선인이 국내외를 여행할 때 증명서를 발급받도록 4월 15일 경무
총감부령에 '조선인여행취체'를 규정하였고[67] 3·1운동 관련자를 내란죄로
처벌할 수 있는가에 대한 검토도 행하였다.[68] 또한 3·1운동에 관한 일체의
사무를 전담시키기 위해 경무총감부 총무부에 騷擾課를 설치하였다.[69] 이

63) 「成泰永, 白日煥, 이살눔(李撒路美)에 대한 판결문」(문서번호는 미상)
64) 조성운, 「매일신보를 통해 본 경기지방 3·1운동과 일제의 대응」, 『한국민족운동
    사연구』 42, 2005.를 참조 바람.
65) 『매일신보』 1919년 4월 15일,
66) 『매일신보』 1919년 4월 16일,
67) 『매일신보』 1919년 4월 16일,
68) 『매일신보』 1919년 4월 18일,
69) 『매일신보』 1919년 4월 17일.

와 동시에 일제는 격앙된 조선인의 감정을 건드리지 않기 위해 3·1운동 진
압을 목적으로 일본에서 새로 파견한 군대에 조선의 풍속과 습관을 가르치
기도 하였다.[70]

　이와 함께 일제는 조선인이 주둔군에 대해 오해를 불러일으킬 수 있는
행동, 즉 파수병에 대해 폭행을 행사하던지 협박해서는 안된다는 등의 5가
지 항목을 적시하였다.[71] 이외에도 일제는 3·1운동의 사상적 배경이라 할
수 있는 민족자결주의에 대해 조선인민이 잘못 이해하고 있다면서 그들의
기관지인 『매일신보』를 통해 대대적으로 선전하였으며, 조선인 유력자들로
하여금 3·1운동이 잘못된 것이라는 점을 설득하도록 하였다. 또 외국의 언
론에 보도된 3·1운동에 대한 비판적 기사를 『매일신보』를 통해 보도하였
으며, 3·1운동의 원인으로서 조선민족과 일본민족이 상호 이해하지 못했
다며 이를 극복하기 위한 방안으로서 조선인과 일본인이 함께 하는 단체나
사례를 발굴, 소개하고 있다. 또한 시위 과정에서 가옥이 소실되거나 파괴
된 사람들에게 복구비를 지원하였으며, 부상당한 사람들은 무료진료를 시
행하였다. 이러한 일제의 대응은 한편으로는 군사적, 법적, 제도적 장치를
통해 조선민족의 독립의지를 말살하면서 다른 한편으로는 조선인과 일본
인의 동화를 통해 조선을 영구히 지배하겠다는 의도를 내포하고 있는 것이
었다.

　그런데 〈부록 1〉의 기사를 분석하면 김포지역은 경기도 내 다른 지역보
다 만세운동의 횟수나 투쟁 방법에서 보다 온건하였음을 알 수 있다. 특히
보도된 시위의 횟수는 경기지방 전체 102건 중 1건에 불과하다. 그러나 이
시기 민심을 무마하고자 했던 조선총독부의 시책에 대한 기사는 4건이다.
이는 일제가 김포지역을 민심을 무마하려는 시험장으로 이용하고자 했던
것이 아닌가 하는 의구심이 든다. 이를 중심으로 김포지역의 3·1운동에 대

---

70) 『매일신보』 1919년 4월 27일.
71) 『매일신보』 1919년 6월 1일.

한 일제의 대응을 서술하면 다음과 같다.

먼저 김포군수는 시위가 심한 곳을 직접 찾아가 시위 군중들을 설득하였고 면장들도 경찰과 협력하여 설명한 결과 조금도 사상지폐가 없었다고 한다. 이렇게 시위가 진정되자 인근의 고양과 부평에서 피난 오는 사람들도 많았다고 한다.[72] 또『매일신보』에는 경성고등보통학교 4학년으로서 경성에서 시위에 참가하였다가 검사국에 송치되었던 권태선의 부친은 김포군수를 통해 권태선의 선처를 검사국에 요청하여 무죄 방면 받은 후 학교를 찾아가 감사의 말을 전하면서 교장 이하 교관들이 책망하지 않고 오히려 격려하여 감격하였다는 기사가 보도되었다. 이는 학생들이 '잘못'을 뉘우치면 방면하겠다는 것을 내외에 알린 것이라 하겠다. 그리고 5월 3일에는 김포공립보통학교에서 청년강화회를 개최하였다. 이 강화회에는 3·1운동으로 인하여 잠시 귀향한 학생 및 졸업생, 공무 종사자 등 소위 '시대적 청년'의 대부분인 120여 명이 각 면직원의 권유에 의해 참석하였다. 이 강화회의 목적은 청년지도에 있었으며, 경찰서장, 수비대장, 보통학교장, 군수 등이 강의하였다.[73]

이렇게 보면 일제는 3·1운동 이후 흔들리던 지배체제를 재정비하기 위해 노력하였음을 알 수 있다. 그리고 이러한 노력은 조선에 대한 영구적인 지배, 즉 동화를 꾀하는 방향으로 이루어졌다. 이를 위해 일제는 이른바 '문화정치'를 표방하였으나 그것은 동화주의[74]의 강화를 의미하는 것일 뿐이었다. 이처럼 3·1운동 이후 일제의 지배방식이 변화하는 것은 조선군 참모부가 작성한 보고서에도 "2천만 민중에게 흐르는 族姓을 하루아침에 없앨 수 없으며", "수천년래의 문명과 특수한 풍속, 관습을 타파한 것이 조선인의

---

72)『매일신보』1919년 4월 11일.
73)『매일신보』1919년 5월 8일.
74) 동화는 문명개화론적 관점의 동화와 일선동조론적 관점의 동화로 나누어 볼 수 있다(이지원,『日帝下 民族文化 認識의 展開와 民族文化運動』, 서울대학교 박사학위논문, 2004, 137쪽.).

민족정신을 자극하여 자신들의 국가를 만들고자 하는 불만의 요인을 제
공"[75)하였다고 한 것에서 알 수 있다. 다시 말하면 3 · 1운동으로 표출된 조
선인의 독립 요구에서 일제는 식민지 지배에 대한 조선인의 인식과 요구를
다시 보게 되었던 것이다.

4. 맺음말

이상에서 보았듯이 살핀 바와 같이 김포지역의 3 · 1운동은 김포지역의
사회경제적 배경과 민족운동사적 배경을 바탕으로 성장한 운동 역량이 발
현된 것으로 이해할 수 있다. 그것은 김포지역의 3 · 1운동이 단순히 경성으
로부터 유입된 것이 아니라 지역 내부의 운동 역량이 구한말 이래 성장하
였기 때문에 가능한 일이었다. 따라서 지역사회의 역사적 배경을 먼저 이
해하는 것이 3 · 1운동뿐만 아니라 지역사회의 근현대사를 이해하는 기초가
된다고 할 것이다.

김포지역의 3 · 1운동 역시 이러한 바탕에서 연구되어야 한다고 생각한
다.[76) 그러하기에 3 · 1운동에 참여한 지역민들의 영웅적인 투쟁도 중요하

---

75) 舊陸軍省文書, 密第102號其357,朝特報第26號, 1919년 7월 14일호(강덕상편, 『현대
   사자료 26, 조선 2』, 643~656쪽.
76) 여기에서 주의할 것은 지역사가 향토사가 되어서는 안된다는 것이다. 향토사란
   개념은 지역에 대한 애정이 지나치게 강하여 지역의 역사와 문화에 대한 무비판
   적인 이해와 옹호를 우선하는 것이라 하면 지역사는 객관적인 관점에서 지역의
   역사와 문화를 비판적으로 바라본다는 관점이라 할 수 있다. 따라서 지역사를 발
   전시키기 위해서는 먼저 지역 출신의 역사가나 지역 내 대학의 전문 연구자를 적
   극적으로 발굴하고 그들과 함께 연구하는 풍토가 조성되어야 한다. 또한 기존의
   향토사가 혹은 그 집단의 '자존심'에 대한 적절한 이해와 견제가 동시에 필요하다
   고 생각된다. 그것은 최소한 향토사가들의 지역에 대한 이해와 세세한 지식은 전
   문 역사가가 따라갈 수 없다고 생각하기 때문이다. 따라서 이들이 가지고 있는
   콘텐츠를 지역사 연구에 동원할 수 있는 체제를 갖추는 것이 대단히 중요하다고
   생각된다.

지만 그 투쟁에 대한 일제의 대응 역시 그에 못지않게 중요하다는 점을 강조하고자 한다. 그래야만 투쟁의 주체로서의 조선 민중과 그에 대한 대응으로서의 일본의 지배전략에 대한 충분한 이해가 가능해질 것이기 때문이다. 이러한 의미에서 본고에서는 김포지역의 3·1운동의 전개과정과 일제의 대응에 대해 살폈던 것이다.

이를 통해 김포지역 3·1운동에 대한 일제의 대응을 간략하게나마 알 수 있었다. 그리고 그 핵심은 청년층에 대한 교화로 나타났다. 이는 곧 조선의 독립운동에 대한 대책으로서 사회교화정책이 차지하는 비중이 대단히 크다는 것을 의미한다. 사실 사회교화정책은 3·1운동 이후 일제가 채택한 문화정치의 한 축이라고도 할 수 있을 만큼 지배정책에서 차지하는 비중이 컸다. 따라서 이에 대해서는 중앙 단위의 정책뿐만 아니라 김포지역을 포함한 지방 단위의 사실을 구명하는 것이 필요하다고 생각된다. 향후 이와 관련된 연구가 보다 활발히 이루어지기를 기대해본다.

또한 3·1운동의 전통이 1920년대 이후 김포지역의 민족운동 혹은 사회운동에 어떠한 모습으로 반영되었는가를 살필 필요가 있다. 그것은 역사란 단절되는 것이 아니라 계기적으로 발전하는 것이기 때문이다. 향후 김포지역의 민족운동사, 김포지역의 근현대사의 연구가 크게 진전되기를 바란다. 이는 김포지역사 뿐만 아니라 한국민족운동사와 한국근대사의 연구가 보다 풍부해지고 우리 역사의 실체적 접근에 도움이 되기 때문이다.

경기지방의 3·1운동과 일제의 대응

1. 머리말

3·1운동에 관한 연구는 매우 활발하게 전개되었다. 그 결과 연구 논문의 수는 동학농민운동과 함께 단일 주제로는 가장 많이 축적되어 있다고 할 수 있다. 그러나 지금까지의 연구는 대략 저항이라는 측면을 강조하면서 일제의 탄압을 일방적으로 서술하는 수준에 머물렀다고 할 수 있다. 이는 일제의 3·1운동에 대한 태도를 정밀하게 검토하지 않은 탓이라 할 수 있다. 그리고 동시에 3·1운동사연구의 가장 큰 맹점 중의 하나라 할 것이다.

이러한 3·1운동사의 연구 경향은 경기지방의 3·1운동에도 그대로 적용된다. 특히 안성과 함께 경기지방 3·1운동을 대표한다고 할 수 있는 수원지역의 경우에는 더욱 그러하다. 수원지역의 3·1운동에 대한 연구는 다음 절에서 검토하듯이 매우 활발하게 이루어졌다. 그런데 이 연구 성과들은 대개 수원지역 3·1운동의 전개과정 및 운동 주체의 성격을 중심으로 이루어졌다. 특히 천도교인과 기독교인의 3·1운동 참여에 대해 지나치게 관심이 집중되었다는 평가를 할 수 있다. 이는 수원지역 3·1운동의 전체상을 확인하는 데 미진한 점이다. 따라서 수원지역 3·1운동을 보다 입체적으로 입증하기 위해서는 운동의 배경으로서 수원지역의 사회경제적인 상황 및 운동 주체의 성격, 그리고 3·1운동 이후 수원지역 민족운동의 발전, 변화상을 살펴야 할 것이다. 또한 일제가 수원지역 3·1운동에 어떠한 관점에서 바라보고 대응하였는가 하는 점과 시기에 따른 일제의 대응 및 탄압에 대해 살펴야 할 것이다.

본고에서 필자는 이러한 수원지역의 3·1운동의 연구 과제 중 일제의 대응을 『매일신보』의 기사를 중심으로 살피고자 한다. 그것은 『매일신보』가 조선총독부의 기관지로서 일제의 입장을 잘 대변하고 있기 때문이다. 『매일신보』에 게재된 경기지방의 3·1운동 관련 기사는 〈표 1〉과 같이 정리할 수 있다.

〈표 1〉 경기지방 각군의 3·1운동 일지

군	날 짜	횟수
개성	3.7, 3.8, 3.9, 3.10, 3.30, 4.6, 4.7, 4.12, 4.18, 5.22	10
고양	3.8, 3.25, 3.29	3
시흥	3.10, 3.30, 4.3, 4.26	4
인천	3.11, 3.12, 3.18, 4.1	4
안성	3.11, 3.15, 4.4, 5.16, 8.10	5
평택	3.13, 3.25	2
강화	3.16, 3.18, 3.21, 3.22, 3.24, 3.30, 4.3, 4.5, 4.7, 4.13, 4.17, 5.6, 5.25	13
가평	3.18, 3.19, 4.30, 5.16	4
양주	3.18, 3.29, 4.2, 4.3	4
김포	3.25, 4.3, 4.11, 4.12, 5.8	5
연천	3.25, 4.8	2
부평	3.27	1
광주	3.29	1
파주	3.29, 3.30	2
수원	3.28, 3.29, 3.30, 3.31, 4.1, 4.3, 4.5, 4.6, 4.8, 4.17, 4.19, 4.20, 4.23, 4.25, 4.30, 5.3, 5.4, 6.20, 8.8	19
장단	3.30, 4.7, 4.17	3
오산	3.31, 4.2, 4.5	3
용인	4.1, 4.3, 4.5	3
포천	4.3	1
진위	4.3, 4.5, 4.14	3

이천	4.5, 4.6, 4.7, 4.10, 4.11	5
양평	4.7, 4.12	2
죽산	4.8	1
여주	4.8, 4.14	2
계		102

날짜는 『매일신보』의 1919년의 것임.

〈표 1〉에서 볼 수 있듯이 『매일신보』에 경기지방의 3 · 1운동 관련 기사
는 모두 102건이다. 그리고 경기지방의 거의 대부분의 군에서 3 · 1운동이
발발했음을 알 수 있다. 이중 수원지역에 관한 기사는 오산에 관한 기사 3
건을 포함하여 22건으로서 전체 기사에서 보도건수가 가장 많으며 21.6%의
비중을 차지한다. 이는 수원지역의 3 · 1운동이 『매일신보』의 시각에서 중
요한 사건이었다는 것을 의미한다. 그런데 특징적인 것은 수원지역 3 · 1운
동의 전체 기사 가운데 운동의 구체적인 상황을 보도한 것보다 운동이 종
료된 이후 수원지역민을 진무하는 기사가 상대적으로 많다는 점이다. 이는
아마도 우정면 · 장안면 · 송산면 등에서 전개되었던 수원지역의 3 · 1운동에
대한 무자비한 탄압으로 험악해진 지역의 민심을 무마하고자 했던 일제의
의도가 숨어있는 것이라 생각된다.

2. 수원지역 3·1운동의 연구사 정리

우리 민족 최대의 민족운동이라는 3 · 1운동에 적극적으로 참여한 대표적
인 지방은 경기도지방이라 할 수 있다. 이는 3 · 1운동의 규모, 대중성, 지속
성이라는 측면에서 확인되고 있다. 이렇게 경기도지방의 3 · 1운동이 활발
히 전개될 수 있었던 것은 3 · 1운동의 시발지인 서울과 지리적으로 가깝다
는 점에서 기인한다고 할 수 있다. 즉 지리적으로 서울과 가까웠기 때문에
서울로 통학하는 학생들이 많았고, 서울에서 있었던 고종의 인산에 참여했

던 인물들도 많았다. 또한 천도교와 기독교의 종교조직이 적극적으로 참여하여 운동을 주도하였으므로 기존의 연구에서 확인하고 있는 것처럼 종교조직의 활동이 두드러지게 나타나고 있다. 여기에 총독부의 기관지라는 성격을 갖고 있지만 당시에 유일한 한글신문이었던 『매일신보』를 통해 3·1운동의 소식을 전해들은 식자층이 많았던 것도 하나의 이유가 된다고 할 것이다.

〈표 1〉에서도 확인되듯이 수원지역은 안성, 양양, 수안 등과 함께 전국적으로도 3·1운동이 가장 활발히 전개되었던 지역으로 널리 알려져 있다. 특히 최근에는 안성과 화성에서 3·1운동기념관이 설립되었고 이에 따라 이지역에서는 3·1운동에 대한 연구가 활발히 이루어지고 있다. 이외에도 근래 수원에서는 수원문화원 주최로 3·1운동에 대한 학술회의가 매년 개최되었다. 그 결과 최근 수원지역의 3·1운동에 대한 연구 성과가 많이 제출되고 있다. 이하에서는 1990년대 이후 발표된 수원지역 3·1운동 연구를 중심으로 연구사를 정리해보고자 한다.

앞에서 언급했듯이 최근 수원지역 3·1운동사에 대한 연구는 대단히 활발히 이루어지고 있다. 그것은 수원문화원과 화성문화원이 3·1운동을 재조명하는 학술회의를 꾸준히 개최하고 있기 때문이다. 즉 2002년 한국민족운동사학회와 화성문화원이 주최한 학술회의는 수원지역의 3·1운동사연구를 활성화시킨 계기가 되었다고 생각된다. 이후 이에 자극받은 수원문화원이 2003년과 2004년에 계속해서 3·1운동 관련 학술회의를 개최하였다. 더욱이 화성시에서는 2003년에 『화성지역 3·1운동 유적지 실태조사 보고서』를 발간하여 수원지역 3·1운동사연구에 큰 기여를 하였다. 그리고 이외에도 수원대학교 동고연구소에서는 경기도지방의 3·1운동을 다루면서 「화성 화수리항쟁의 역사적 성격」(박환)을 비롯해 용인(이상일)과 개성 지역(박수현)의 3·1운동을 발표하였다. 수원지역의 3·1운동에 대한 연구는 다음과 같다.

1) 조병창, 「수원지방을 중심한 3·1운동소고」, 단국대학교 석사학위논문, 1971.

2) 노천호, 「수원지방 3·1운동연구」, 단국대 교육대학원 석사학위논문, 1978.

3) 이정은, 「화성군 우정면·장안면 3·1운동」, 『한국독립운동사연구』 9, 1995.

4) 이덕주, 「3·1운동과 제암리사건」, 『한국기독교회사연구』 7, 1997.

5) 최홍규, 「수원지방 3·1운동의 역사적 배경」, 『3·1독립운동과 민족정기』, 1996.

6) 김선진, 『일제의 학살만행을 고발한다』, 미래출판사, 1983.

7) 성주현, 「제암리의 3·1운동」, 『신인간』 통권480호, 1990.

8) 조성운, 「일제하 수원지역 천도교의 성장과 민족운동」, 『경기사론』 4·5합집, 2001.

9) 홍석창, 『수원지방의 3·1운동사』, 왕도출판사, 1981.

10) 홍석창, 『감리교회와 독립운동』, 에이맨, 1998.

11) 홍석창, 『1893-1930 수원지방 교회사 자료집』, 에이맨, 2001.

12) 성주현, 「수원지역의 3·1운동과 제암리학살사건에 대한 재조명」, 『수원문화사연구』 4, 2001.

13) 서굉일, 「화성지역의 항일운동」, 『화성지역 3·1운동의 역사적 위상』, 한국민족운동사학회, 화성시, 2002.

14) 박환, 「송산면의 3·1운동」, 『화성지역 3·1운동의 역사적 위상』, 한국민족운동사학회, 화성시, 2002.

15) 이정은, 「장안·우정면 3·1운동과 그 성격」, 『화성지역 3·1운동의 역사적 위상』, 한국민족운동사학회, 화성시, 2002.

16) 수원지방의 3·1운동과 1920년대 민족운동의 양상」, 『화성지역 3·1운동의 역사적 위상』, 한국민족운동사학회, 화성시, 2002.

17) 김창수, 「3·1독립운동의 연구동향과 과제」(『수원지역 민족운동의 역사적 위상』, 수원문화원 주최 3·1운동 84주년기념 학술심포지움 발표문, 2003.2.27.)

18) 김권정, 「수원지방 기독교인들의 3·1운동 참여와 동향」, 『수원지방 민족운동의 역사적 위상』, 2003.

19) 성주현, 「수원지역의 3·1운동과 천도교인의 역할」, 『수원지방 민족운동의 역사적 위상』, 2003.

20) 김세영, 「일제강점기 수원지역 천도교의 항일독립운동」, 『상명사학』 8·9, 2003.

21) 이동근, 「수원지역 3·1운동에서 천도교의 역할」, 한신대학교 석사학위 청구논문, 2003.[1]

22) 서굉일, 「화성지역 3·1운동의 지방사적 배경」, 『경기지역의 역사와 문화』, 한신대학교출판부, 2003.

23) 화성시, 수원대학교 박물관, 『화성지역 3·1운동 유적지 실태조사 보고서』, 2003.

24) 박환, 「경기도지역 3·1운동의 연구동향과 전망」(『김세환 3·1운동 기념비 건립 기념 학술회의 발표문』, 수원문화원 주최, 2004.2.27)

25) 조이제, 「김세환의 생애와 종교」, (『김세환 3·1운동 기념비 건립 기념 학술회의 발표문』, 수원문화원 주최, 2004.2.27)

26) 조성운, 「수원지역 사립학교의 성장과 김세환」, (『김세환 3·1운동 기념비 건립 기념 학술회의 발표문』, 수원문화원 주최, 2004.2.27)

27) 김권정, 「김세환과 기독교민족운동」, (『김세환 3·1운동 기념비 건립 기념 학술회의 발표문』, 수원문화원 주최, 2004.2.27)

28) 박환, 「수원지역 민족운동사연구 동향」(『수원학 어떻게 할 것인가』, 수원문화연구소 창립기념 학술세미나 발표문, 2004.11.4)

먼저 2002년 '화성지역 3·1운동의 역사적 위상'을 주제로 화성시와 한국민족운동사학회가 주최한 학술회의에는 「화성지역의 항일운동」(서굉일), 송산면의 3·1운동(박환), 「장안·우정면 3·1운동과 그 성격」(이정은), 「수원지방의 3·1운동과 1920년대 민족운동의 양상」(최홍규) 등 4편의 논문이 제출되었다. 서굉일은 화성지역의 민족운동을 개괄하였고 박환은 송산면 사강리를 중심으로 전개되었던 3·1운동을 일제의 자료를 바탕으로 자세하게 서술하였다. 그는 이 논문에서 운동 관련자의 후손들을 비롯한 여러 사람의 증언을 이용하여 보다 깊이 있는 연구를 수행하였다. 이정은은 기존의 자신의 논문(「화성군 우정면·장안면 3·1운동」, 『한국독립운동사연구』 9, 1995)을 보완한 것으로 보이며, 최홍규는 천도교를 중심으로 이 지역의 3·1운동을 살핀 후 1920년대 이후 수원지역의 민족운동 단체를 개괄적으

---

1) 『경기사학』에 수록.

로 소개하였다.

한편 수원문화원과 한국민족운동사학회가 2003년에 주최한 학술회의에는 「3·1독립운동의 연구동향과 과제」(김창수), 「수원지역 기독교인들의 3·1운동 참여와 동향」(김권정), 「수원지역 3·1운동과 천도교인의 역할」(성주현), 「1920년대 수원지역 민족운동의 동향」(조성운)이 제출되었다. 김창수는 이 글에서 3·1운동 연구사를 개괄한 후 수원지역의 3·1운동 연구에 다양한 시각을 원용할 것을 제의하였다. 김권정은 기독교적인 시각에서 3·1운동 무렵의 수원지역 기독교 개황을 서술하면서 수원지역의 기독교인들이 종교조직을 통해 인적 네트워크로 조직되어 있었음을 밝혔다. 그리고 3·1운동 이후 수원지역 기독교인들이 어떠한 활동을 전개하였는가를 인물 중심으로 서술하여 3·1운동 이후의 수원지역의 기독교 동향을 파악하는데 기여하였다. 성주현은 천도교의 입장에서 수원지역의 3·1운동을 파악하였다. 그리고 조성운은 자신의 기존 연구를 정리하는 수준에서 1920년대 수원지역의 민족운동을 정리하였다. 하지만 이 회의에서 다루어진 주제들은 기존의 견해를 새롭게 정리한 측면이 없지 않았다는 측면에서 아쉬움이 있다.

그리고 수원문화원이 주최한 2004년의 학술회의는 그동안 알려지지 않았던 金世煥의 활동을 주제로 개최되었는데, 이 회의는 '민족대표 48인'[2] 중의 1인인 김세환에 대해 정리한 최초의 학술회의라는 의미를 갖는다. 이 회의에서는 「경기도지역 3·1운동의 연구동향과 전망」(박환), 「김세환의 생애와 종교운동」(조이제), 「수원지역 사립학교의 성장과 김세환」(조성운), 「김세환과 기독교민족운동」(김권정) 등을 주제로 깊이 있는 검토를 하였다. 박환은 경기도지방의 3·1운동을 수원지역의 3·1운동을 중심으로 자세하게 설명하였다. 이 논문에서 그는 3·1운동사의 연구를 20세기 3·1운동의 연구동향, 수원지역 3·1운동 연구 동향, 화성지역 3·1운동 연구 현황, 안성지

---

2) '민족대표 48인'이라는 용어는 수원지역에서 사용하는 것으로서 '민족대표 33'인 외에도 서명을 하지 못한 15인을 함께 부르는 용어라 이해된다.

역의 3·1운동 연구 동향, 용인지역의 3·1운동 연구 동향으로 나누어 설명
하였다. 그리고 화성지역의 3·1운동을 다시 제암리와 수촌리를 중심으로
한 희생 중심의 연구, 우정면·장안면·송산면을 중심으로 한 항쟁 중심의
연구, 3·1운동 관련 자료와 3·1운동 유적지 실태조사보고서로 나누어 설
명하였다. 그의 연구는 경기지방 3·1운동사를 일목요연하게 정리한 점은
돋보이나 경기지방을 망라한 것이 아니라 경기남부를 중심으로 서술하였
다는 한계를 갖는다고 할 수 있다. 또한 그는 수원시와 화성시를 분리하여
설명함으로써 현재의 행정구역에 충실한 연구를 수행하였다. 주지하다시피
화성시는 3·1운동 당시에는 수원군의 일부였고 현재에도 수원을 생활권으
로 하고 있다. 따라서 현재의 행정구역에 따른 서술보다는 당시의 행정구
역이나 생활권을 중심으로 한 서술이 아쉽다고 할 수 있다. 조이제는 기독
교의 입장에서 김세환의 활동을 정리하였다. 그는 밀러선교사의 기록을 토
대로 지금까지 알려지지 않았던 사실을 서술함으로써 김세환에 대한 이해
를 풍부히 하였다. 다시 말하면 기독교측의 자료를 본격적으로 참조하여
서술했다는 측면에서 의미 깊다고 할 수 있다. 조성운은 수원상업강습소
(화성학원)와 삼일학교를 중심으로 한 김세환의 교육활동을 살폈다. 이글
에서 그는 화성학원의 사례를 통해 김세환을 수원지역의 민족운동과 교육
운동의 중심인물로 파악하였다. 김권정은 김세환의 민족운동을 '기독교민
족운동'이라 평가하면서 그의 활동이 기독교민족주의에 바탕하였음을 강조
하였다.

　이외에도 성주현은 천도교의 시각에서 서술한 「수원지역의 3·1운동과
제암리학살사건에 대한 재조명」에서 제암리사건의 희생자를 기존의 견해
와는 달리 23명이 아니라 37명이었다는 새로운 견해를 제출하였다. 그의 연
구는 기독교적인 시각에서 서술된 이덕주의 「3·1운동과 제암리사건」과 서
로 보완하면서 제암리사건의 실상을 파악하는 데 도움을 주고 있다. 김세
영은 「일제강점기 수원지역 천도교의 항일독립운동」에서 3·1운동에 참여

했던 천도교관계자의 후손들의 증언을 논문 작성에 광범위하게 활용했다. 다만 구술자료에 의존할 때 발생할 지도 모를 선조에 대한 '미화'와 '왜곡'의 가능성을 기존의 연구와 문헌자료를 바탕으로 충분히 사료비판했어야 한다는 아쉬움이 있다. 서굉일은 「화성지역 3·1운동의 지방사적 배경」에서 수원지역의 3·1운동을 전개양상, 의식과 이념, 1910년대 화성지역 민중운동의 조직과정, 화성지역 3·1운동의 지도부, 민중의 처지와 사회경제적 조건을 밝혔다. 이 연구는 수원지역 3·1운동의 전반적인 발생조건과 전개과정을 상세하게 기술하고 지도부 및 민중의 의식까지도 포괄하였다는 점에서 높은 평가를 받을 수 있다.

　이상의 정리를 통해 볼 때 향후 수원지역 3·1운동의 연구에서 다음의 두 가지 문제를 시급히 보완해야 할 것으로 생각된다. 첫째, 운동의 전개양상과 저항에 대한 실증은 대체로 이루어졌으므로 운동에 대한 일제의 대응과 면장을 비롯한 향촌사회의 지배층의 태도 등을 밝히는 작업이 이루어져야 한다. 둘째, 3·1운동의 이념으로 제기되었던 민족자결주의 및 운동방법으로서의 비폭력주의가 지방에서는 어떻게 수용되었는가 하는 점이 밝혀져야 한다. 이는 〈부록 1〉에서 보이듯이 3·1운동 초기부터 투석 및 관공서 습격 등의 사례가 발견되는 것으로 보아 의미 있는 작업이라 생각된다.

3. 수원지역 3·1운동에 대한 일제의 대응3)

1) 일제의 대응

앞절에서 최근의 수원지역 3·1운동의 연구를 중심으로 연구사를 정리하

---

3) 이에 대해서는 황민호, 『매일신보』에 나타난 기독교인들의 3·1운동과 선교사」, 수요역사연구회, 『식민지 조선과 매일신보』, 신서원, 2003. 참조 바람.

였다. 이를 통해 수원지역 3·1운동의 연구 경향에 대해서는 그 대강이 파
악되었다고 볼 수 있다. 하지만 이에 비해 수원지역의 3·1운동에 대한 일
제의 대응은 그리 명확히 밝혀지지 않은 형편이다. 따라서 이 절에서는 일
제의 대응을 중심으로 서술하고자 한다.

조선총독은 고종이 사망하자 諭告를 발표하여 "일부 不逞徒輩의 선동으
로 경성과 其餘他지방에서 군중의 망동을 감행한 자 有함은 본 총독의 유
감"이라 하고 "비위를 敢爲한 자는 일보라도 가차할 바 없이 엄중히 처분
중"이니 "각자 본분에 위배하여 형사에 저촉함이 무하기를 기"[4]한다고 하였
다. 이는 일제가 처음부터 3·1운동을 무력으로 탄압하려고 하지는 않았다
는 것을 의미한다. 그러나 약 1달 후인 4월 10일에는 조선에 6개 연대 규모
의 병력을 증파한다는 발표가 있었다.[5] 이에 따르면 일제는 1. 제8사단 보
병 제5연대·제2사단 보병 제32연대 右兩 聯隊로부터의 각 大隊는 青森에
서 乘船 元山에 揚陸, 2. 제13사단 보병 제16연대 제9사단 보병 제36연대 右
兩 聯隊로부터의 각 大隊는 敦賀에서 乘船 釜山에 揚陸, 3. 제10사단 보병
제10연대 제5사단 보병 제71연대 右兩 聯隊로부터의 각 大隊는 宇品에서
乘船 釜山에 揚陸하기로 하였다. 이외에도 大阪으로부터 약 400명을 더 증
파하기로 하였다.

일제가 이러한 결정을 내린 배경으로서 山梨육군차관은 "종래 조선에는
2개의 사단이 있으나 보병은 僅히 6개연대가 有할 뿐이요 제20사단의 경우
는 ×科隊의 1도 有치 아니한대 군대 주둔의 개소는 騷擾가 無하고 주둔치
아니하는 處는 자연 폭동을 행함으로 부산·원산 각지에 揚陸, 分遣"하게
되었다는 것이다. 동시에 조선총독은 군대의 증파 결정이 있던 4월 10일 군
대의 증파를 요청하는 유고를 발표하였다.[6] 이에 따라 다음날인 4월 11일

4) 『매일신보』 1919년 3월 7일, 1면, 「諭告」.
5) 『매일신보』 1919년 4월 10일, 2면, 「朝鮮에 增兵」.
6) 『매일신보』 1919년 4월 12일, 3면, 「妄動과 總督諭告」.

증파된 부대 중 일부가 부산에 입항하였다.[7] 그리고 군대 증파의 결과로 '소요'가 진정되었다는 평가를 하였다.[8] 남선수비대의 진압방침을 통해 군대를 동원한 일제의 3·1운동 진압방침은 다음과 같다.

1. 흉기를 가졌다던지 관청을 파괴하며 방화를 하는 자는 엄혹한 처치를 하며
2. 다수한 군중이 집단하여 소요를 일으키며 치안을 방해하는 자는 위압으로 진압하며
3. 소동이 일어난 지방이던지 아직 일어나지 아니한 지방에 군대를 파송하여 지방의 유력자를 모아서 간절히 설유·훈계하며 만일 불온한 행동을 하는 경우에는 엄중히 처치함

결국 일제는 초기 판단이 잘못되어 운동이 격화되고 있음을 인정하고, '위압', '설유·훈계' 등 강온책을 병행하는 정책으로 진압방식을 변경하였던 것이다. 이외에도 일제는 3·1운동을 진압하기 위하여 緊急制令과 소요처벌령을 발포하는 등 법적·제도적 장치를 마련하였다. 특히 소요처벌령은 4월 15일에 발포하여 당일 시행하기로 하였다. 소요처벌령은 정치의 變更을 목적으로 하여 안녕질서를 방해하거나 또는 방해하고자 하는 자는 10년 이하의 징역 또는 禁錮에 처하도록 하였으며 범죄가 발각되기 이전에 자수한 자는 형을 감하거나 면제하는 것을 내용으로 하였다.[9] 한편 조선인이 국내외를 여행할 때 증명서를 발급받도록 4월 15일 경무총감부령에 '조선인 여행취체'를 규정하였고[10] 3·1운동 관련자를 내란죄로 처벌할 수 있는가에 대한 검토도 행하였다.[11] 또한 3·1운동에 관한 일체의 사무를 전담시키기 위해 경무총감부 총무부에 騷擾課를 설치하였다.[12] 이렇게 보면 3·1운

---

7) 『매일신보』 1919년 4월 13일, 2면, 「派遣部隊來着」.
8) 『매일신보』 1919년 4월 16일, 2면, 「騷擾는 殆히 鎭靜」.
9) 『매일신보』 1919년 4월 16일, 2면, 「騷擾處罰令 15日 發布 即日 施行」.
10) 『매일신보』 1919년 4월 16일, 2면, 「朝鮮人旅行取締 朝鮮外 往來에 證明을 受하라」.
11) 『매일신보』 1919년 4월 18일, 2면, 「政治犯과 內亂罪 新處罰令의 不適用罪에 對하여」.

동에 대한 일제의 태도가 공식적으로 변하는 것은 군대의 증파를 결정한 4
월 10일 무렵부터라 볼 수 있다.

그러나 다른 한편으로 일제는 격앙된 조선인의 감정을 건드리지 않기 위
해 3·1운동을 진압하기 위해 일본에서 새로 파견한 군대에 조선의 풍속과
습관을 가르치기도 하였다.13) 이와 함께 일제는 조선인이 주둔군에 대해
오해를 불러일으킬 수 있는 행동, 즉 파수병에 대해 폭행을 행사하던지 협
박해서는 안 된다는 등의 5가지 항목을 적시하였다.14)

한편 3·1운동이 시작된 이래 철시한 상점을 개시시킬 목적으로 3월 16
일 경성상업회의소에서는 개점협의회를 개최하였으나 조선인 상인들이 구
금된 사람들을 석방할 것을 조건으로 내세워 개시가 되지 않기도 하였
다.15) 이에 경기도장관 마쓰나가(松永武吉)는 4월 1일 서울시내의 유력한
상인 40여명을 소집하여 개시할 것을 설유16)하는 한편 다음날인 4월 2일에
는 철시한 상인들에게 개시명령을 내리기도 하였다.17) 이러한 조선총독부
의 노력에 따라 4월 1일 평양시내의 상점은 모두 개시하였으며,18) 수원에
서도 4월 4일 군수 및 각 면장의 설유에 의해 개시가 이루어졌다.19) 이밖에
의주는 4월 4일부터,20) 개성은 4월 5일부터 개시하였다고 한다.21) 전주의
경우는 4월 9일경까지 상인들이 개시하지 않자 전주경찰서에서 상인들에게

---

12) 『매일신보』 1919년 4월 17일, 3면, 「騷擾專務處理 총감부에 소요과」.
13) 『매일신보』 1919년 4월 27일, 3면, 「新守備隊員에게 조선사람의 풍속 습관을 가르
친다」.
14) 『매일신보』 1919년 6월 1일, 3면, 「駐屯軍에 注意하라 모르고라도 죄를 압기 쉬우
니 주둔하는 군대에 조심하여라」.
15) 『매일신보』 1919년 3월 19일, 3면, 「不得要領으로 散會된 開店協議會 이번에 잡힌
사람을 노와야만 개점한다 말을 아니들었다」.
16) 『매일신보』 1919년 4월 3일, 3면, 「各商店의 開門 4월 1일부터」.
17) 『매일신보』 1919년 4월 2일, 2면, 「開市命令의 戒告」.
18) 『매일신보』 1919년 4월 3일, 3면, 「平壤은 全部 開市 1일의 조사한 것」.
19) 『매일신보』 1919년 4월 6일, 3면, 「水原도 開店 소요도 점차 종식」.
20) 『매일신보』 1919년 4월 7일, 3면, 「義州도 開市 지난 4일부터」.
21) 『매일신보』 1919년 4월 7일, 3면, 「開城도 開市 지난 5일 아침부터」.

개시할 것을 엄중히 계고하였다.[22) 이러한 조선총독부의 강압적인 개시정
책에 대해 조선인의 반발은 매우 거세었다. 예를 들면 개시한 지역인 평양
에서는 개시한 상점주인에게 철시할 것을 '협박'하는 전화가 있었으며,[23)
수안에서도 요리점의 폐점을 요구하는 전화가 있기도 하였다.[24) 더욱이 서
울에서는 개시한다는 이유로 9호에 방화한 사건도 발생하였다.[25) 그리고
다른 지역에서는 개시하고 있는 상황에서 원산에서는 4월 7일부터 철시하
였고,[26) 목포에서도 조선인 상인들을 중심으로 4월 8일 다시 철시가 단행
되었다.[27)

이외에도『매일신보』는 3·1운동의 발생 원인 중의 하나인 민족자결주의
에 대한 조선인의 '오해'를 사설을 통해 비판하고 있다. 즉 "一面으로 敵國
을 崩解에 陷케 하였으나 他의 일면으로 同族同種의 民을 규합하여 국가를
造立하는 것이라고 하면서 오해치 말 것"을 주장하였다. 또한 민족자결주
의를 수용하여 시위를 도모하는 자가 있으면 "국가의 치안을 도모하기 위
하여 용납하지 않을 것이며 이를 근절할 필요가 有함을 信하노라."[28)고 하
였다. 그리고 "民族自決主義를 誤解하고 조선의 독립을 叫號하여 열강의
同情을 得하고자 期함과 如함은 全然 根本的 夢想"[29)이라고 하였다. 이는
조선총독이 파리강화에서 열강이 조선의 독립을 승인했다는 것은 "無根流
說이요 素不足取"[30)라고 발표한 諭告의 내용과 일치하는 것이었다. 이에
더하여 민족자결주의는 연합국이 講和問題에 대한 실무에 착수한 이래 무

22)『매일신보』1919년 4월 11일, 3면,「全州商民에게 嚴重한 戒告」.
23)『매일신보』1919년 4월 11일, 3면,「閉店치 아니하면 放火한다 脅迫 잡히어 검사
    국에」.
24)『매일신보』1919년 4월 10일, 3면,「料理店閉店을 電話로 脅迫 연루자도 있다」.
25)『매일신보』1919년 4월 13일, 3면,「9戶에 放火한 不良少年逮捕 상점 문을 연다고」.
26)『매일신보』1919년 4월 8일, 3면,「元山의 撤市 7일 오전부터」.
27)『매일신보』1919년 4월 10일, 3면,「木浦에 撤市 지난 8일부터」.
28)『매일신보』1919년 3월 6일, 1면,「民族自決主義誤解」.(사설)
29)『매일신보』1919년 3월 7일, 1면,「所爲獨立運動」.(사설)
30)『매일신보』1919년 3월 7일, 1면,「諭告」.

시해버리기 시작했다는 뉴욕에서 발행되는 신문인『크로니콜』의 기사를 인용, 보도하였다.[31]

또한『매일신보』는 3·1운동에 대한 해외 언론의 보도 내용을 비판하거나 일본에 유리한 것을 인용하여 보도하고 있다. 예를 들면 북경의『데일리 뉴스』에 보도된 기사를 비판한 것[32]과 같이 조선의 사정을 비판적인 입장에서 외국 언론사에 알린 기독교 선교사들의 발언 중 일본에 불리한 사실에 대해서는 적극적으로 비판하였다. 이에 반해서 조선의 독립보다는 조선을 문명적으로 향상시키는 것이 더 중요하다고 논평한 오스트레일리아의『시드니 헤럴드』의 기사는 '外紙騷擾論評'이라는 제목으로 보도하였다.[33] 또 미국 국무성에서는 일본이 소요를 진압하기 위해 '嚴酷殘忍'한 조처를 취하고 있다고는 생각되지 않으며 이러한 과장된 이야기는 단순히 배일감정을 유포하기 위한 것이라고 생각하고 있다고 보도하였다.[34] 또한 미국 뉴욕의『크로니콜』의 기사를 인용하여 조선인들은 현재 명목상 정치적 자유는 가지고 있지 못하지만 과거의 유치했던 경제생활에 비하면 실질적인 자유를 누리고 있다고 보도하였다.[35]

그리고『매일신보』는 일부 친일분자의 기고문을 통해 조선인도 3·1운동에 반대한다고 보도하였다. 예를 들면 閔元植은 6회에 걸친 기고문[36]과 8회에 걸친 기고문[37]을 통해 3·1운동에 대해 반대하였으며 高義駿, 尹孝定, 金明濬 등도 3·1운동에 대한 반대 의견을 공공연하게 표명하였다.[38] 그리

31)『매일신보』1919년 4월 21일, 2면,「自決問題閑却, 米紙 朝鮮의 騷擾를 批評」.
32)『매일신보』1919년 4월 10일, 3면,「全然 無根의 事實을 외국신문에 통신하여 사람을 속이려고 늙은 선교사가 있다」.
33)『매일신보』1919년 4월 16일, 2면,「外紙騷擾論評」.
34)『매일신보』1919년 4월 26일, 2면,「朝鮮問題는 內政, 米國務當局者의 言明」.
35)『매일신보』1919년 4월 21일, 2면,「自決問題閑却, 米紙 朝鮮의 騷擾를 批評」.
36)『매일신보』1919년 3월 11일~3월 16일,「先覺者의 奮勵를 望함」(1)~(6).
37)『매일신보』1919년 4월 9일~4월 16일.(閔元植,「騷擾의 原因과 匡救例案」(1)~(8).)
38)『매일신보』1919년 4월 19일, 3면,「全道에 警告文 유식자 제씨가」.

고 「今回의 騷擾에 對하여」라는 코너를 두어 유력한 인사들의 주장을 소개
하였으며,[39] 익명의 군수의 기고문도 보도하였다.[40]

이와 동시에 일제는 시위의 열기를 안정시키고 민심을 수습하기 위한 방
안을 마련하였다. 즉 경성공업전문학교 졸업식을 일본인 학생만 거행하고
조선인 학생의 졸업식을 연기[41]한 것으로도 알 수 있듯이 졸업식 등 학생
과 대중이 모이는 집회를 연기하여 조선인의 시위를 야기할 수 있는 계기
를 봉쇄하였다. 그리고 김포에서 개최된 청년강화회[42]나 평창에서 조선인
과 일본인의 친목을 도모하기 위해 개최한 山遊會[43] 등 조선인과 재조일본
인의 친목을 도모하는 행사를 개최하기도 하였다. 또한 춘천금융조합에서
는 금전을 감추어두고 이식하지 않는 조선의 폐습을 개선하고 금전을 활용
하는 법을 일깨우기 위해 조선부인을 서기로 채용하기로 하였다.[44] 이러한
일제의 시도는 조선인을 무마하고 동화정책을 실현하고자 하는 것이었다
고 할 수 있다.

다른 한편 일제는 운동이 소강상태에 접어들면서 운동의 결과 험악해진
조선인의 민심을 안정시키기 위한 조치를 취하였다. 운동의 결과 부상당한
사람들에 대한 치료를 지원하겠다는 것이다. 즉 적십자사 진주지부장인 사
사키(佐佐木)장관은 3·1운동 과정에 부상당한 조선인을 병원으로 찾아가
위로하는 한편 부상자 중 치료비의 부담이 어려운 이들에게 치료비를 지원
하겠다는 언명을 하고 부상자수용소를 임시로 설치할 계획을 밝혔다.[45] 그

---

39) 이 코너는 각 방면의 유력자들의 3·1운동에 대해 감상을 소개하는 코너이다. 4
　　월 2일부터 4월 18일까지 보도되었다.
40) 『매일신보』 1919년 3월 25일~3월 26일, 「某郡守의 郡民의 騷擾 對한 說論」.
41) 『매일신보』 1919년 3월 26일, 3면, 「工專의 卒業式 朝鮮學生은 延期」.
42) 『매일신보』 1919년 5월 8일, 3면, 「金浦의 靑年講話會 청년지도의 목적으로」.
43) 『매일신보』 1919년 5월 13일, 3면, 「內鮮人親睦의 平昌山遊會 일요일을 이용하여」.
44) 『매일신보』 1919년 4월 26일, 3면, 「朝鮮婦人을 書記로 채용 춘천금융조합의 새
　　계획」.
45) 『매일신보』 1919년 4월 6일, 3면, 「佐佐木長官은 騷擾事件으로 負傷한 病人을 病
　　院에 訪問 임시로 부상자 수용소를 설치」.

리고 일본적십자사 조선본부는 3·1운동에 참가했다가 부상당한 조선인을 총독부의원에서 무료로 진료할 것이라 선전하였으며,[46] 강릉자혜의원은 양양지역의 3·1운동 때 부상당한 사람들을 치료하기 위해 원장 외 1명의 의사를 양양군 현북면에 파견하였다.[47]

2) 수원지역 3·1운동에 대한 일제의 대응

〈부록 1〉에서 정리하였듯이 3·1운동이 가장 활발히 전개되었던 경기지방의 경우를 보더라도 3·1운동은 대략 4월 중순을 경과하면서 소강상태로 접어들고 있다. 이러한 상황에서 일제는 앞에서 본 것처럼 군대를 증파하고 법적·제도적 장치를 마련하고 있다.

이와 같이 법적·제도적 장치를 마련한 일제는 군대를 앞세워 3·1운동을 철저하게 탄압하였다. 그 결과 수원의 장안면·우정면·송산면을 비롯해 각지에서 민중을 살육하였다. 특히 제암리학살사건은 대표적인 것이었다. 제암리사건에 대해서는 이덕주[48]와 성주현[49]의 연구가 있다. 하지만 이들 연구는 주로 제암리사건으로 사망한 인물들이 천도교인인가 기독교인가 하는 종교적인 측면에만 주목한 경향이 있으며 제암리사건이 수원지역의 3·1운동에 어떠한 영향을 미쳤는가에 대한 연구는 소홀한 측면이 있다. 이에 필자는 제암리사건으로 대표되는 수원지역의 3·1운동을 중심으로 민심을 진정시키기 위해 펼친 정책을 서술하고자 한다.

우선 수원지역 3·1운동 이후『매일신보』에 보도된 내용은 운동의 결과가 매우 비참하다는 점을 강조하는 기사와 일제가 비참한 조선인을 구제하

---

46)『매일신보』1919년 4월 14일, 3면,「騷擾負傷者를 無料로 診療 적십자사 조선본부의 새 활동」.
47)『매일신보』1919년 5월 4일, 3면,「負傷者의 治療 강릉자혜의원의 노력」.
48) 이덕주,「3·1운동과 제암리사건」,『한국기독교회사연구』7, 1997.
49) 성주현,「수원지역의 3·1운동과 제암리사건의 재조명」,『수원문화사연구』4, 2001.

는 기사로 나누어 볼 수 있다. 이는 일제가 3·1운동 과정에서 "그 방법이 가장 포악한 지역"[50]으로서 수원과 안성을 뽑은 것과 무관하지 않다고 본다. 『매일신보』에 보도된 수원지역의 비참한 상황은 다음과 같다.

> 송산면·마도면·서둔 방면은 모두 반은 농사를 짓고 반은 고기잡이를 하는 백성인데 반은 농사를 한다 하지만 자기의 땅을 농사하는 자가 거의 없고 모두 소작인뿐이므로 구차한 백성이 많다. 그런데 불령한 자와 향촌에 살았던 탓으로 자기의 집까지 태워버려 거처하려나 집은 없고 먹으려니 밥이 없는 형편으로 남녀노유가 이리저리로 방황하는 모양은 참으로 비참하였었다. 부상한 자도 매우 많은 모양인데 폭도로 인정할까 무서워서 치료를 청구한 자가 적은 것은 딱한 일이라.[51]

그리고 제암리사건에 대해서 다음과 같이 보도하였다.

> (전략) 또 지나간 15일에 수원군 향남면 제암리에서 야소교회당 교도가 봉기하여 폭행을 하였으므로써 보병과 및 경관은 출동하여 군중편에 사상자 20명을 내었으며 또 이러한 중에 어디서 불이 나서 10여 호를 소실하였더라.[52]

이처럼 수원지역을 중심으로 한 3·1운동은 일제가 판단하기에는 매우 험악하게 전개되었다. 그리하여 일제에 검거된 사람이 발생한 촌락이 51개소, 검거자는 803명에 달하였으며 훈방된 사람은 1,200여 명에 달하였다.[53] 이렇게 많은 수의 군민이 일제에 검거되고 가옥이 소실되었기 때문에 수원지역의 민심은 매우 흉흉했으리라 짐작된다.

---

50) 『매일신보』 1919년 4월 19일, 3면, 「險惡을 極한 水原方面의 暴動 체포된 자 육백 명 이상이다」.
51) 『매일신보』 1919년 4월 23일, 3면, 「水原罹災民의 慘狀 집은 타고 먹을 것은 전혀 없다 급복히 행하는 경기도의 구제 송영경기도장관의 말」.
52) 『매일신보』 1919년 4월 19일, 3면, 「又復暴動 사상자가 20명 가옥 10여 호 소실」.
53) 『매일신보』 1919년 4월 23일, 3면, 「檢擧者 800명 수원지방에서」.

이에 대해 수원지역 천도교의 지도자이면서 제암리사건 당시 金學敎의 집에 숨어 있던 이병헌의 목격담은 이와 다르다. 이병헌은 주민들은 교회당에 모였으며 "수비대는 교회당 정문에서 총을 세워놓고 사람 키를 비교한 다음 하나 둘씩 들여보낸 후 문을 닫아버렸다. 그리고 곧바로 석유를 뿌리고 방화하였다."고 증언하였다.[54] 그런데 가옥 소실의 원인은 일제가 3·1운동을 진압하면서 고의로 방화했다는 것이 피해당사자들의 일관된 증언이지만 당시 시오자와(鹽澤) 경무부장은 이를 조선인이 검거를 피해 도망하다가 등잔불이 넘어져서 발화한 것으로 설명하고 있다.[55] 이는 민심이 점점 흉흉해지는 가운데 일제가 자신들의 행위를 강변하기 위해 사실을 왜곡한 것으로 판단된다.

이러한 상황에서 일제는 민심을 수습할 목적으로 3·1운동 과정 중 가옥이 소실되거나 파괴된 사람들을 위해 구제사업을 펼쳤다. 일제가 수원지역에서 행한 구제사업은 부상자 치료, 급식, 소실된 집의 복구 등이었다. 먼저 부상자의 치료를 위해 수원군수와 면장, 이장들이 지역민들을 설득하였다. 송산면에서 이 결과 6~7명이 치료를 청구하여 자혜의원과 수원의원에서 유상(무상-인용자)으로 치료하였으며 급식은 석흥식을 주는데 당분간 계속할 것이라 하였다.[56] 이를 위해 일본적십자사 조선본부에서는 부상자를 치료 중인 수원자혜의원에 의사 1명과 간호사 5명을 총독부에 청탁하여 임시 파송하기도 하였다.[57]

다른 한편 수원지역에 가장 시급한 것은 거처할 집을 복구하는 것이었

---

54) 이병헌, 「수원사건」, 신천지 통권2호, 1946. 3, 72쪽(성주현, 앞의 논문, 130쪽에서 재인용).

55) 『매일신보』 1919년 4월 17일, 3면, 「慘虐한 暴動의 眞相 순사의 머리에 51개 상처 도망하노라 제집을 태버려 수원지방 폭동의 자세한 소식」.

56) 『매일신보』 1919년 4월 23일, 3면, 「水原罹災民의 慘狀 집은 타고 먹을 것은 전혀 없다 급급히 행하는 경기도의 구제 송영경기도장관의 말」.

57) 『매일신보』 1919년 4월 25일, 3면, 「水原에 醫官과 看護婦 적십자사의 주선으로」.

다. 집이 소실되어 거처할 곳이 없던 사람은 대략 300명 정도로서 수원에는
2개 반의 복구반이 파견되었고, 안성에는 1개 반이 파견되었다.[58] 이 때 파
견된 사람들은 군청과 면사무소의 직원들이었다.[59] 우선 움집을 지어 거처
하게 한 후 근처의 보안림을 벌목하여 집을 짓도록 허용하였고 이에 소용
되는 비용은 일제의 조선 강점 이후 지급된 은사금을 이용하도록 하였다.
그리고 일제는 대정친목회와 일부 외국인의 기부를 받아 수원지역민의 구
제에 노력하겠다고 하였다.[60] 이외에도 수원읍에 거주하는 수원군 참사 禹
成鉉은 쌀 200석을 기부하겠다고 하는 등 지역사회에서도 기부행위가 있었
던 것으로 보인다.[61]

하지만 일제의 구제사업은 마쓰나가 경기도장관이 수원지역을 시찰한
후 "송산면·마도면·서둔 방면은 모두 반은 농사를 짓고 반은 고기잡이를
하는 백성인데 반은 농사를 한다 하지만 자기의 땅을 농사하는 자가 거의
없고 모두 소작인뿐이므로 구차한 백성이 많다. 그런데 불령한 자와 향촌
에 살았던 탓으로 자기의 집까지 태워버려 거처하려니 집은 없고 먹으려니
밥이 없는 형편으로 (중략) 부상한 자도 매우 많은 모양인데 폭도로 인정할
까 무서워서 치료를 청구한 자가 적"[62]다고 한 말에서도 처음에는 그리 성
공적이지 못했던 것으로 보인다. 그러나 앞에서도 보았듯이 부상자를 치료
중인 수원자혜의원에 의사와 간호사를 임시로 파견하였다는 것에서 시간
이 흐름에 따라 부상자들이 병원을 찾았던 것으로 보인다.

58) 『매일신보』 1919년 4월 20일, 3면, 「水原安城의 罹災民에게 都廳에서 施米施療 구
　　호반을 보내 밥을 지어준다 병을 고쳐준다 여러 가지 방법으로 구조에」.
59) 『매일신보』 1919년 5월 4일, 3면, 「水原地方의 罹災民 차차 안돈되어 간다 집도
　　짓기 시작하고 농사도 착수하였다」.
60) 『매일신보』 1919년 4월 23일, 3면, 「水原罹災民의 慘狀 집은 타고 먹을 것은 전혀
　　없다 급급히 행하는 경기도의 구제 송영경기도장관의 말」.
61) 『매일신보』 1919년 4월 23일, 3면, 「水原罹災民에 벼 200석 기부」.
62) 『매일신보』 1919년 4월 23일, 3면, 「水原罹災民의 慘狀 집은 타고 먹을 것은 전혀
　　없다 급급히 행하는 경기도의 구제 송영경기도장관의 말」.

　한편 일제는 수원지역민의 원성을 사고 있던 제암리사건의 책임자를 처벌할 필요도 있었다. 그리하여 일제는 제암리사건의 책임자를 징계하였다.[63] 이는 제암리학살사건의 직접적 가해자를 징계하는 모습을 조선인들에게 보여줌으로써 이반된 민심을 회복하려는 의도였다고 생각된다.

　다른 한편 일제는 면장 등 지역사회의 지배층의 역할을 강조하였던 것으로 보인다. 수원군 음덕면장 金鉉俊은 3·1운동에 대해 이장을 소집하여 다음과 같이 설득하였는데 일제는 이를 '온당한 처치'라 하여 높게 평가하였다.[64]

　　조선독립이라는 것은 지금 도저히 될 수 없다는 일을 자세히 설명하고 또
　　만일 독립이 될 만한 시기가 돌아오면 나는 여러분보다 앞서서 운동을 시작
　　할 터이니 내가 운동을 하기 전에는 결단코 소요에 참여하지 말지며 만일
　　이번 운동에 가입할 생각이 있거든 먼저 나에게 성명을 통지한 뒤에 하라.

　그리고 천도교인과 기독교인을 소집하거나 찾아가서 "소요가 일어나면 제군이 선동한 줄로 알고 관헌에게 급보하겠다."고 하였으며 서울로 피난하는 일본인들에게는 자기가 보호해줄 것이니 염려말고 생업에 종사하라는 설득을 하였고, 이러함에도 불구하고 떠나는 일본인들을 위해 교통편을 마련하여 주었다. 또 그는 3·1운동이 소강상태로 접어들자 "이장들을 면사무소에 소집하여 독립운동에 참여하지 말고 납세를 성실히 하라."고 하였다.

4. 맺음말

　『매일신보』는 조선총독부의 기관지로서 일제의 입장을 반영하면서 3·1

---

63) 『매일신보』 1919년 4월 30일, 3면, 「某中隊懲戒 15일에 수원에서 너무 혹독한 행동을 하였다고」.
64) 『매일신보』 1919년 5월 3일, 3면, 「水原陰德面長의 騷擾에 對한 온당한 처치」.

운동을 보도하였다. 그로 인해『매일신보』에 보도된 기사는 왜곡되는 경우가 많았을 것으로 생각된다. 그것은 제암리사건을 비롯한 수원지역 3·1운동의 보도 내용을 통해 확인할 수 있었다. 따라서『매일신보』를 통해 3·1운동의 진상을 파악하는 것은 한계가 있을 수밖에 없다. 반면에『매일신보』의 기사는 일제의 입장을 반영하고 있기 때문에 일제가 3·1운동에 어떻게 대응하고자 했는가를 파악하는 데에는 매우 유용하다고 할 수 있다.

수원지역의 3·1운동은 일제가 운동의 방법이 가장 포악했다고 표현할 만큼 격렬하고 투쟁적이었다. 이는 구한말 이래 수원지역의 전통적인 반일 정서에 기인하는 것이기도 하지만 천도교와 기독교 등 당시 3·1운동을 주도하였던 종교조직이 강세를 보였던 점에도 그 원인이 있는 것으로 파악된다. 그러나 본고에서는 수원지역 3·1운동의 전개양상에 대해서는 검토하지 않았다. 본고의 작성 목적은 3·1운동에 대한 일제의 대응을 수원지역을 중심으로 파악하는 것이었기 때문이다. 이상의 정리를 통해서 일제가 3·1운동에 어떻게 대처하였는가를 정리하면 다음과 같다.

첫째, 3·1운동에 대해 일제는 고종의 사망으로 인한 조선 민중의 일회적인 시위라고 파악했던 것 같다. 그리하여 일제는 '엄중한 처분'만을 강조하였을 뿐 뚜렷한 대책을 내놓지 못하였던 것으로 보인다. 그러나 일제의 판단과는 달리 3·1운동이 전국적으로 확산되면서 일제는 군대를 투입하여 진압하는 것으로 정책을 변경하였다. 그리하여 4월 10일 일본내에서 군대를 조선으로 증파한다는 발표가 있었고 소요처벌령, 조선인여행취체령 등의 법적·제도적 장치를 마련하였다.

둘째, 탄압정책과 함께 일제는 조선 민중을 진정시키기 위한 방법으로서 조선인 유력자 및 지방사회의 지배층을 동원하거나 언론매체를 이용하였다.『매일신보』는 당시 유일한 한글신문이었고 지식층이 많이 구독하는 신문이었기 때문에 이용가치가 높았을 것으로 보인다. 특히 지방사회의 지배층으로서의 면장의 역할은 대단히 중요하였던 것으로 생각된다. 수원군 음

덕면장 김현준의 행위를 '온당한 처치'라 선전한 것은 대표적인 사례라 할 것이다. 향후 지방사회의 지배층의 3·1운동에 대한 태도와 역할에 대한 연구가 시급히 요청된다고 할 것이다.

셋째, 운동이 소강상태에 접어들면서 일제는 이반된 민심을 수습하기 위해 부상자에 대한 치료, 무상 급식, 소실되거나 파괴된 가옥의 복구 등을 중점적으로 지원하였다. 그 중 수원지역민에 대한 지원은 대대적으로 보도되었다. 이러한 지원의 결과 처음에는 일제에 의해 검거될 것을 두려워했던 사람들이 일제의 지원을 받아들였다는 사실을 일제는 자신들의 의도가 일정한 성공을 거두었다는 의미로 파악하였다. 하지만 그것은 또한 어쩔 수 없는 선택이었다는 점이 고려되어야 한다. 먹을 것, 입을 것이 없는 상황에서 이들이 선택할 여지는 없었다고 보아야 할 것이다.

넷째, 일제는 3·1운동을 진압하는 과정에서 자신들이 저지른 잔혹한 행위를 진압 과정 중에 발생한 실수로만 설명하였다. 제암리사건의 경우가 대표적이다. 이는 3·1운동이 가지는 정당성을 부정하고 일제의 탄압이 정당하다는 것을 강변하려는 것이다. 그리고 그 결과는 조선인의 책임이지 일제의 책임이 아니라는 것이다. 그러나 이러한 문제들은 지금까지의 연구성과를 통해 충분히 극복되었다고 생각된다.

결론적으로 보면 일제는 3·1운동을 최초에는 고종의 사망으로 인해 발생한 단순한 시위운동으로 생각하였다. 그러나 운동이 전국적으로 확산되면서 조선 민중의 요구가 '독립'에 있다는 사실을 깨달았던 것으로 보인다. 그 결과 운동을 무력으로 탄압하기 위하여 군대를 증파하였다. 이에 따라 사망자, 부상자가 속출하였다. 그리고 운동이 소강상태에 접어들면서 발생한 피해자들을 구제하기 위한 사업을 수행하였다. 이에 대해 조선인들은 반발하였지만 현실적으로 그들의 '구호'를 받아들이지 않을 수 없었다는 사실을 확인할 수 있었다. 결국 3·1운동의 보도내용과 태도로 볼 때 조선총독부의 기관지로서의 『매일신보』의 성격을 다시 한 번 확인할 수 있다.

〈부록 1〉 경기지방 3·1운동 시위 관련 기사 내용

군	일시	활동	비고	근거
개성	3.3	호수돈여학교 학생 35명 시위, 1000명으로 확대	기독교	3.7
	3.4	15세 이하 소년 30~40명 시위, 일장기 회손, 200명 이상으로 확대, 파출소 투석, 유리창 파손, 순사보 1명 부상		3.7
	3.4	한영서원 학생 교정에서 시위 후 일반인과 합세 600명이 태극기 흔들며 시위	기독교	3.7
	3.4	2,000명 시위		3.8
	3.5	600명 경찰에 투석 시위	6명 검거	3.8
	3.6	1,000명 투석 시위, 순사 1명, 순사보 2명, 헌병보조원 1명 부상, 군중 1명 사망		3.9
	3.7	3개소에서 시위		3.10
	3.26	상가 철시		3.30
	4.2	60~70명 시위		4.6
	4.6	기독교도 중심 시위, 약간명 부상		4.12
고양	3.5	동막 흥영여학교 64명 시위 ← 청년 2~3명의 지도		3.8
	3.5	순종의 어가를 포위, 문서 전달(경주 유생), 헌병보조원 1명 부상		3.8
	3.25	덕이리에서 300명 시위		3.29
	3.26	일산에서 500명 시위, 면사무소 습격	수명 검거	3.29
시흥	3.7	시흥보통학교 동맹휴교, 시위		3.10
	3.26	양재리 300명 시위		3.30
	3.30	수암리 시위		4.3
인천	3.7	인천공립상업학교 3-4학년 등교거부 및 하급생 등교 방해		3.11
	3.8	교내에 독립선언서 배포		3.11
	3.9	50명 시위	1명 검거	3.12
		3월 30일부터 철시		4.1
안성		조선인 자산가들이 일본인에게 임대한 집과 토지를 돌려달라 요구		3.11
	3.11	횃불 시위		3.15
	3.29	군중 약간명 시위		4.3
	3.30	읍내 석정리 100여 명 시위, 도기리·장기리·동이서리로 확산, 군중 1,000여 명과 합세, 안성경찰서 앞 시위, 면사무소 파괴, 군청 난입, 군수에게 만세 강권		4.3
	3.31	안성조합기생 시위, 군중 1,000여 명과 합세, 면사무소 침입, 시내 각처에서 시위, 3,000여 명 횃불시위로 발전		4.3
평택	3.11	수십명 시위	7명 검거	3.13
	3.31	500명 면장 감금하고 시위	천도교	4.3
		안성 시위의 전파를 경계		4.3

	4.1	철시		4.3
	4.1	산상햇불시위, 사망자 4명, 중상 1명, 경상 10여 명		4.5
	4.1	안성천교 시위, 야간통금 실시		4.5
	4.2	일본인상점 철시		4.5
	4.9	검거자 석방을 요구 시위, 6~7명 사망, 10여 명 부상		4.14
	4.10	금암리 시위, 부상자 약간명		4.14
강화	3.12	강화공보 3-4학년생 칠판에 태극기 그리고 만세 합창		3.16
	3.13	강화공보 여학생 80여 명 교내 시위		3.16
	3.18	강화시장에서 시위	천도교, 기독교	3.21
	3.19	온수리 천주교당에 태극기 게양 시위	천주교	3.22
	3.20	철산리 시위		3.30
	3.21	망월리 시위		3.30
	3.22-23	화개면 수정면의 각 마을에서 시위		3.30
	4.1	양사면 풍류산상에서 햇불시위, 산리포에서 태극기 들고 햇불시위		4.5
	4.1	4월 1일 이후 부내, 송애, 하점 3면에서 오후 8시경부터 산상시위		4.7
	4.8	냉정리에서 시위, 부상자 약간명		4.13
	4.15	40~50명 산상시위		4.17
		운동 이후 관공리에게 퇴직 협박		5.6
		시위 주모자 검거		5.25
양주	3.15	덕소리 헌병주재소 군중 500명 곤봉 들고 습격, 투석,		3.18
	3.26	동두천서 시위		3.29
	3.29	창릉리 500여 명 시위	주모자 검거	4.2
	3.30	주내면 시위, 투석, 2명 사망		
가평	3.15	80여 명 시위	기독교, 천도교	3.18
	3.16	목동리 200여 명 폭력시위		3.19
김포	3.22	군하리에서 400여 명 시위	주모자 검거	3.25
연천	3.22	백하면사무소 습격, 헌병 1명 부상		3.25
	4.5	600여 명 폭력 시위, 1명 사망, 3명 부상		4.8
부평	3.24	면사무소 파괴, 투석	주모자 검거	3.27
광주	3.26	송파리에서 300여 명 시위, 헌병주재소 습격		3.29
		곤지암 시위		4.11
파주	3.26	장날 500여 명 시위		3.29
	3.26	교하에서 700여 명 시위, 면사무소 투석, 파괴, 면서기 2명 부상		3.30
수원	3.25	장날 미곡시장에서 수백 명이 시위	10여 명 검거	3.29
	3.26	송산면 100여 명 면사무소 습격		3.30
	3.28	사강리 경관주소소 투석, 시위, 野口부장 사망, 2~3명 부상	주모자 검거	3.31

지역				
	3.28	종로, 남문에서 100여 명 시위, 철시	25일 검거자 석방	3.31
	3.29	수원조합기생 수원경찰서 앞 시위	金香花 검거	3.31
	3.29	태장면에서 태극기 들고 횃불시위, 인근 산중 횃불시위, 안룡면 횃불시위, 철시 상태		4.1
		병점 근처 산상 시위		4.3
	3.31	발안장날 1,000여 명 시위, 사상자 2~3명		4.5
	3.31	의왕면 고천리 면사무소, 경관주재소 파괴	41명 태형	4.5
	3.31	일형면 시위		4.5
	4.1	반월면 장날 태극기 들고 시위		4.5
	4.4	우정면 화수리 경관주재소, 면사무소, 일본인의 집 습격, 경찰 1명 사망, 3명 부상		4.6
오산	3.29	장날 수백 명 시위, 검거자 석방 요구하면서 경관주재소, 면사무소, 일본인의 집 파괴, 경상 3명, 중상 1명	주정꾼과 어린이도 참여	3.31
	3.29	800여 명 시위	주모자 검거	4.2
	3.29	우편국, 경찰서, 주재소, 면사무소, 일본인의 집 습격, 3명 부상		4.5
장단	3.26	동장리 면사무소 파괴		3.30
	4.1	구화리에서 시위, 면사무소 습격		4.7
	4.15	40~50여 명 산상시위		4.17
용인		이량장에서 10리 떨어진 곳에서 50여 명 시위, 5명 부상		4.1
	3.30	600여 명 면사무소 습격		4.3
	3.31	사암리 300여 명 폭력시위, 1명 사망, 1명 부상		
포천		신북면·이동면·영북면에서 1,000여 명 폭력시위, 3명 사망, 수명 부상		4.3
이천	3.31	250여 명 폭력시위, 사상자 약간명	천도교	4.5
	4.1	신둔면 수굴리 500여 명 면사무소습격계획		4.5
	4.2	장날을 기화로 산상에서 횃불시위, 수천 명 읍내로 진행		4.5
	4.2	300여 명 읍내 폭력시위, 7명 사상		4.6
	4.4	백족산성에서 시위		4.10
양평	4.3	폭력시위, 3명 사망, 4명 부상		4.7
	4.7	수백 명 시위, 약간 명 부상		4.12
죽산		수백 명 시위		4.8
여주		시위 움직임		4.8
	4.7	북내면 200여 명 시위, 3명 사망, 1명 부상		4.14

날짜는 『매일신보』 1919년의 것임.

日帝下 廣州地域 新幹會의 活動

1. 머리말

1927년 2월 민족협동전선으로 조직된 신간회는 민족주의자와 사회주의자가 일제의 타도와 조선의 독립을 위해 단일 조직을 결성하였다는 점에서 매우 중요한 의미를 지닌다.

신간회에 대한 본격적인 연구는 1964년 조지훈이 『한국문화사대계』에서 사회주의운동을 서술하면서 시작되었다. 이후 이현희가 신간회의 조직과 항쟁을 중심으로 한 연구[1]를 발표하였고, 1977년 미즈노 나오키(水野直樹)에 의해 처음으로 지회의 활동에 대한 연구가 이루어졌다고 할 수 있다.[2] 이 연구에서 그는 평양지회와 단천지회의 사례를 통해 신간회 지회의 활동을 소개하였다. 이후 이균영이 지회설립에 따른 신간회의 조직형태에 관한 연구[3]를 수행하였다. 그는 신간회를 주제로 한 박사학위논문을 제출하였고 이를 정리해 1993년 『신간회연구』로 간행하였다.[4] 그의 연구에 의해 신

---

1) 이현희, 「신간회의 조직과 항쟁」, 『사총』 15, 고대사학회, 1971.
2) 水野直樹, 1977, 「新幹會運動に關する若干の問題」, 『朝鮮史研究會論文集』 14.
3) 이균영, 1987, 「支會設立에 따른 新幹會의 '組織形態' 검토」, 『韓國學論集』 11, 195쪽.

간회 지회는 그 설립을 청년단체가 주도하였다는 점, 지회 내부에서 민족
주의자와 사회주의자의 갈등이 일어나지 않았다는 점, 1929년을 전후한 시
점에서 지회의 주도권을 사회주의자들이 갖게 되었다는 점, 지회의 활동은
주로 생활·생존권운동, 계몽운동, 민족문제와 관련된 사안들의 여론화, 부
문운동과 관련된 조사와 진정활동이 많았다는 점, 노동운동과 농민운동에
대한 신간회 지회의 지도권이 확립되지 못하였다는 점, 지역적 차이는 있
으나 신간회 해소운동이 혁명적 농노조운동과 결합해 가고 있었다는 점 등
이 밝혀졌다.

　이균영의 연구 이후 신간회 지회에 대한 연구는 보다 다양한 관점에서
이루어지고 있다. 즉 지회 차원에서 민족주의자와 사회주의자 간의 결속의
근거를 해당지역의 사회적 조건과 결부시켜 해명한 연구가 제출되었다. 이
를 통하여 수원과 안동지역의 신간회운동의 경우 지회의 간부들이 집성촌
출신으로서 문중 관계가 신간회운동의 전개에 크게 영향을 미쳤음이 밝혀
졌다.5) 또한 부산지회의 경우에는 지역사회운동에서 새롭게 성장한 인물
들이 지회 활동의 중심축으로 성장하고 있었음을 확인할 수 있었다.6)

　이러한 신간회 지회에 대한 연구의 흐름 속에서 경기도 광주지역의 신간
회운동에 대한 연구는 3·1운동 이후 상대적으로 지역사회의 민족운동이
저조하였던 지역에서 신간회운동이 어떠한 경로를 통해 이루어지고 있는
가를 확인할 수 있는 대표적인 사례라는 점에서 의미 있다고 할 수 있다.
이는 신간회가 전국조직으로서 설립될 수 있었던 배경을 이해하는 데 좋은
사례가 된다고 생각한다. 그리고 이러한 지역에서 행해진 지회활동이 일반

4) 이균영, 1993, 『신간회연구』, 역사비평사.
5) 조성운, 2003, 「일제하 수원지역의 신간회운동」, 『일제하 수원지역의 민족운동』,
　국학자료원 ; 이현정, 2002, 「신간회 안동지회의 성립과 활동」, 『안동사학』 7, 안
　동사학회.
6) 강재순, 1996, 「신간회 부산지회와 지역사회운동」, 『지역과 역사』 1, 부산경남역
　사연구소.

적인 신간회 지회 활동의 특징과 부합하는가 하는 점을 확인할 수 있다면 그 의미는 더욱 커질 것이라 생각된다.

이와 같은 점에 유의하면서 필자는 광주지역의 교육운동과 민립대학설 립운동, 청년운동 등의 사회운동을 신간회 광주지회의 조직 배경으로 살핀 후 신간회 광주지회의 조직과정과 활동을 실증적으로 살필 것이다. 이를 통해 광주지역의 신간회운동이 한국민족운동사에서 어떠한 의미와 위치를 갖는가를 확인할 수 있기를 기대한다.

2. 신간회 광주지회의 조직 배경

잘 알려져 있듯이 신간회 지회의 설립은 각 지역을 중심으로 활동하던 단체의 연합회나 청년단체에 의하여 이루어졌다.[7] 광주지역의 신간회 역 시 3·1운동 이후 조직되었던 사회운동단체 혹은 민족운동단체의 활동의 연장선에서 조직되었다고 할 수 있다. 그리고 광주 곳곳에서 설립되었던 학교, 야학, 강습소 등의 민중교육 역시 이러한 흐름에 일정한 역할을 하였 다. 이는 1920년대 광주지역 민족운동의 흐름이 민족협동전선인 신간회의 조직으로 귀결되고 있는 것에서 알 수 있다.

이와 같이 광주지역에서 신간회가 조직될 수 있었던 것은 민족운동의 역 량이 성장, 강화되었다는 점과 식민지 지배권력의 조선 민중에 대한 경제 적 불이익의 강제와 억압적 태도, 그리고 이에 따른 농민의 몰락에 기인한 바 크다고 할 수 있다. 즉 광주지역에서는 1922년 12월 동양척식주식회사 소작인의 연명서 작성사건[8]이나 소작인 曹秉周의 자살미수사건,[9] 조선인

---

7) 이균영, 1987, 앞의 논문, 『韓國學論集』 11, 195쪽.
8) 『조선일보』 1922년 12월 7일, 「廣州에도 東拓을 非難」.
9) 『조선일보』 1922년 12월 19일, 「小作人이 自刎 동척회사의 학대로 이 세상을 비 판하고」.

酒造業者의 면허를 취소하고 일본인 酒造組合만을 인정한 사건[10] 등 식민
지 지배권력의 수탈과 억압이 끊이지 않고 일어났다. 이에 따라 남종면 분
원리에 거주하던 70여 호 4~5백 명의 농민이 경제적 곤란으로 남만주로 이
민을 떠난[11] 사실에서 볼 수 있듯이 광주지역 농민들의 경제적 몰락이 점
차 가속화되고 있었다. 그런데 이 글에서는 이러한 측면을 모두 살펴볼 수
없으므로 광주지역 민족운동의 역량이 강화되는 측면을 중심으로 신간회
광주지회의 설립 배경을 살피도록 하겠다.

1) 교육운동

먼저 광주지역의 민족의식 성장과 밀접한 관련이 있다고 보이는 야학,
강습소, 학교 등 교육기관의 설립을 중심으로 교육운동에 대해 살펴보자.
1899년 음력 11월 20일 최정섭 등 3명이 동부면 온천리에 사립학교를 개설
하고 역사, 지지, 산술, 심상소학독본 등을 교수하였다.[12] 이 학교는 劉鎭沂
가 교감으로 있었고,[13] 교명을 광주사립시흥소학교라 한 것으로 보인다.[14]
1900년 10월에는 유지들이 田 2日耕, 畓 9斗落, 錢 80원을 모아 李胤鍾의 집
에 소학교를 설립하였고,[15] 安敎行도 자산을 출연하여 학교 설립을 학부에
청원하였다.[16] 퇴촌면의 安景敦도 안교행을 교사로 사립소학교를 설립하
였다.[17] 또 정부가 설립한 광주부공립소학교,[18] 대왕면 수서동 공립소학교

---

10) 『조선일보』 1926년 3월 15일, 「日人을 爲하여 朝鮮人酒造를 取消」.
11) 『조선일보』 1927년 3월 16일, 「西間島 가는 同胞 一洞內만 五百餘名 광주 분원리」.
12) 『황성신문』 1899년 1월 25일, 「學校開設」.
13) 『황성신문』 1899년 11월 15일, 「寄書」
14) 『황성신문』 1899년 6월 24일, 「論說」 ; 『황성신문』 1899년 11월 15일, 「寄書」 ; 『황
　　성신문』 1900년 1월 24일, 「廣塾經驗」 ; 『황성신문』 1900년 6월 16일, 「時興校의
　　落成式」 등을 참조.
15) 『황성신문』 1900년 10월 27일, 「廣州學校」.
16) 『황성신문』 1901년 10월 23일, 「捐財設校」.
17) 『황성신문』 1902년 1월 25일, 「冒稱敎師」

가 있었다. 수서공보는 전 승지 李胤鍾의 청원에 의해 설립하였으나 학부
의 예산 지원이 불비하여 지역 유지들의 원조에 의해 유지되었다.19) 수서
학교의 교감은 이윤종으로서 곽윤환, 원성범 등의 후원이 있었다.20) 그런
데 곽윤환은 1909년 공립광주보통학교의 교사로 발령받는 것으로 보아 수
서학교의 교사였을 가능성이 있다.21) 그리고 일진회 총대 李重昌의 청원에
의해 留營時貳衙 所屬 이청 10간에 학교를 설치하였고,22) 광주부윤 吳泰泳
이 유지들을 권유하여 전 營庫廳에 학교를 설립하여23) 학교명을 廣興私立
學校로 정하고 교사 權泰珩을 초빙하여 일어, 산술, 지지, 역사, 물리, 법률
등을 교수하였다.24) 그리고 1906년 11월 2일 安泰遠, 宋達顯(이상 전 군수),
安鍾曄, 南廷肅(이상 전 주사), 南星熙(宗廟令), 鄭箕鎭(전 참봉), 朴敎倫, 南
大熙,25) 柳冕永, 黃羲明, 安鍾贊, 鄭雲麟(진사) 등 12명의 발기와 교장 吳泰
泳(400원), 교감 安鍾曄(360원), 부교장 宋達顯(340원) 등 39명이 총 2,617원
의 기금을 모아 廣州私立漢山學校를 발기하였다.26) 또 광주군수 오태영은
유진형과 협의하여 학교를 설립한 후 학교 유지 방안으로서 대소인민 대중
과 회동하여 稍饒한 인민은 每戶 幾斗租를 수합하여 각기 洞으로 任置하고

18) 『황성신문』 1901년 3월 26일, 「學事」.
19) 『황성신문』 1905년 4월 13일, 「廣校漸旺」.
20) 『대한매일신보』 1908년 5월 20일, 「수서교흥왕」.
21) 『황성신문』 1909년 7월 3일, 「官報」.
22) 『황성신문』 1905년 9월 20일, 「設校借廨」.
23) 『황성신문』 1906년 2월 27일, 「廣尹設學」;『황성신문』 1906년 3월 30일, 「設校請舍」.
24) 『황성신문』 1906년 7월 16일, 「廣府廣校」.
25) 동일인인지는 확실하지 않으나 의병두령 남대희가 일진회 지부를 불태우고 자신
    의 집을 불태우며 죽기를 맹세하였다고 한다(『대한매일신보』 1907년 8월 27일,
    「지방정형」). 그리고 또 다른 남대희는 경안면 자위단장으로서 의병 4명을 체포
    하여 광주군 수비대에 넘겨 4000량의 포상금을 수령한 결과 1908년 4월 16일 의
    병 400여 명이 그의 집에 침입하여 그를 무수히 난타하였다고 한다(『황성신문』
    1908년 4월 19일, 「南氏被打」). 이 결과 그는 사망하였다(『대한매일신보』 1908년
    10월 9일, 「자위단장피살」).
26) 『황성신문』 1906년 11월 2일, 「私立漢山學校發起人」.

매년 每石斗에 5두씩 殖利한 이자로 학교에 補用하기로 결정하였다.[27] 또
송파나루의 運船營業人들이 회사를 조직하여 영업을 개량하고 각기 捐金
을 내어 학교를 설립하고자 하였는데 이에 군수 오태영이 300원을 기부하
는 등 수천원의 기금이 모였다.[28] 그리고 동북면에는 광명학교가 설립되어
있었으며,[29] 퇴촌면 촉자동의 朴齊先은 사립학교를 설립하여 樵童牧竪에게
農理를 교수하였고,[30] 퇴촌의 鄭允夏, 南一祐 역시 학교를 설립하여 초동을
교육하였다.[31] 이외에도 초월면 산리동의 金宗法은 명륜학교를 설립하였
다.[32] 한편 광주지역의 학교들은 연합운동회를 개최하기도 하였다. 광흥학
교, 광성학교,[33] 한산학교, 수서학교, 광릉학교 등 5개 학교가 광흥학교에
모여 연합운동회를 개최하였던 것이다.[34]

그런데 광주지역의 학교들은 재정이 좋은 편은 아니었던 것 같다. 그리
하여 『황성신문』은 논설에서 시흥학교의 설립 이후 1년급 학생이 40여 명
으로 모두 농가의 자제로서 입학 후 6~7개월 만에 고금 역사도 읽으며 소학
독본도 誦하게 되었으나 학습 자료의 불비가 심하다고 하였다.[35] 또 1908
년 1월 광주지역의 7개 사립학교의 대표가 모여 역둔토 사음을 학교에 부
속시켜 경비에 충당하도록 해달라고 탁지부에 청원하고 있는 것이다.[36] 또
한 학교 설립 기금을 모금하는 과정에서도 강제적인 방법이 동원되었던 것

27) 『황성신문』 1906년 11월 27일, 「廣州妨校起鬧」.
28) 『황성신문』 1907년 2월 2일, 「松坡設校」.
29) 『황성신문』 1907년 5월 27일, 「廣明校運動」.
30) 『황성신문』 1908년 4월 14일, 「農理敎授」
31) 『황성신문』 1908년 5월 22일, 「夜學發展」
32) 『황성신문』 1908년 5월 27일, 「明倫設立」
33) 광성학교는 대략 1905~6년 무렵 중대면 송파에 설립된 것으로 판단된다. 1909년
    현재 교사 金昌鎭의 열성으로 晝夜 學生數가 수백 명에 달하였다(『畿湖興學會月
    報』 11, 1909년 6월, 50쪽).
34) 『황성신문』 1908년 5월 24일, 「廣校聯合運動」
35) 『황성신문』 1899년 6월 24일, 「論說」
36) 『황성신문』 1908년 1월 15일, 「舍音附校」.

으로 보인다. 즉 한산학교의 설립 기금을 모금하는 과정에서 송달현, 안태
원은 오포면 屯里에 거주하는 朴口浩의 아버지에게 강제적으로 100원을 기
부하라고 하였다. 이에 朴口浩는 아버지의 억울함을 호소하였던 것이다.[37]

이와 같은 광주지역의 학교 설립이 활발히 전개된 것은 1895년 고종의
교육입국조서 발표 이후 각지에서 전개되던 교육구국운동의 일환이었다고
할 수 있다. 특히 1908년 1월 기호흥학회의 설립과 동시에 설치되었다고 보
여지는 기호흥학회 광주지회[38]에는 지회장 이윤종을 비롯하여 강원달, 안
교행, 안태원, 남대희, 朴齊先(璇) 등 광주지역의 교육활동가들이 대거 참여
하였다. 특히 이윤종은 1900년 자신의 집에 소학교를 설립했을 뿐만 아니라
1908년 수서학교의 교감이었다. 또 후술하듯이 1923년 民立大學廣州地方部
의 집행위원장이었다. 그리고 1908년 9월 현재 광주지회의 교육부장이던
강원달은 1909년 2월 현재 광흥학교의 교사를 역임하고 있었다.[39] 기호흥
학회 광주지회의 임원은 다음과 같다.

李胤鍾(회장), 安燁(부회장), 石瓊煥(총무), 趙成俊, 李東鉉(이상 회계원),
金敎悅, 金顯承(이상 서기원), 宣永淳, 金昞洙, 朴齊璇, 任麟宰, 金昌鎭,
具滋鳳, 宣永參, 劉興烈, 安敎行, 李秉秀, 李勳鍾, 李秉懿, 安泰遠, 南大
熙, 鄭煥敎(이상 평의원), 康元達(교육부장), 石璣煥(재정부장), 石東煥,
許鈗, 李鳳夏, 金俊賢, 李淳永, 尹時勳, 金翼, 龍漢彩, 李龍植, 宋南顯(이
상 간사원)[40]

기호흥학회 임원 중 광주지역의 교육운동에 종사한 인물들의 활동을 보
면 〈표 1〉과 같다.

---

37) 『황성신문』 1907년 5월 21일, 「朴氏呼訴」.
38) 『畿湖興學會月報』 1, 1908년 8월, 46쪽.
39) 『畿湖興學會月報』 7, 1909년 2월, 39쪽.
40) 『畿湖興學會月報』 2, 1908년 9월, 61쪽.

〈표 1〉 기호흥학회 광주지회 임원 중 교육활동에 종사한 인물들의 활동

이름	기호흥학회 광주지회 직분	활동
이윤종	회장	소학교 설립(1900), 수서공보 설립 청원, 수서학교 교감
강원달	교육부장	광흥학교 교사
안교행	평의원	학교 설립(1901), 안경돈 설립의 사립소학교 교사
안태원	평의원	한산학교 발기
남대희	평의원	한산학교 발기
박제선	평의원	사립학교 설립(족자동)

또 대한자강회는 광명학교의 발전을 도모하기 위하여 윤정효를 시찰원으로 파견하기도 하였다.[41] 이로 보아 대한제국기 광주지역의 학교설립은 광주군수 오태영과 기호흥학회, 대한자강회 등의 활동에 힘입은 바 크다는 사실을 확인할 수 있다.

이외에도 광주지역에는 중대면 송파리에 야학과, 염곡리에 초목야학, 역촌 광흥학교 내에 초동야학교, 경안 덕곡리에 목동학교, 경안 전기리에 목동학교, 염곡 광언학교 내에 야학과, 언주면 평촌에 평촌야학교, 오포면 양촌리에 초동야학교 등 야학도 활발히 전개되었다.[42]

이와 같이 광주지역에는 대한제국기 이래 꾸준히 학교와 야학이 설립되어 지역민중의 계몽에 힘을 기울였다. 이러한 활동은 일제에 의해 조선이 강점된 이후에도 지속되었다. 그리하여 일제의 조선 강점 이후부터 신간회 광주지회가 설립되기 전까지 광주지역에는 廣德學校,[43] 新明講習所(낙생면 판교리), 廣明講習所(돌마면), 光明義塾(대왕면),[44] 明德講習所(도척면 유정리),[45] 廣鮮義塾(실촌면 봉현리),[46] 唯一講習所(돌마면 여수리),[47] 東明講習

---

41) 『大韓自强會月報』 7, 1907. 1, 62쪽.
42) 김형목, 『대한제국기 야학운동』, 경인문화사, 2006, 〈부록 2〉에서 발췌.
43) 『황성신문』 1910년 9월 14일, 「廣校有人」. 광덕학교는 南廷肅, 南長熙, 南相哲, 安鍾曄, 安鍾烈, 安學洙 등이 남정숙 소유 家舍 7간을 기부받아 설립하였다.
44) 『조선일보』 1923년 5월 29일, 「各校塾聯合運動」.
45) 『동아일보』 1922년 5월 26일, 「明德講習所好績」.

所(초월면),48) 광성학교(중대면 송파리)49) 등 야학, 강습소, 학교가 설립, 운
영되고 있었으며, 1923년 10월 2일에는 대왕면 고등리에 강습소가 개소하였
고,50) 오포면의 양벌리에도 강습소가 설립되었다.51) 또 1925년 언주면 압구
정리의 全尙淳이 야학을 설립하였고,52) 1926년 광주중앙청년회는 노동야학
의 설립을 결의53)하는 등 광주지역에서는 교육운동이 점차 강화되고 있었다.
　그런데 광주지역의 교육기관 운영은 그리 원활하지는 않았던 것으로 보
인다. 예를 들면 실촌면 봉현리의 광선의숙의 경우 유지에 어려움이 많아
강사 文鴻圭는 "우리 사회에 신생명을 개척하며 신기운을 조장코자 함은
오직 교육"에 있다고 하면서 廣鮮義塾이 동절기임에도 불구하고 "난로 1개
도 구입치 못하였을 뿐만 아니라 연료도 구입치 못하여 冬期 수개월 간은
부득이 傍學을 할 모양"54)이라며 유지들의 지원을 요청하였다.55) 이에 교
토제국대학(京都帝國大學)에 유학 중이던 文穆圭가 매년 운영비 60원을 지
원하겠다는 약속을 하여 일단 학교 운영이 원활해질 수 있었던 것으로 보
인다.56) 또 송파 광성학교의 경우도 경비부족으로 운영이 곤란해지자 1923
년 7월 1일 詩畵會를 계기로 동정금 모금을 계획하였고,57) 중대면의 11개리

46)『조선일보』1923년 9월 8일,「廣鮮義塾의 有望」.
47)『조선일보』1923년 10월 9일,「突馬面에 唯一講習所」.
48)『조선일보』1924년 6월 29일,「東明講習有望」.
49)『조선일보』1924년 6월 14일,「靑年總會의 決意」.
50)『조선일보』1923년 10월 4일,「大旺面에 講習所」.
51)『조선일보』1924년 4월 23일,「五浦人士의 獎學熱」.
52)『동아일보』1925년 5월 3일,「篤志와 慈善」.
53)『조선일보』1926년 12월 25일,「廣州靑年臨總」.
54)『조선일보』1923년 12월 23일,「廣鮮義塾을 위하여 同情을 求함」.
55) 광선의숙은 실촌면 봉현리의 문씨문중의 저축금으로 건립된 학교로서 배재고보
　를 졸업한 문홍규를 강사로 초빙하여 30여 명의 학생을 교육하였다. 그러나 건립
　이후 항상 운영비의 부족으로 학교 운영에 어려움을 겪었던 것으로 보인다. 그리
　하여 강사 문홍규가 유지들의 지원을 요청하였던 것으로 보인다(『조선일보』
　1924년 6월 29일,「廣鮮義塾의 曙光」).
56)『조선일보』1924년 6월 29일,「廣鮮義塾의 曙光」.
57)『동아일보』1923년 6월 28일,「私立廣成校狀況」.

의 구장들이 각리 당 10원씩의 동정금을 거출하기로 하였으나 계획에 미치
지 못하였다는 사실58)로 미루어 광주지역의 야학, 강습소, 학교의 운영 상
태는 매우 열악했던 것으로 보인다.

　이러한 광주지역의 교육열은 민립대학설립운동에서도 드러난다. 광주지
역에서는 1923년 6월 6일 100여 명이 참석하여 民立大學廣州地方部 창립대
회가 광성학교에서 거행되어 집행위원장에 李胤鍾, 집행위원에 金俊鉉 외
15명, 감사위원 金昌鎭59) 외 4명, 會金保管委員 魚濬 외 4명을 선출하였다.60)
이와 같이 광주지역에서 민립대학설립운동을 위한 움직임이 발생하자 광
주군수는 1923년 8월 10일 民立大學廣州地方部에 다음과 같이 통첩하여 그
활동을 방해하였다.

> 民立大學期成會에 관한 件
> 民立大學期成會事業을 傍助하기 위하여 어떤 面에서 區長과 面協議員 등
> 을 招集하여 此에 關한 負擔金 기타에 대하여 協議하는 傾向이 有하나 如
> 斯한 事務에 關하여 直接 面에서 關與함은 甚히 妥當치 아니한 旨로 當局
> 에서 特히 通牒도 有한 바 特히 注意함이 좋은 旨로 通牒함61)

　그런데 집행위원장 이윤종과 집행위원 김준현, 감사위원 김창진은 기호
흥학회의 임원이었으며, 기호흥학회가 조직되기 전에도 광주지역 교육운동
의 핵심적인 인사들이었다. 이는 곧 광주지역의 민립대학설립운동이 일제
의 조선 강점 이전시기의 교육운동을 계승하고 있음을 보여주는 것이라 할
것이다.

　광주지역의 민립대학설립운동은 1923년 일본의 관동대지진과 조선의 수
재로 인하여 그 활동이 잠시 주춤하였다. 그리고 1923년 11월이 되어서야

---

58) 『조선일보』 1923년 12월 20일, 「中岱人士의 不誠意」.
59) 김창진은 1909년 현재 광성학교의 교사였다(『기호흥학회월보』 11, 1909. 6, 50쪽).
60) 『조선일보』 1923년 5월 12일, 「民大地方部組織總會」.
61) 『조선일보』 1923년 9월 1일, 「民立大學에 關한 通牒 面에서 直接關與함은 不妥當」.

다시 활동을 시작하였으나 그 결과에 대해서는 알 수 없다.[62] 다만 1923년
12월 10일 민립대학설립기성회 중앙본부의 특파원 徐鳳俊이 광주와 이천,
여주로 출장[63]하였다는 사실로 보아 이 시기 광주, 이천, 여주 등지의 민립
대학설립운동을 부흥시키고자 하는 움직임이 있었던 것은 분명하다. 이와
같이 광주지역의 교육운동이 활발히 전개되자 광주군은 1923년 7월 廣州郡
敎育會를 설립하여 '교육개선과 진보'에 나서기로 하였다.[64] 이는 광주군이
민립대학설립운동과 야학, 강습소, 학교의 설립 등 광주지역의 교육운동이
활발히 전개되는 것에 대한 대응 차원에서 이루어진 것으로 판단된다.

2) 청년운동

광주지역은 "己未運動 이후 京鄕 각지에서 각종 단체가 雨後竹筍의 勢로
한창 일어날 때 본군에서도 靑年會니 俱樂部이니 하여 어지간히 일어났습
니다. 각종 단체들은 그만 有耶無耶間에 없어지고 자못 몇 해를 잠잠"[65]해
졌다거나 "광주는 郡의 周圍를 論하더라도 他郡에 比하여 不少하고 人口를
計하더라도 不少한대 아직껏 靑年諸君이 團合하여 文化를 啓發케 할만한
機關이 無"[66]하다고 한 것으로 보아 3·1운동 이후에도 사회운동 혹은 민족
운동이 활발히 전개되지는 못하였던 것으로 보인다. 이러한 지역사회의 상
황에 대해 광선의숙의 강사 文鴻圭는 "諸君들은 醒하시오. …… 奮鬪할지어

62) 『조선일보』 1923년 11월 28일, 「民大地方部活動協議」.
63) 『조선일보』 1923년 12월 14일, 「徐鳳俊氏來廣」.
64) 『조선일보』 1923년 7월 19일, 「廣州郡에 敎育會 創立」. 광주군교육회의 주도세력
　　이나 활동에 대해 알려진 것은 거의 없다. 다만 1936년 6월 12일 광주공보에서 熊
　　谷則正 大佐와 平井대위를 초청하여 시국에 대한 강화회를 개최하고 군사영화
　　를 상영하였다는 광주군교육회와 같은 것으로 보인다(『매일신보』1936년 6월 15일,
　　「熊谷大佐招聘 時局講演開催」).
65) 『조선일보』 1927년 4월 10일, 「地方紹介 11 社會團體 狀況 前途樂觀? 廣州 其三」.
66) 『조선일보』 1922년 12월 18일, 「靑年諸君에게 告하노라」.

다. 努力할지어다. 靑年會 建設에 대하여 現今과 같이 科學이 發達되고 文
化가 進步된 歐米列强을 봅시다. 만약 그네들이 團合하고 一致하여 文化를
啓發치 아니하였다면 어찌 인류사회의 仰慕者가 되었으리오."[67]라며 광주
군에서 청년회를 조직할 것을 주장하였다.

이처럼 1922년 무렵 광주지역의 사회운동 혹은 민족운동은 지지부진하였
다고 판단된다. 그런데 청년회의 건설을 주장한 문홍규는 "西便으로부터
起한 一片惡雲이 五六風霜의 長霖을 大作하여 混沌天地를 이루었더니 人道
正義의 和風이 모든 문제의 부르짖음을 따라 六洲文明이 共開하고 萬邦意
思가 相通"[68]한다는 사회진화론적 인식에서 출발한 것이었다. 따라서 문홍
규는 '和風', 즉 일본의 조선지배를 인정하는 바탕에서 청년회의 건설을 주
장한 것이고, 그에 따르면 '和風'은 "亞洲東邱의 錦繡江山에도 新生活의 快
樂"[69]을 누리게 할 수 있는 것이었다.

이와 같은 문홍규의 주장에도 불구하고 이 시기 광주지역에서 새로이 청
년단체가 조직되었는가는 확실히 알 수는 없다. 다만 신간회 광주지회가
설립될 무렵인 1927년 4월 광주지역에서는 廣州中央靑年會, 松波廣州靑年
會, 廣明靑年會, 進興靑年會, 勞動共助會 등의 청년단체와 노동단체가 활동
하고 있었으며, 조선일보와 중외일보의 지국, 그리고 조선농민사지부 등의
언론단체가 설치되어 있었다.[70] 그리고 동아일보지국도 1927년 6월 25일
설치되었다.[71] 이러한 단체들은 앞에서 언급했듯이 민족운동 혹은 사회운
동이 부진하였던 상황 속에서 꾸준히 명맥을 유지하면서 활동을 해왔다는
점에서 나름대로 대중성을 확보한 단체였다고 생각된다.

---

67) 『조선일보』 1922년 12월 18일, 「靑年諸君에게 告하노라」.
68) 『조선일보』 1922년 12월 18일, 「靑年諸君에게 告하노라」.
69) 『조선일보』 1922년 12월 18일, 「靑年諸君에게 告하노라」.
70) 『조선일보』 1927년 4월 10일, 「地方紹介 11 社會團體 狀況 前途樂觀? 廣州 其三」.
71) 『동아일보』 1927년 6월 25일, 「社告」. 지국장은 金壽鉉, 기자는 金重義, 俞仁穆,
金鉉用이었다.

　예를 들면 송파광주청년회는 1924년 6월 6일 廣城學校에서 총회를 개최
하여 회의 명칭을 광주청년회로 개칭할 것을 결의[72]하였던 것으로 보아 최
소한 1924년 이전에 조직되어 활동하고 있었다는 것이 확인된다. 송파광주
청년회는 1925년 3월 18일 기근을 당한 17호에 대하여 1인당 粟 2승씩 분급
하였다.[73] 또 中岱面 文井里에서 조직되었던 광명청년회도 1925년 제2회
정기총회를 개최[74]한 것으로 보아 1924년에 조직되었음을 알 수 있다. 이
외에도 1924년 山城里에서 石惠煥 외 87명이 勞農殖産奬勵會를 조직하였
고,[75] 송파중앙청년회는 1925년 10월 19일 창립되었으며,[76] 광주여자청년
회도 조직되어 있었다.[77] 송파중앙청년회의 회장 김동식은 1927년 구천면
암사리에 있던 九川販賣場合資會社의 설립에 따라 마을의 시장이 폐지될
위기에 처해지게 되자 회사에 쇄도하여 반대의사를 명확히 하였다.[78] 그리
고 1925년 6월 9일 송파수양회가 창립[79]되었는데 송파수양회는 송파중앙청
년회와 밀접한 관계를 갖고 있었다고 판단된다. 즉 송파중앙청년회의 위원
장과 부위원장인 윤보영과 곽응천이 송파수양회의 상담역으로 선임되었기
때문이다. 따라서 송파중앙청년회와 송파수양회는 같은 성격의 단체라고

72) 『조선일보』 1924년 6월 14일, 「靑年總會의 決意」.
73) 『동아일보』1925년 3월 21일, 「廣州靑年救饑 每人에 粟 2升」.
74) 『조선일보』 1925년 4월 11일, 「廣明靑年總會」.
75) 『조선일보』 1924년 6월 14일, 「廣州에 勞農會」. 그런데 廣州共産黨協議會 사건을
　　다룬 일제의 문건에서는 이 조직을 勞農産業奬勵會라 부르고 있다.(警察情報綴
　　拱(昭和 11년), 『秘密結社 廣州共産黨協議會 事件 檢擧에 관한 件』)(국사편찬위
　　원회 한국사데이터베이스에서 인용).
76) 『조선일보』1925년 10월 22일, 「松波中央靑年 創立總會」. 창립시 송파중앙청년회
　　의 임원은 위원장 尹普榮, 부위원장 郭應天, 상무위원 尹道炳, 金根培, 宋基植, 위
　　원 金東植, 金春日, 尹喜玉, 姜根成, 張德權 등이다.
77) 『동아일보』1926년 10월 1일, 「광주여청정총」.
78) 『중외일보』1927년 11월 29일, 「廣州 九川販賣會社에 松坡市民 大擧 殺到」.
79) 『조선일보』 1925년 6월 15일, 「松波修養會創立」.창립시 송파修養會의 임원은 다
　　음과 같다. 張口, 총무 尹昌文 司審 朴守命, 金鳳九, 柳五均, 宋正植, 郭一俊, 張喜
　　男, 趙昌圭, 서기 姜根成, 李泰成 상담역 尹普榮, 郭應天

볼 수 있을 것이다.

그렇다면 송파중앙청년회는 어떠한 성격의 단체였을까. 이를 송파중앙
청년회가 창립대회에서 채택한 다음과 같은 결의사항에서 추측할 수 있다.

결의사항
1. 홍수시 공로자 표창에 관한 건
1. 송파시장 개량에 관한 건
1. 井戶道路 수리에 관한 건
1. 부실한 오락에 관한 건
1. 운임에 관한 건
1. 부업장려에 관한 건
1. 의무소방에 관한 건
1. 빈민환자구제에 관한 건[80]

위의 결의사항을 통해 보면 송파중앙청년회는 개량적인 성격의 단체임
을 알 수 있다. 특히 부업장려, 의무소방, 정호도로 수리 등과 같은 것은 행
정기관과의 밀접한 관련 하에 성과를 낼 수 있는 것이었다.

이외에도 광주지역에는 송파청년회, 경안정구구락부, 남한산청년구락부
등의 단체가 활동하고 있었는데 이 단체들 역시 개량적인 성격을 갖고 있
었다고 판단된다. 즉 송파청년회는 조선일보 광주지국의 후원으로 '광주대
고양 정구대회'를 광성학교 코트에서 개최하였고,[81] 경안정구구락부 · 남한
산청년구락부 · 송파청년회는 역시 조선일보 광주지국의 후원으로 1923년 8
월 5~6일 용인 · 이천 · 여주 · 양평 · 광주군을 초청하여 5군 연합 축구대회
를 개최하였다.[82] 또 광주중앙청년회는 1927년 7월 18일 광주공립보통학교
에서 음악회를 개최[83]하였다. 그리고 광주지역에는 천도교청년동맹 광주

80) 『조선일보』 1925년 10월 22일, 「松波中央靑年 創立總會」.
81) 『조선일보』 1923년 7월 24일, 「廣州對高陽庭球大會」.
82) 『조선일보』 1923년 8월 2일, 「五郡聯合蹴球大會」.
83) 『조선일보』 1927년 7월 23일, 「廣州音樂會盛況」.

동맹이 조직되어 있었으며,[84] 1928년 8월 14일에는 광주천도교종리원에서 광주소년회를 발기하고 26일 창립대회를 개최하고자 하였다.[85]

이상에서 볼 때 송파중앙청년회의 결의사항이나 경안정구구락부·남한산청년구락부·송파청년회 등이 주최한 정구대회나 축구대회 등에서 확인할 수 있듯이 광주지역의 청년회는 앞에서 본 문홍규의 주장과 맥을 같이 하는 개량적인 성격의 단체였음을 알 수 있다. 이러한 연장선에서 각 면 대표의 후원 하에 소비절약조합이 결성[86]되기도 하였다고 판단된다.

이와 같이 광주지역의 사회운동은 주로 개량주의적 운동노선 하에서 활동하였다고 판단된다.[87] 그러나 1926년 12월 18일 광주중앙청년회의 임시총회에서 회장 韓順會, 부회장 朴箕煥, 지육부장 林泰炆, 덕육부장 任政宰, 체육부장 裵始炯, 산업부장 金述鎬가 선출[88]되면서 개량주의적 운동노선을 탈피하고자 했던 것으로 보인다. 韓順會 등이 광주중앙청년회를 어떠한 과정을 거쳐 장악했는가는 확인되지 않지만 이 회의에서는 기존의 여타 청년단체에서는 볼 수 없었던 노동야학 시행의 건이 결의되고 있는 것이다. 그러나 광주중앙청년회가 실제 한순회와 박기환[89]의 주도로 개량주의적 운동노선에서 완전히 탈피했다고 보여지지는 않는다. 신간회 광주지회가 조

---

84) 성주현, 「1920년대 경기지역의 천도교와 청년동맹 활동」, 『경기사학』 4, 2000, 130쪽.
85) 『동아일보』 1928년 8월 20일, 「廣州少年會發起」.
86) 『조선일보』 1923년 3월 3일, 「消費節約組合」.
87) 그러나 광주지역에 사회주의세력의 움직임이 전혀 없었던 것은 아니다. 1924년 신흥청년회가 광주에서 강연회를 개최하고자 하였으나 금지되었고「국제무산청년데이 운동상황에 관한 건」(국사편찬위원회 한국사데이터베이스에서 인용)], 1923년 조직된 노동공조회의 활동도 있으나 자료의 제약으로 그 구체적인 실상을 밝히기는 어렵다.
88) 『조선일보』 1927년 9월 5일, 「廣州靑年臨總」.
89) 박기환은 1933년 경기도 광주읍의원에 당선되었고(『매일신보』 1933년 5월 12일, 「조선통치사의 신기원 지방자치제도의 확립」), 1937년 경기도의회에 유인묵, 석호균과 함께 출마하였으며(『매일신보』 1937년 5월 5일, 「京畿八十六戰士 確定 攻戰·總決算期臨迫」), 1937년 9월 18일 광주연합청년단의 이사로 선출되었다(『매일신보』 1937년 9월 21일, 「廣州聯合靑年團 18日」 發團式 盛大).

직된 이후인 신간회 기관지 역할을 했던『조선일보』광주지국 기자는 광주
중앙청년회에 대해 "제군은 무엇을 위하여 광주에 중앙청년회라는 이름을
세웠으며 무엇을 위한 會라고 하며 또 그 실현 사실은 무엇인가?" 하고 묻
고 "그 會로서 해 놓은 사업이 있다면 수개의 의미들을 口介箱과 일본인 某
의 병원행을 원조하기 위하여 금전을 辨出한 것밖에는 더 생각날 것이 없
다. 아 또 생각난다. 그 외에 악기를 사기 위하여 재산가요 兼道評議員인
某君이 기부받으러 갔다가 실패하고 온 것"이라고 하여 광주중앙청년회의
사업이 일반 민중이나 민족운동과는 상관이 없다는 점을 명확히 하면서 비
판하였던 것이다. 더 나아가 그는 "민중의 해방운동을 위하여 모인 단체라
하면 일반 민중의 선구자의 책임을 다함이 지당하다 하겠다."[90]고 하여 광
주중앙청년회의 각성을 촉구하고 있다.

　광주중앙청년회에 대한 이러한 비판은 이 시기가 신간회 광주지회의 설
립 직후라는 점에서 청년단체에 대하여 경각심을 환기시키고자 한 의도였
다고 판단된다. 더욱이 1926년 12월 한순회와 박기환이 각각 회장과 부회장
으로 선출된 이후였으므로 이와 같은 비판은 신간회운동을 보다 적극적으
로 추진하기 위한 것이었다고 할 수 있을 것이다. 그리고 신간회 광주지회
의 설립대회가 송파중앙청년회관에서 개최되었던 점으로 보아 송파중앙청
년회 역시 이 시기에는 개량주의적인 운동노선에서 탈피하고 있었던 것이
아닌가 추측할 수 있다. 이렇게 보면 광주지역의 청년운동이 개량주의적인
성격을 탈피하기 시작한 것은 대략 1926년 말부터 1927년 초라 할 수 있을
것이다.

　그런데 이 시기는 1926년 11월 15일 정우회가 방향전환론을 제기한 직후
였으므로 다른 지역의 청년단체들은 일제히 방향전환을 선언하면서 민족
운동을 보다 강화하고자 하였던 시기였다. 그러므로 광주중앙청년회와 송

---

90)『조선일보』1927년 12월 25일, 「廣州中央靑年會員諸君에게」.

파중앙청년회의 '방향전환'은 정우회의 방향전환론의 영향에 따른 광주지역 청년운동의 반응이 아니었을까도 생각해볼 수 있다. 다만 다른 지역의 방향전환이 주로 사회주의적인 색채를 띤 것이었다면 광주지역의 경우는 이와는 다른 '방향전환'이었다고 할 것이다. 특히 방향전환기 청년단체를 비롯한 대중운동 단체들의 조직형태가 위원제로 이행하고 있는 것이 일반적인데 비하여 회장제 및 지육부, 덕육부, 체육부의 참모부서를 유지하고 있는 광주중앙청년회는 여전히 실력양성론에 입각해 운동을 전개하고자 한 것이 아닌가 추측할 수 있다.

이와 같이 1920년대 중반을 지나면서 광주지역의 청년운동은 서서히 민족운동의 성격을 강화하고 있었다. 그리고 신간회 광주지회의 설립과정에서 보듯이 청년운동세력이 핵심적인 역할을 수행하였다고 할 수 있다. 이에 대해서는 다음 장에서 살피도록 한다.

3. 신간회 광주지회의 조직과 활동

1) 조직

신간회는 1920년대 전반기 민족운동세력이 분열되어 있는 상황에서 좌파 민족주의자와 사회주의자들이 서로 다른 정치적·계급적 관점을 유보하고 어떠한 형태로든지 민족해방을 위하여 협동해야 한다는 민족협동전선론[91]에 입각하여 설립된 조직이었다. 전국적으로 149개의 지회가 조직되었던 일제시기 국내에서 조직된 민족운동단체 중 최대의 단체라 할 수 있다. 신간회는 보통 1군 1지회의 원칙이 적용되었으나 광주지역에서는 1930년 언주면 염곡리 明新講習所에서 광주군의 언주면, 대왕면, 중대면과 시흥군의

---

91) 이균영, 1990, 『신간회연구』, 한양대학교 박사학위논문, 5쪽.

신동면, 과천면, 서이면을 대상구역으로 하는 廣興支會 설립위원회를 조직
하였다. 설립준비위원은 曺成鎬, 秋璟培, 曺仁煥, 曺益煥, 李基鳳, 曺喜弘,
曺喜雲, 李基弘, 許二文 등이었다.[92] 그러나 1930년 12월 23일 중앙상무집
행위원회에서 설치를 승인[93]받은 광흥지회는 일제 경찰의 방해[94]로 실제
조직되었는가는 확인되지 않는다.

신간회 광주지회는 1927년 7월 10일 유지 제씨가 송파중앙청년회관 내에
임시 사무소를 설치하고 "조선 민중의 총역량을 집중하고 조선민족단일당
인 신간회 지회"[95]의 조직을 결의하면서 조직되기 시작하였다. 이후 1927년
8월 14일 중부면 長慶寺에서 유지 20여 명이 회동하여 8월 24일 산성리의
남한노동공조회관에서 신간회 광주지회의 설립대회를 개최하기로 결정하
고 준비위원으로 韓順會, 石惠煥, 金東植, 具百書, 延濟鴻, 具本玉, 具滋達,
韓哲基, 許范, 俞仁穆, 李容琥, 朴泰遠을 선출하였다.[96] 이 장경사 회동은
신간회 광주지회의 조직에 석혜환의 역할이 컸음을 의미한다고 판단된다.
후술하듯이 그가 장경사에서 승려행활을 하였기 때문이다.[97] 그리고 1927
년 8월 24일 설립대회가 남한산성 노동공조회관에서 개최되어 신간회 광주
지회가 조직되어[98] 신간회 중앙본부로부터 9월 21일 승인받았다.[99] 이 때

---

92) 『조선일보』 1930년 12월 24일, 「新幹廣興支會設置」.
93) 『동아일보』 1930년 12월 25일, 「新幹會運動激勵次 巡廻員派遣」.
94) 『조선일보』 1931년 1월 14일, 「廣興新幹支會 創立沮害 경찰당국에서」.
95) 『조선일보』 1927년 7월 10일, 「廣州에서도 新幹支會發起」.
96) 『조선일보』 1927년 8월 22일, 「京畿廣州 新幹準備」.：『중외일보』 1927년 8월 22
일, 「新幹廣州支會設立準備」.
97) 장경사 회동을 놓고 신간회 광주지회의 조직에 불교세력이 참여하였다고 볼 수
는 없을 것 같다. 석혜환 이외의 다른 불교계 인물들이나 사찰이 신간회 활동에
참여하였다는 증거가 없기 때문이다.
98) 그런데 『동아일보』는 신간회 광주지회의 설립 장소를 남한산 소년회관이라 보도
하였다(『동아일보』 1927년 8월 27일). 이로 보아 남한산 노동공조회와 남한산 소
년회와 같은 건물을 회관으로 사용하고 있었음을 알 수 있다.
99) 「京鍾警高秘 제11090호의 1 신간회지회 설치상황의 건」(국사편찬위원회 한국사
데이터베이스에서 인용).

선출된 임원은 다음과 같다.

회장 韓順會 부회장 石惠煥 총무간사 俞仁穆 韓哲基 許范 金尙煥 韓百鎬
상무간사 黃秋浩 卞重熙 洪淳錫 李鍾珏 金東植　간사 具滋達 李淇泳 李容
琥 朴泰遠 金世豊[100]

　이상의 설립준비위원과 초대 임원 중 광주지역의 청년단체에서 활동했
던 인물은 1926년 현재 광주중앙청년회장 한순회와 송파중앙청년회장 김동
식 외에는 보이지 않는다. 그런데 신간회 지회의 설립은 각 지역을 중심으
로 활동하던 단체의 연합회나 청년단체에 의하여 이루어졌다[101]는 기존의
연구에서도 알 수 있듯이 신간회 지회의 대부분이 청년단체를 중심으로 조
직되었다. 이러한 연구 결과를 바탕으로 볼 때 신간회 광주지회의 설립에
관여했던 '유지 제씨'는 〈표 2〉에서 볼 수 있듯이 지역에서 활동하던 단체
의 연합회나 청년단체의 대표들로 볼 수 있을 것이다. 따라서 앞에서 본 설
립위원과 초대임원은 대부분 광주지역의 청년단체나 종교단체의 임원들이
거나 중추적인 활동가였다고 추측할 수 있다.
　석혜환은 노농식산장려회와 남한산노동공조회의 집행위원장이었고, 서
울지역의 사회주의자와의 교유를 통하여 사회주의사상을 흡수하여 1935년
1월 4일 광주공산당협의회를 조직하였다.[102] 따라서 석혜환은 광주지역의
대표적인 사회주의 지식인이었다고 할 수 있다.
　신간회 광주지회 주도세력의 성격을 파악하기 위하여 신간회 광주지회
의 설립위원 및 임원진의 명단을 〈표 3〉으로 정리하였다.

---

100) 『조선일보』 1927년 8월 29일, 「廣州郡에 新幹支會設立」; 『중외일보』 1927년 8월
　　27일, 「新幹會廣州支會創立」.
101) 이균영, 1987, 「支會設立에 따른 新幹會의 '組織形態' 검토」, 『韓國學論集』 11, 195쪽.
102) 永警高秘 第278號, 昭和11年 1月 14日, 「秘密結社廣州共産黨協議會檢擧에 關한 件」.

<표 2> 광주지역 청년단체의 임원

단체	임원진	전거
광명청년회	회장 金斗泳 간부 南光熙 李銀載 李光天 李容穆 李鍾求 李建成 金台泳외 1명	1925.4.1.(조)
송파중앙청년회	위원장 尹普□ 부위원장 郭應天 상무위원 尹道炯 金根培 宋基植 위원 金東植 金春日 尹喜玉 姜根成 張德權	1925.10.22.(조)
	위원장 金東植 상무위원 金貴用 宋基植 姜根成 보통위원 張喜男 朴守明 이성□	1926.6.2.(조)
광주중앙청년회	회장 韓順會 부회장 朴箕煥 지육부장 林泰炆 덕육부장 任政宰 체육부장 裵始炯 산업부장 金述鎬	1926.12.25.(조)
송파청년회(광주청년회로 개칭)	회장 金相玉	1924.6.14.(조)

(비고) (조)는 조선일보.

<표 3> 신간회 광주지회의 조직 개편

일자	임원진	전거
설립준비위원회 (1927.8.14)	韓順會, 石惠煥, 金東植, 具百書, 延濟鴻, 具本玉, 具滋達, 韓哲基, 許范, 俞仁穆, 李容琥, 朴泰遠	1927.8.22.(조), 1927.8.22.(중)
창립대회 (1927.8.24)	회장 韓順會 부회장 石惠煥 총무간사 俞仁穆 韓哲基 許范 金尙煥 韓百鎬 상무간사 黃秋浩 卞重熙 洪淳錫 李鍾珏 金東植 간사 具滋達 李淇泳 李容琥 朴泰遠 金世豊	1927.8.29.(조)
제1회 정기대회 (1927.12.15)	회장 韓順會 부회장 石惠煥 서무부 총무간사 韓哲基 상무간사 林柄斗 간사 韓百鳳 재무부 총무간사 卞重熙 상무간사 李根鶴 간사 洪淳錫 정치문화부 총무간사 俞仁穆 상무간사 金尙煥 간사 朴泰遠 조사연구부 총무간사 李容琥 상무간사 黃萬浩 간사 韓龍會 조사선전부 총무간사 李淇泳 상무간사 韓百鎬 간사 許范 黃秋鎬	1927.12.22.(조)
제3회 정기대회 (1928.12.20)	지회장 石惠煥 부회장 韓順會 간사 卞重熙 李淇泳 俞仁穆 洪淳錫 韓百鎬(浩) 韓哲基 李根鶴 金世豊 柳良燮 延濟鴻 黃秋浩 韓百鳳 李根溶 李淵玉 李容琥 본부대회 출석대표 韓百鎬(浩)卞重熙 후보 李淇泳	1927.12.27.(조), 1927.12.26.(동)

| 제4회 임시대회
(1929.8.7) | 집행위원장 俞仁穆 집행위원 李淇泳 韓哲基
柳良燮 李容琥 金世豊 朴泰遠 黃秋浩 黃萬浩
李根鶴 林柄斗 韓辰會 金正恩 韓尙業 金斗泳
卞重熙 洪淳錫 (후보) 金東植 李柱錫 金尙煥
검사위원장 韓順會 검사위원 石惠煥 서무부
부장 李淇泳 부원 朴泰遠, 재정부 부장 韓哲
基 부원 洪淳錫 李根錫 조사부 부장 金正恩
부원 金斗泳 선전부 부장 金尙業 부원 黃秋
浩 金世豊 조직부 부장 林柄斗 부원 韓龍會
韓辰會 교육부 부장 卞重熙 부원 柳良燮 출
판부 부장 李容琥 부원 黃萬浩 | 1929.8.13.(조) |

(비고) (조)는 조선일보, (동)은 동아일보, (중)은 중외일보.

〈표 3〉에서 볼 수 있듯이 신간회 광주지회의 임원과 조직 개편에서 나타난 특징은 보통 신간회 지회에서 회장제가 집행위원장제로 변화하는 시점이 1928년 초인 것에 비하여 신간회 광주지회는 1929년 8월 무렵에야 이루어진다는 점이다. 이러한 조직체제의 변경은 신간회 광주지회의 지도자의 변화와 밀접한 관련이 있다고 생각된다. 즉 한순회와 석혜환이라는 대표적인 지도자가 검사위원장과 검사위원의 후선으로 물러나면서 회장 중심의 지도체제에서 집행위원제의 집단지도체제로 변경되었던 것이라 판단된다. 그리고 신간회 광주지회는 1928년 12월 석혜환이 지회장에 선출되면서 사회주의적 성향의 인물들에게 점차 지도권이 넘어가고 있는 것으로 보인다. 특히 1929년 8월 7일 제4회 임시대회에서 유인목이 집행위원장에 선출된 것은 집단지도체제로의 변화와 함께 변중희, 김세풍 등 사회주의적 성향의 인물들이 전면에 등장하고 있음을 의미한다고 생각된다. 그런데 〈표 4〉에서 볼 수 있듯이 사회주의계열이라 생각되는 인물들은 광주공산당협의회와 광주협동조합, 남한산노동공조회와 관련되었다고 볼 수 있으므로 향후 이들 단체들에 대한 연구가 진전된다면 광주지역 신간회에 대한 이해의 폭이 보다 넓어질 것이라 생각된다.

다른 한편 신간회 광주지회는 천도교 구파의 참여가 두드러졌다는 점도 특징이라 할 수 있다. 설립위원과 초대 임원 중 한순회, 한철기, 황추호, 박태원, 한진회, 김정은은 천도교 신자로 확인된다.[103] 특히 한순회는 천도교 광주교구장을 역임한 인물로서 광주지역 천도교의 중심인물이었다. 그는 도호를 제암(霽菴)이라 하였으며, 1885년 12월 14일 경기도 광주군 돌마면 율리에서 출생하였다. 1906년 1월 14일에 천도교에 입교하여 광주군교구 금융원(1911), 공선원(1913), 광주교구장(1914.1), 경기도 광주군 종리사(1922.4), 광주종리원 종리사(1923.5.1), 광주군 위원(1926.3), 경기연맹집행위원(1927), 해월신사백년기념위원(1927), 천도교 청년동맹 경기도연맹 집행위원(1929.5), 관신포 주간포덕사(1931.1), 교주장실 봉교 및 봉도를 거쳐 도훈(1941.4), 선도사(1942.4)를 역임하였다. 해방 후에는 상주 선도사(1945.10)가 되었고, 한국전쟁 후에는 교화원장(1952.4)을 역임하고 장로에 추대되었다. 1927년 신간회 광주지회가 조직 시 지회장에 선출되었으며, 1933년 이후에는 천도교 교회 봉도로 있으면서 독립운동을 지원할 목적으로 교도들로부터 특별희사금을 모금하다 피체되어 고초를 겪었다. 1961년 1월 28일 서울 마장동 자택에서 환원하였으며 1993년에 대통령표창을 추서하였다.[104] 이외에도 그는 1919년 3·1운동 시 광주군 교구장으로서 성미를 모금하여 천도교 본부에 전달하였으며,[105] 1931년 천도교 신구파의 합동 선언 이후 소집된 천도교 청년동맹 확대중앙위원회에서 중앙검사위원으로 선출되어 천도교 청년당과의 합동에 기여하였다.[106] 그리고 한진회도 천도교 광주교구 전제원이었다.[107]

---

103) 성주현, 앞의 논문, 150쪽.
104) 『천도교인명사전』(미간본).
105) 「증인 한순회 조서」, 『韓民族獨立運動史資料集』10(국사편찬위원회 한국사데이터베이스).
106) 「京鍾警高秘 第62號 1931年 6月 1日 天道敎靑年總同盟 通文郵送에 관한 건」, 『思想에 關한 情報(副本)』(국사편찬위원회, 한국사데이터베이스에서 인용).
107) 『天道敎會月報』50, 1914, 38쪽.

다만 신간회 수원지회의 경우 천도교세력이 1930년 이후까지 조직부(조
직선전부)를 지속적으로 담당함으로써 천도교의 종교조직이 신간회의 반 혹
은 분회 조직의 설치 및 확산 과정에서 중요한 역할을 했음을 확인[108]할 수
있었으나 신간회 광주지회에서는 이러한 흐름을 확인하는 데 일정한 제한이
있다. 그것은 석혜환, 유인목,[109] 변중희, 김세풍, 연제홍 등의 사회주의자
그룹의 경우에도 마찬가지라 할 수 있다. 이러한 부분은 자료의 제약으로
인해 나타난 문제라 생각된다. 향후 자료 발굴 및 연구의 진전을 기대한다.
　다음으로 확인 가능한 범위 내에서 광주지역 신간회 간부들의 활동사항
을 다음의 〈표 4〉로 작성하였다. 거칠기는 하지만 이를 통하여 광주지역 신
간회 활동가들의 삶의 궤적을 추적할 수 있는 계기가 되리라 생각한다.

---

108) 조성운, 앞의 논문, 349쪽.
109) 유인목은 검단농우회를 창립하는 등 광주지역의 대표적인 사회주의자였으나 신
　　간회 해소 이후 서서히 일제의 지배정책에 협력해 갔던 것으로 판단된다. 즉
　　1932년 유진상, 유진희, 윤창훈 등과 간이학교설립추진위원회를 구성하고 학교
　　부지로 자신의 소유 토지 1,500평을 기증하였다. 이들의 노력에 의해 1934년 4월
　　1일 하산곡간이학교의 설립인가를 받고 4월 18일부터 수업을 시작하여 6월 29
　　일 교사 신축 낙성식과 개교식을 거행하여 현재 산곡초등학교의 모태가 되었다
　　(「산곡초등학교 설립내력」). 1935년 광주군농촌진흥회장이 되었고(「昭和十年一
　　月乃至十月社會運動政勢」, 『思想彙報』 5, 1935, 52쪽), 1935년 8월 3일에는 廣州
　　製炭組合의 조합장으로 선출(『매일신보』 1935년 8월 7일, 「廣州製炭組臨時總會」),
　　1936년 1월 24일 산곡농촌진흥회 주최로 실시된 공동세배 시 산곡농촌진흥회장
　　으로 인사말을 하고(『매일신보』 1936년 1월 31일, 「山谷農振主催로 共同歲拜實
　　行」), 1938년 국민정신총동원연맹 광주연맹의 이사로 선출되었으며(『매일신보』
　　1938년 7월 16일, 「京畿道內各地에 精神總動員聯盟 結成式盛大히 擧行」), 1939
　　년 5월에는 광주군 광주면의 협의원으로 당선(『매일신보』1939년 5월 26일, 「各
　　面協議員當選者」)되었고, 1941년 5월에는 정원 1명의 광주군 도의원선거에서 당
　　선(『매일신보』 1941년 5월 13일, 「全鮮各道會議員一覽」)된 것으로 보아 신간회
　　가 해소된 이후 전향하여 일제의 지배정책에 충실히 따른 것으로 보인다. 참고
　　로 국민정신총연맹 광주연맹의 임원은 다음과 같다. 이사장 朴箕煥, 이사 小野
　　坂喜右衛門, 沖經隆, 高橋鑑, 田中宗吉, 安田緒行, 姜性仁, 隈附雅, 尹弘炳, 井浦
　　茂, 金延鎬, 河木幸吉, 洪淳頂, 李康烈, 鹿野新八, 俞仁穆, 八田朝次郎, 豊田金七
　　友永宗一(『매일신보』 1938년 7월 28일, 「各面의 精神聯盟網羅 廣州郡聯盟을 結
　　成 五百餘團體總動員」).

〈표 4〉 신간회 광주지회 참여자의 활동사항

이름	활동사항
한순회	3·1운동 참여, 천도교 광주교구장, 천도교 청년동맹 경기도연맹 집행위원
석혜환	광흥학교 졸업, 광주노농산업장려회 집행위원장, 남한산노동공조회 집행위원장, 광주협동조합조합장, 광주공산당협의회 비서
한백봉	3·1운동 참여
변중희	광주공산당협의회, 중앙일보 송파지국장, 광주협동조합 전무이사
이근학	돌마면장(1935~39)
홍순석	돌마면의회의장(1952)
구백서	제헌국회의원선거위원회 경기도위원회 위원
박태원	천도교 순회강사, 수운선생탄생일기도회 광주대표(1928), 천도교교역자강습회 광주대표(1929), 천도교청년동맹경기도연맹광주대표(1929), 천도교 구파청년당대회광주대표(1932)
김세풍	동아일보 송파지국장, 광주공산당협의회, 광주협동조합 이사
김정은	천도교, 수운선생탄생일기도회 광주대표(1928), 제75회지일기념식 광주대표(1938)
김동식	광성학교 졸업, 조선일보 지국장, 중대면장(1950)
김두영	광명청년회장(1925)
황추호	천도교 종리사
한철기	천도교 금융원, 경기과 종리사, 위원
한진회	천도교 종리사, 전제원
유인목	동아일보 광주지국 기자, 黔丹農友會 창립, 농촌진흥회장으로 전향, 경기도회의원, 전선수재구제회발기회 발기인,
연제홍	남한산노동공조회 상무이사, 재만동포옹호 광주동맹 상무위원

광주지역의 신간회 조직은 한순회를 중심으로 한 천도교 구파 세력과 석혜환을 중심으로 한 사회주의 세력에 의하여 전개되었다. 특히 앞에서 본 바와 같이 1926년 12월 한순회가 광주중앙청년회 회장으로 선출된 것은 광주지역 신간회 조직의 결정적 계기가 된 것으로 판단된다. 따라서 한순회는 천도교를 중심으로 활동하였으나 그 위상은 천도교 차원을 떠나 광주지역 사회운동의 중심인물로 부상하였던 것으로 이해할 수 있다. 그리고 광주지역 민족운동의 또 다른 중심인물인 석혜환은 1890년 10월 22일에 경기

도 광주군 중부면 산성리의 지주가에서 출생하였다.[110] 이명은 石永均이며, 유소년기에 고향에서 6년간 한문을 수학하였고, 16세 때인 1905년부터 19세인 1908년[111]까지 사립 광흥학교에서 수학, 졸업하였다. 졸업 후 석혜환은 1909년 봄 군산에서 순사시험에 합격하였으며 전주순사교습소에서 교육을 받는 중 어머니가 위독하다는 소식을 듣고 사직한 후 귀향하였다. 귀향 후 1년 간 전당포를 개업하였으나 실패하고 1915년 다시 경기도 순사시험에 합격하였으나 2개월 만에 퇴직하고 각지를 전전하였다. 1918년 경성 간동 소재 석왕사 불교연구소에 들어갔고 1919년부터 1922년까지 3년간 김천의 직지사, 경성의 조선불교포교소, 광주의 장경사 등지에서 승려생활을 하였다.[112]

환속한 이후 석혜환은 1923년 山城里에서 勞農殖産奬勵會를 조직하여 양어업, 조림업, 기타 제반공사 청부업 등에 종사하였다.[113] 석혜환은 1923년 1월 산성리의 姜炫辰의 집에서 李吉載, 朴準鎬, 崔基喆, 강현진 등과 함께 광주노농산업장려회를 조직하여 집행위원장 석혜환, 총무위원 이길재, 상무위원 박준호, 具廷書, 강현진을 정하였다. 표면적으로는 회원의 공존공영을 내세웠으나 실제로는 무산대중의 단결심을 양성함으로써 자본가에 대항하고자 하였다. 석혜환은 1923년 임시총회에서 '인류 계급을 타파하고 평등한 사회생활을 만들자'고 역설하면서 회원들의 의식화를 촉구하였다.[114] 그리고 그는 1924년 봄 광주노농식산장려회를 남한산노동공조회로 변경하였다. 그가 조직을 변경한 것은 광주노농식산장려회의 조직 시 유무산계급

---

110) 『皇城新聞』 1909년 8월 10일, 「廣興廣興」.
111) 1909년의 오류로 보인다. 『皇城新聞』(1909년 8월 10일, 「廣興廣興」)의 기사에 따르면 그는 1909년 8월에 광흥학교를 졸업하였다.
112) 「永警高秘 第1124號, 1931年 3月 9日 秘密結社廣州共産黨協議會檢擧送局ニ關スル件」(국사편찬위원회 한국사데이터베이스).
113) 『조선일보』 1924년 6월 14일, 「廣州에 勞農會」.
114) 「京高特秘 第731號 1936年 4月 9日 秘密結社廣州共産黨協議會事件檢擧ニ關スル件」(국사편찬위원회 한국사데이터베이스에서 인용).

을 구분하지 않고 회원을 가입시켰다는 반성에 기인하였다. 따라서 남한산
노동공조회에는 대부분 무산자만을 회원으로 가입시켰다. 이는 무산계급의
식을 고양시켜 자산가에 대한 투쟁심과 회원의 단결심을 양성하고자 한 목
적 때문이었다. 이를 위해 그는 회관을 건설하고 야학을 운영하였다. 이후
그는 최기철에게 남한산노동공조회의 회장직을 물려주고 고문이 되었다.115)
또 그는 남한산노동공조회116) 결성에 주도적인 역할을 하였고 1935년 1월
광주공산당협의회를 결성하고 비서부 책임자로 활동하다 체포되어 1936년
4월 경성지법에서 3년형을 선고받고 대전형무소에서 복역하였다. 해방 후
에는 남조선노동당에 가입하여 활동하였고 한국전쟁 시에는 경기도 광주
군인민위원회 위원장을 지냈으나 재임 중 보도연맹 가입 경력이 문제가 되
어 지위 해제되었다.117)

　이와 같이 한순회와 석혜환은 신간회 광주지회의 설립에 주도적인 역할
을 하였다. 이로 보면 신간회 광주지회는 천도교 구파를 중심으로 석혜환
등 사회주의세력이 결합하여 조직된 것으로 보인다.

115) 「京高特秘 第731號 1936年 4月 9日 秘密結社廣州共産黨協議會事件檢擧ニ關スル件」(국사편찬위원회 한국사데이터베이스에서 인용). 야학부 교사는 鄭永培와 李良載가 담당하였다.
116) 기존의 연구에서는 남한산노동공조회가 1930년에 조직되었다고 한다(광주시사편찬위원회, 『廣州市史』, 광주시·광주문화원, 2010, 424쪽). 그런데 『조선일보』의 기사에는 1927년 4월 현재 활동이 가장 활발한 단체로서 노동공조회를 예로 들면서 노동공조회가 창립 이래 4, 5년간 실적이 不少하다고 하였다(『조선일보』 1927년 4월 10일, 「地方紹介 11 社會團體 狀況 前途樂觀? 廣州 其三」). 그리고 1927년 8월 24일 신간회 광주지회의 설립대회가 남한노동공조회관에서 개최될 예정이었다(『중외일보』 1927년 8월 22일, 「신간광주지회설립준비」). 따라서 이 노동공조회가 남한(산)노동공조회라면 남한(산)노동공조회의 조직이 1922~3년 무렵으로 정정되어야 할 것이다. 또한 노동공제회가 1922~3년에 석혜환과 朴準浩 등에 의하여 조직되었다는 기사(『동아일보』 1927년 7월 1일, 「山佳水麗한 百濟의 古都」(2))도 있으나 이는 노동공조회의 오기로 보인다. 따라서 본고에서는 남한산노동공조회의 조직 시기를 1923년으로 보았다.
117) 『한국향토문화전자대전』(한국학중앙연구원에서 인용).

2) 활동

신간회 광주지회의 활동은 대략 회무에 관한 활동, 지역사회의 현안 문제 해결을 위한 활동, 생활개선활동 등으로 나누어 설명할 수 있다.

먼저 회무에 관한 활동은 신간회 광주지회의 유지, 발전을 위해서는 반드시 해야 할 활동으로서 신간회 활동에 대한 대중적 지지를 이끌어내고 대중에 대한 지도권을 확보하기 위한 활동이라 할 수 있다. 이를 위해 신간회 광주지회는 설립 직후인 1927년 12월 1일 정기 간사회에서 '회비급기본금공동저금의 건'을 상정하여 논의하였다. 그 결과 기본금은 매월 회원 각자가 10전 이상 공동저금하여 운영기금으로 적립하기로 하였다.[118]

그리고 〈표 6〉에서 확인할 수 있듯이 지회를 설립한 이래 광주지역의 신간회는 각종 회의에서 회원을 모집하기 위한 노력을 상당히 기울였음을 확인할 수 있다. 그러함에도 불구하고 실제 신간회 광주지회의 회원수를 알 수 있는 자료는 발견되지 않고 있다. 다만 1929년 1월 낙생면 금곡리의 신간회원들의 노력으로 조합원 1인당 1원씩 출자하여 소비조합을 조직[119]하였다는 것으로 보아 금곡리의 경우는 소비조합을 조직할 정도로 신간회원이 상당수가 있었던 것을 알 수 있다. 또한 1930년 신간회 광흥지회의 조직을 방해하기 위하여 경찰들이 염곡리의 신간회원을 협박하여 40여 명이 탈퇴[120]하였다는 기사로 보아 염곡리의 신간회원의 수는 최소한 40여 명 이상이었음을 알 수 있다. 그런데 광주지역의 신간회원의 수는 500명을 넘지 않았던 것으로 보인다. 그것은 1929년 복대표회의가 개최될 당시 500인 이상의 회원을 가진 지회는 1소구로 간주[121]하였는데 광주지회는 수원, 인천,

---

118) 『조선일보』 1927년 12월 14일, 「廣州支會幹事會」.
119) 『조선일보』 1929년 1월 31일, 「廣州金谷에 消費組合 組織」.
120) 『조선일보』 1931년 1월 14일, 「廣興新幹支會 創立 沮害」.
121) 警鍾警高秘 第6015號 昭和4年 5月 8日 「新幹會本部ノ通文郵送ニ關スル件」.

안성, 강화지회와 함께 소구역에 속하였기 때문이다. 그리고 1930년 9월
23~25일 개최 예정이던 신간회 전체대표대회에 참석하기 위해 각 지회에서
신간회 본부에 보고한 회원의 수를 보면 신간회 광주지회의 회원은 65명이
었다.[122] 참고로 1929년 11월 현재 신간회 전체 회원은 37,309명이며, 지회
의 회원수는 〈표 5〉와 같다.[123]

〈표 5〉 신간회 지회의 회원수(1929년 1월 현재)

회원수	지회수
100명 이상	53
200명 이상	35
300명 이상	16
400명 이상	10
500명 이상	15
600명 이상	5
800명 이상	2
1500명 이상	1
계	137

그리고 신간회 광주지회는 신간회 본부와의 연락, 교섭도 활발히 전개
하였다. 1929년 6월 28~29일 서울에서 개최되었던 복대표대회에 참석할
대의원을 선출하기 위한 소구역회가 1929년 5월 17일 수원에서 개최되었
다. 한백호와 황만호가 참석한 이 회의에는 광주지회를 비롯하여 수원,
안성, 인천, 강화지회의 5개 지회가 참석하여 수원의 공석정을 복대표로,
인천의 곽상훈을 복대표 후보로 선출하였다.[124] 또 1929년 8월 24일 제2
회 집행위원회에서 집행위원장 유인목의 사임건이 논의[125]되었으나 유인

---

122) 警鍾警高秘 第14794號 昭和5年 10月 11日「新幹會代表會員選擧狀況ニ關スル件」.
123) 『동아일보』 1929년 11월 25일, 「支會問題 等 滿場一致 承認」.
124) 『조선일보』 1929년 5월 22일, 「新幹會 小區域會 近畿五支會」.
125) 『조선일보』 1929년 8월 29일, 「廣州新幹委員」.

목이 이후에도 집행위원장으로서의 역할을 수행하고 있는 것으로 보아 집행위원장의 사임은 받아들여지지 않았던 것으로 판단된다. 그리고 신간회 해소대회 시 중앙집행위원으로 유인목이 선출되었다. 다만 신간회 광주지회가 신간회 해소에 찬성하였는지의 여부는 확인되지 않는다. 또한 1929년 신간회 光州지회에 대한 신간회 본부의 제재에 대해 광주지역 신간회는 강력히 반발하였다.[126] 이외에도 신간회 광주지회의 건축을 위한 활동과 기관지『新幹』의 발간, 회원교육, 규약개정 등 회무와 관련된 활동을 하였다.

다음으로 신간회 광주지회는 지역사회 및 조선의 현안 문제 해결을 위한 활동으로서 재만동포옹호동맹의 조직, 행정관청의 불법 행동 및 잡종금의 재징에 대한 항의, 군리원 · 주재소원 · 전매직원의 불법행동 및 폭행에 대한 항의, 고가의 닭 강제 배부에 대한 항의 등 지방권력의 민중에 대한 폭력에 대한 항의 활동을 전개하였다.

특히 광주지역의 재만동포옹호동맹 활동은 신간회 광주지회가 주도하였던 것으로 판단된다. 재만동포옹호운동은 1925년 조선총독부 경무국장과 봉천성 경무처장 사이에서 체결된 미쓰야협정(三矢協定) 이후 만주지역에 거주하는 조선인에 대한 중국 당국의 탄압과 驅逐이 1927년 극도에 이르자 1927년 12월 6일 전북 이리에서부터 시작되었다.[127] 광주지역에서는 1927년 12월 16일 광주지역의 사회단체와 시민유지들이 신간회 광주지회에서 회의를 열고 적극적인 대책의 수립을 강구하였던 것이다.[128] 그리하여 신간회 광주

---

126)『중외일보』1929년 10월 26일,「警官의 失態로 民間弊害多大 對策討議中止」.
127) 재만동포옹호동맹에 대해서는 다음의 연구가 참조된다.
　　　박영석, 1972,「일제하의 재만한인 박해문제-「재만동포옹호동맹」의 활동을 중심으로」,『아세아연구』48, 고려대학교 아세아문제연구소.
　　　박영석, 1976,「일제하의 재만한인에 대한 중국관헌의 박해실태와 국내 반응」,『한국사연구』14, 한국사연구회.
128)『조선일보』1927년 12월 22일,「在滿同胞擁護와 各地團體」.

지회는 1927년 12월 15일 정기대회에서 在滿同胞被逐事件에 관한 건을 안건으로 채택하여 토론하였고,[129] 정기대회 직후 강연회를 개최하여 지회장인 한순회가 '재만동포옹호동맹에 관하여'라는 제목으로 강연하였다.[130]

그리고 1927년 12월 29일 신간회 광주지회 회관에서 임시의장 박기환, 서기 변중희를 선출한 후 재만동포옹호동맹을 조직하여 남한산노동공조회에 사무실을 두었다. 朴箕煥, 金鴻濟, 卞重熙가 전형위원에 선출되었고 延濟鴻은 상무위원에 피선되었다. 또 한순회와 박기환을 교섭위원으로 선출하여 광주의 중국교민과 교섭하여 동맹의 취지를 설명하고 그들로 하여금 중국 정부 또는 총영사에게 재만조선인의 보호를 요청하는 진정서를 제출해 줄 것을 요청하였다. 창립대회에서 동정금을 출연한 인사와 결의사항을 다음과 같다.

동정금 출연자 朴箕煥 金壽鉉 각 4원, 韓順會 石惠煥 각 2원, 韓哲基 1원 無名氏 延鴻濟 각 50전, 洪鍾秀 10전

결의사항
1. 경성에 재한 재만동포옹호동맹에 가입할 일
1. 경성총동맹을 적극적으로 지지하는 동시에 좌기 요령을 실행할 일
  (가) 우리는 인류적 평화를 의미한 아래에서 오인의 혈족인 재만동포 피축사건의 대책을 강구할일
  (나) 우리는 재만동포의 피축사건은 중국대중의 본의가 아니고 일부 오해로 인증할 일
  (다) 우리는 재만동포를 옹호하는 동시에 在鮮 중국 민중에게 위해를 가치 말고 상호간 우의를 돈독히 할 일
1. 사무를 집행하기 위하여 위원 약간인을 선임할 일
1. 의결할 필요가 있을 때에는 집행위원으로부터 각 동맹원에게 소집통지를 발출할 일

129) 『조선일보』 1927년 12월 22일, 「廣州支會 定期大會」.
130) 『조선일보』 1927년 12월 22일, 「大講演會」.

1. 사무 집행상의 비용은 동맹원 각자의 부담으로 할 일
1. 본 동맹은 ㅁㅁ本늡 하에서 동정금 약간을 경성총동맹에 송치할 일131)

또한 광주지역 신간회에서는 지방행정기관원의 군민에 대한 불법행위 및 폭행사건 등에 대해 적극적으로 항의하였다. 즉 1927년 동부면 신장리의 경찰이 불법적으로 피해자에게 고소를 철회할 것을 강요한 사건, 도난사건을 보도한 신문기자를 협박한 사건, 주재소의 허락을 받고 개최 예정이던 척사대회를 경찰 개인이 자신의 허가를 받지 않았다고 취소하라고 요구한 사건 등132)과 1929년 경찰의 실태로 민간의 폐해가 다대하다는 안건이 상무집행위원회에 상정되었으나 임석경찰의 금지에 의해 논의되지 못했다는 사실133) 등은 군민에 대한 광주지역의 경찰의 폐단이 대단히 컸음을 보여준다고 할 것이다. 이러한 지방권력의 폐단을 시정하기 위한 활동은 광주지역 신간회의 주요한 활동이었다고 볼 수 있다. 그리고 1929년 원산총파업시 이를 지지하는 격문을 발송하였다는 이유로 신간회 광주지회장 석혜환이 1929년 2월 20일 구류 10일에 처해졌으며,134) 총무간사 변중희도 2월 22일 같은 이유로 구류 10일에 처해졌고,135) 남한산노동공조회 상무이사인 연제홍도 3월 5일 구류 5일에 처해졌다.136)

마지막으로 광주지역 신간회의 생활개선활동을 보면 문맹퇴치, 소비조합의 설치, 미신타파 등 생활개선운동에도 주목하였다. 그리하여 앞에서도 언급했듯이 1929년 1월 낙생면 금곡리의 신간회원들의 노력으로 조합원 1인당 1원씩 출자하여 소비조합을 조직하였던 것이다.

참고로 신간회 광주지회의 활동을 도표로 정리하면 다음의 〈표 6〉와 같다.

131) 『중외일보』 1928년 1월 6일, 「抗議文 發送 同情金도 募集 廣州擁護同盟創立經過」.
132) 『조선일보』 1927년 3월 3일, 「廣州警察에 一言」.
133) 『중외일보』 1929년 10월 26일, 「警官의 失態로 民間弊害多大 對策討議中中止」.
134) 『조선일보』 1929년 2월 22일, 「廣州新幹支會長 檄文으로 拘留」.
135) 『조선일보』 1929년 2월 27일, 「檄文關係로 廣州新幹幹部 또 한명이 구류」.
136) 『조선일보』 1929년 3월 12일, 「元山檄文일로 勞動幹部拘留」.

〈표 6〉 신간회 광주지회의 활동

날짜	회의종류	토의내용	전거
1927.12.1	정기간사회	군리원의 인민에 대한 폭행 및 부정사의 건	1927.12.11(중)
1927.12.15	제2회 정기대회	토의안-저금에 관한 건, 정도교에 관한 건, 재만동포피축사건에 관한 건, 행정관청의 불법행동 및 잡종금 재징에 관한 건(금지), 교육에 관한 건, 회원모집에 관한 건, 예산안 통과, 본부건축안은 간사회에 일임 본부건의안-규약개정에 관한 건, 기관지 발행에 관한 건, 지회승인 지지에 관한 건, 교육에 관한 건	1927.12.22(조) 1927.12.20(동)
1928.12.20	제3회 정기대회	문맹퇴치의 건, 소비조합의 건, 미신타파의 건, 회원모집의 건, 회비의 건	1928.12.27(조)
1929.1.30	제2회 총무간사회	회원 모집의 건, 회원 방문의 건, 회비징수의 건	1929.2.5(동)
1929.8.24	제2회 집행위원회	회원 승인의 건, 경기도지회연합대회파송대표선출의 건, 집행위원장 사임건	1929.8.29(조) 1928.12.26(동)
1929.10.20	상무집행위원회	본부회관건축위원 선정의 건, 회지 발행 원조의 건, 회원입회 승인의 건, 회원 퇴회 및 □리의 건, 光州支會사건의 건, 모면주재소원의 상습적 실태에 관한 건	1929.10.26(중) 1927.10.26(동)
1929.11.20	상무집행위원회	정기대회 소집의 건, 회비 징수의 건, 정기대회 전에 위원장 유인목 회계 한철기 양씨로 회원 방문, 회원 모집의 건, 신간지 광고 모집의 건, 광주수리조합 답사의 건	1929.11.28(조)
	제4회 정기대회 (금지)	고가의 닭 강제 배부에 관한 건, 전매직원이 무고한 경작자에 대한 폭행, 광주경찰서원이 공연 방총 상인, 청진감옥 단식사건	1930.1.31(조)

(비고) (조)는 조선일보, (동)은 동아일보, (중)은 중외일보.

한편 집행위원장 유인목은 1930년 4월 30일 동부면 하산곡리에서 里民 70명 전원의 찬성을 받아 조직하고, 조선농민총동맹에 가입하였다. 그러나 1934년 3월 일제의 분석에 따르면 일제의 탄압과 전향 강요에 따라 간부 중 사상전향자가 속출하여 회의 성격이 농촌진흥회와 크게 다르지 않게 되었다. 이에 회의 존립 필요가 없다며 해소를 주장하는 회원도 발생하였다.[137]

검단농우회는 신간회 광주지회 집행위원장인 유인목이 농민단체의 설립을 통감하고 조직[138]한 신간회의 외곽단체로서의 성격을 지닌다고도 할 수 있으며, 창립 목적은 다음과 같다.

1. 우리는 경제적 조건을 필요로 한 농민의 각성을 촉진함
1. 우리는 우리 자신의 단결을 견고히 하여 농민의 합리적 진보를 기함
1. 우리는 농민계급에게 당면한 실제적 이익을 위해 노력함[139]

그리고 이러한 목적을 달성하기 위하여 회원의 특별 의연금과 회비를 징수하여 회를 운영하였다.[140]

일제는 검단농우회를 남한산노동공조회, 신간회 광주지회와 함께 광주지역의 사회주의 단체로 파악하였다.[141] 창립 당시 검단농우회의 임원은 다음과 같다.

집행위원장 유인목
집행위원 俞常濬 趙鍾復 李時榮 俞鎭祥 李奎ロ 朴承晃 崔海成 외 3명[142]

---

137) 「附表, 重한 團體表」, 『昭和 9年 3月 治安情況』(출처 : 국사편찬위원회 한국사데이터베이스 http://db.history.go.kr). 그런데 1935년 일제의 문서에는 유인목을 농촌진흥회장으로 소개하는 것으로 보아 유인목은 이 시기 이전에 이미 '전향'한 것으로 보인다.(「昭和十年一月乃至十月社會運動情勢」, 『思想彙報』, 朝鮮總督府高等法院 檢事局 思想部, 1935).

138) 「附表, 重한 團體表」, 『昭和 9年 3月 治安情況』(출처: 국사편찬위원회 한국사데이터베이스 http://db.history.go.kr)

139) 「自大正十一年至昭和十年內地及朝鮮ニ於ケル社會運動ノ槪況對照(3)」, 『思想彙報』 9, 1936, 34~35쪽.

140) 「附表, 重한 團體表」, 『昭和 9年 3月 治安情況』(출처: 국사편찬위원회 한국사데이터베이스 http://db.history.go.kr)

141) 「昭和十年一月乃至十月社會運動情勢」, 『思想彙報』 5, 1935, 52쪽.

142) 『조선일보』 1930년 5월 22일, 「黔丹農友會創立」. 1934년 당시의 임원은 유인목, 조종복, 崔俊龍, 趙秉漢, 俞ロ祥, 俞常濬 등이다(142) 「附表, 重한 團體表」, 『昭和 9年 3月 治安情況』(출처: 국사편찬위원회 한국사데이터베이스 http://db.history.go.kr).

4. 맺음말

이상에서 광주지역 신간회의 조직 배경과 조직 과정, 그리고 활동에 대해 살펴보았다. 이를 다음의 몇 가지로 정리할 수 있다.

첫째, 광주지역은 여타 지역과는 달리 3·1운동 이후에도 청년운동 등 사회운동이 부진했던 지역이었다. 그리하여 광선의숙의 강사였던 문홍규는 광주지역에도 청년단체를 조직하여야 한다고 하였던 것이다. 그런데 사회운동이 부진하였던 것과는 달리 광주지역에서는 대한제국기 이래 야학, 강습소, 학교의 설립을 통한 교육활동은 비교적 활발했던 것으로 보이며 민립대학설립운동도 활발히 전개되었다. 이를 통해 1920년대 중반 이후 신간회 지회가 설립될 수 있었던 인적 기반의 한 축이 만들어진 것으로 판단된다. 그리고 광주지역은 천도교 구파의 세력이 강했던 지역이었다. 돌마면 율리의 한순회를 비롯한 광주지역의 천도교세력은 상대적으로 부진하였던 사회운동을 지탱하였던 것으로 판단된다.

둘째, 광주지역 신간회는 한순회 등의 천도교 세력과 석혜환 등의 사회주의세력의 결합에 의하여 이루어진 것으로 보인다. 그것은 신간회 광주지회의 설립준비위원과 이후 신간회 간부진에서 이들이 차지하고 있었던 위치에서 알 수 있다. 먼저 천도교신자로는 한순회, 한철기, 한백호, 황추호, 박태원, 김정은, 한진회 등을 들 수 있으며, 사회주의자로 볼 수 있는 인물로는 석혜환, 유인목, 연제홍, 김세풍, 변중희 등을 들 수 있다. 특히 광주지역의 사회주의 활동은 1923년 석혜환이 조직한 광주노농식산장려회와 이를 개편하여 1924년 조직된 남한산노동공조회에서 시작되어 광주협동조합, 광주공산주의자협의회 등으로 발전하였다. 이러한 사회주의 조직은 모두 석혜환을 중심으로 이루어졌음도 확인되었다.

셋째, 광주지역 신간회는 회무에 관한 활동, 지역사회 및 조선의 현안 문제 해결을 위한 활동, 생활개선활동 등을 하였다. 지역사회 및 조선의 현안 문제 해결을 위한 활동에는 재만동포옹호활동, 지방권력의 지방민에 대한 폐단 시정 활동, 원산총파업 지지활동 등이 있다. 특히 재만동포옹호활동은 재만동포옹호 광주동맹의 결성을 통해 조직적이고 지속적인 활동을 하고자 하였음을 알 수 있다. 그리고 회무에 관한 활동을 통해 광주지역 신간회의 세력을 확장하고자 하였고 신간회 본부에 대한 의견개진도 활발히 전개한 것으로 보인다. 특히 신간회 光州지회에 대한 신간회 본부의 제재에 대하여 강력히 비판한 것은 광주지역 신간회가 독자적인 입장을 갖고 있었음을 보여준다고 할 수 있다. 다만 신간회 해소문제에 대해 광주지역 신간회가 어떠한 입장을 갖고 있었는가에 대해서는 확인할 수 없어 아쉬웠다.

넷째, 광주지역 신간회는 1930년 말 언주면, 대왕면, 중대면과 시흥군의 신동면, 과천면, 서이면을 대상구역으로 하는 廣興支會를 조직하고자 하였다. 보통 1군 1지회를 원칙으로 하는 신간회운동에서는 독특한 활동이다. 광주지역 신간회가 이와 같은 움직임을 보인 이유에 대해 보다 깊이 있는 고찰이 필요할 것이다.

이렇게 볼 때 신간회 광주지회는 민족주의자와 사회주의자의 결합으로 조직되었고 1920년대 중후반부터 1930년대 초반까지 광주지역의 민족운동을 지도하였음을 알 수 있다. 다만 여타 지역에서는 신간회 해소와 동시에 혁명적 농노조운동이 전개되는데 반하여 광주지역에서는 광주공산당협의회가 조직되어 활동하였다. 이러한 지역적 특성이 발생한 이유 역시 보다 깊은 논의가 필요할 것으로 보인다.

南相煥의 活動을 통해 본 水振農民組合

1. 머리말

평택지역의 사회운동 혹은 민족운동에 대한 연구는 최근 활발하게 전개되고 있다. 평택문화원[1]과 안재홍기념사업회[2]는 각종 학술회의와 각종 서적의 발간을 통해 평택지역의 근대사를 구명하는 데 앞장서고 있다. 최근이루어진 일련의 연구는 평택지역의 근현대사가 한국근현대사의 흐름 속에서 전개되고 있음을 알려준다.

그러함에도 불구하고 평택지역의 근현대사에 대한 연구는 아직 미진한편이라 할 수 있다.[3] 이는 평택지역의 근현대사에 대한 관심의 부족과 함

---

1) 평택문화원이 펴낸 근현대사 관련 서적은 다음과 같다.
   평택시독립운동사집필위원회, 『평택항일독립운동사』, 2004; 평택시통합사편찬위원회, 『평택시통합사』, 2006; 평택개항20년사 집필위원회, 『평택개항20년사』, 2007; 『사진으로 보는 평택근현대사』, 2011.
2) 민세안재홍기념사업회에서는 안재홍과 관련된 일련의 연구서를 출판하였으며, 그 일환으로 『안재홍과 평택의 항일운동 심층연구』(선인, 2014)을 펴냈다.
3) 평택지역의 사회운동 혹은 민족운동에 대한 연구는 다음 연구를 참조 바람.
   조성운, 「일제하 수원지역의 농민조합운동」, 『역사와교육』 5(『동국역사교육』에서 개칭), 역사와교육학회, 1997.
   서태정, 「대한제국기 평택지역 계몽운동의 전개양상과 성격」, 『한국민족운동사연구』 71, 2012.

께 평택지역 근현대사에 대한 자료집의 간행 등이 이루어지지 않았기 때문이라 할 수 있다. 다양한 자료의 수집과 발간을 통해 공간으로 남아있는 평택지역의 근현대사를 재구성하려는 노력이 필요할 것이라 생각된다. 본고에서 살필 남상환의 활동 역시 이러한 흐름 속에서 파악할 수 있을 것이다. 남상환은 평택지역의 소년운동, 청년운동, 노동운동, 농민운동 등의 지도적 인물로 알려져 있으나 아직까지 그에 대한 연구가 충분하지 않다. 지역에서 활동한 인물에 대한 연구는 지역사의 연구가 성숙되는 과정에서 보다 풍부해지 때문이다.

본고는 남상환의 활동을 중심으로 1920~30년대 초 평택지역의 사회운동을 살피는 것을 목적으로 한다. 남상환은 1908년 출생하여 1933년 사망한 인물로서 평택지역 사회운동의 중심인물이라 할 수 있다. 그러므로 남상환의 활동을 통해 1920~30년대 초 평택지역의 사회운동의 흐름을 파악할 수 있을 것이다. 다만 앞에서도 말했듯이 자료의 부족은 본고의 작성 과정에서 가장 큰 장애였다. 이를 극복하기 위해 구술 등의 방법이 필요하였으나 필자의 게으름으로 인해 수행하지 못하였다.

본고는 남상환의 활동을 통해 1920~30년대 초 평택지역의 사회운동의 흐름을 진위소년동맹, 진위청년동맹, 수진농민조합 등 평택지역의 대표적 사회운동단체의 활동을 살피는 데 목적을 두었다. 이를 위해 남상환의 출생과 이력을 살핀 후 평택지역 출신이 아닌 이주민인 남상환이 평택지역 사회운동의 지도적 인물로 성장하게 된 배경을 청년운동을 중심으로 살필 것이다. 그리고 평택지역의 대표적 사회운동이라 할 수 있는 수진농민조합운동 속에서 남상환의 역할을 천착하고자 한다. 이를 통해 식민지시기 사회

김영미, 「평택대곡일기를 통해서 본 1960~70년대 초 농촌마을의 공론장, 동회와 마실방」, 『한국사연구』 161, 2013.
김해규, 「일제하 평택지역의 사회운동」, 『안재홍과 평택의 항일운동 심층연구』, 선인, 2014.

주의운동이 지역사회에서 어떻게 관철되었는가를 확인할 수 있을 것이다.

2. 출생과 이력

남상환은 1908년 6월 15일 출생[4]하여 1933년 4월 19일 사망한 인물로 본적이 양주군 별내면 퇴계원 226번지이며, 주소는 진위군 송탄면 서정리 430번지이다.[5] 그러나 그의 출생지에 대해서는 알 수 없다. 그는 1923년 경성보성고등보통학교를 졸업하고 경성 동대문시장에서 미곡상을 경영하다 실패한 후 진위로 이주하였기 때문이다.[6] 그가 서정리로 이주한 명확한 시기는 알 수 없으나 1923년 보성고등보통학교 졸업 이후 미곡상을 경영하였으므로 대략 1925년 이후일 것으로 추측된다.

그가 서정리로 이주하였던 시기는 국내의 사회운동 혹은 민족운동이 이른바 방향전환을 하던 시기로서 평택지역의 경우도 예외는 아니었다. 진위청년회는 1923년 청년당대회와 1924년 조선청년총동맹에 참여를 모색하였다. 즉 진위청년회는 서울청년회가 주도한 청년당대회에 李相駿과 尹用奎를 대표로 파견[7]하고, 1924년에는 조선청년총동맹에 가입[8]하였던 것이다. 그리고 1926년 "회장제를 위원제로 변경하고 선언과 강령을 일대혁신"하고 李敏斗, 鄭仁員 외 4명을 위원으로 선출하였다.[9] 이로 보아 1923년 경부터

---

4) 「일제감시대상인물카드」(국사편찬위원회 한국사데이터베이스에서 인용).
5) 「水警高秘 第4682號 秘密結社 赤色農民組合 組織 計劃에 關한 件」(국가보훈처 공훈전자사료관에서 인용-이하 생략). 국가보훈처의 「포상자 공적조서」에는 남상환의 생년이 표기되어 있지 않으며, 본적이 평택 송탄 서정 430번지로 잘못 기록되어 있다.
6) 「水警高秘 第4682號 秘密結社 赤色農民組合 組織 計劃에 關한 件」.
7) 京畿道警察部, 京高秘 제5699호, 1923.3.31 「전조선청년당대회 집회 금지의 건」, 정보철, 1923, pp.931~935. 김준엽, 김창순, 『한국공산주의운동사』 2, p.115. 재인용.
8) 『동아일보』 1924년 4월 16일, 「總同盟參加團體」.
9) 『동아일보』 1927년 4월 23일, 「振威靑年會」.

진위청년회는 서울청년회의 영향을 받기 시작한 것이라 추측할 수 있다.[10] 그러므로 사회주의적 사상을 갖고 있던 남상환이 방향전환의 흐름 속에 지역사회 속으로 보다 쉽게 접근할 수 있었던 것이라 생각된다.

이러한 배경 하에서 서정리 이주 이후 그는 평택지역 사회운동 혹은 민족운동에 깊숙이 참여하여 지도적인 역할을 수행하였다. 그는 서정리소년회를 진위소년동맹으로 변혁시켰으며, 진위청년동맹 집행위원, 서정리노동조합 집행위원장, 수진농민조합 등 평택지역의 사회운동 혹은 민족운동 단체의 핵심적인 인물로 성장하였던 것이다. 이를 바탕으로 그는 조선농민총동맹의 중앙집행위원,[11] 1930년 조선농민총동맹 준비위원회 위원[12]으로까지 선출될 정도로 자신의 활동영역을 중앙으로까지 확대하였다.

그의 집안의 경제사정에 대해서는 잘 알 수는 없으나 그가 보성고등보통학교를 졸업한 이후 경성 동대문에서 미곡상을 단독으로 경영하였다는 점, 미곡상 실패 후 자산 전부를 탕진하여 경제적 곤란을 겪었음에도 불구하고 서정리로 이주한 이후 조선일보 분국을 경영하였다는 점[13] 등으로 미루어 보아 그의 집안은 중간 정도의 경제적 기반을 가졌던 것으로 보인다. 이와 같이 중간계급 출신인 남상환이 사회주의사상을 갖게 된 것은 미곡상 실패 이후 자신의 생활 곤란이 현재의 사회제도, 즉 자본주의 경제체제에서 기인한 것이라 맹신하였기 때문[14]이라고 조선총독부 경찰은 파악하였다. 그러나 이와 같은 파악은 일면적인 것이라 할 수 있다. 그가 경제적 형편에 따라 사회주의를 수용했다 하더라도 그 원인이 경제적인 측면에만 있다고 보기 어렵기 때문이다. 더욱이 그가 보성고보를 졸업한 지식인이었다는 측

---

10) 조성운, 앞의 논문, 102쪽.
11) 『동아일보』 1935년 8월 17일, 「同志가 墓標 建立」.
12) 「京鍾警高秘 第11321號 朝鮮農民總同盟大會準備常務委員懇談會 顚末通知書 郵送에 關한 件」(국사편찬위원회 한국사데이터베이스에서 인용).
13) 「水警高秘 第4682號 秘密結社 赤色農民組合 組織 計劃에 關한 件」.
14) 「水警高秘 第4682號 秘密結社 赤色農民組合 組織 計劃에 關한 件」.

면에서 오히려 학창시절의 그의 사상적 경
향과 교우관계를 살펴보아야 할 것이다.
다만 현재 자료상의 제약 때문에 이의 확
인이 어렵다는 점을 부기한다. 향후 자료
발굴에 노력해야 할 것이다.

　서정리 이주 이후 그는 서정리에 사립야
학강습소를 설치하여 불취학 아동에게 무
산교육을 실시하였다. 또한 진위소년동맹,
진위청년동맹, 서정리노동조합, 수진농민조
합 등 평택지역의 대표적인 운동단체를 창
립, 그 지도자가 되어 공산주의적 혁명의식
의 교양과 훈련에 힘써 조선총독부 경찰에

〈사진 1〉 남상환
(「일제감시대상인물카드」)

20여 회 이상 구금[15])될 정도로 그는 반제민족해방투쟁에 적극적이었다.
특히 그가 집행위원장으로서 지도하던 서정리노동조합은 1930년 5월 조선
노동총동맹에 가입하였다.[16]) 이와 같이 타지 출신인 남상환이 이처럼 평택
지역에서 자리 잡고 활동할 수 있었던 것은 사회운동의 방향전환의 흐름과
함께 남상환이 평택지역에 일정한 연고가 있었기 때문이라 추측된다.[17])

　이처럼 남상환은 평택지역의 사회운동 혹은 민족운동의 성장과정에서
지도적 활동가로 자리 잡았다. 평택지역 최초의 사회운동 혹은 민족운동
단체는 1917년 조직된 평택청년구락부라 할 수 있으나 평택청년구락부는
3·1운동 이후 해산되어 1922년 한창근과 신찬우의 발기로 현대 문화운동
을 표방하면서 진위청년회로 재창립하였다.[18]) 이 진위청년회는 실력양성

---

15) 「水警高秘 第4682號 秘密結社 赤色農民組合 組織 計劃에 關한 件」.
16) 『京鍾署高秘 第6715-1號 朝鮮勞動總同盟 加盟團體에 關한 件』(독립기념관 소장).
17) 김해규는 근거를 제시하지 않은 채 남상환은 평택시 고덕면 당현리에 연고가 있
　　다고 주장하였다(김해규, 앞의 논문, 229쪽).
18) 『동아일보』 1927년 4월 23일, 「振威靑年會」.

론을 바탕으로 한 것이었으나 앞에서도 언급했듯이 1923년 청년당대회에
대표를 파견하고, 1924년 조선청년총동맹에 가맹[19]한 것에서 알 수 있듯이
1923년경 이후부터 사회주의의 영향을 받기 시작하였다. 조선일보 오산분
국 기자였던 朴亨國은 1923년말의 평택지역의 청년운동이 부진하다며 다음
과 같이 말하였다.

> 思潮의 안경을 쓰고 각성함이 있거든 주저치 말고 熱誠을 結晶하여 요원한
> 장래에 적어도 我平澤新社會와 新生命의 개척함에 공헌이 많은 청년회를
> 부흥쇄신케 할지어다. 一隅 지방의 발전이 비록 사소하다 云할지나 其實은
> 현하 朝鮮新文化建設上 극히 最大要務라 하겠도다. 지방청년의 문화건설
> 을 따라 조선도 점차 새로운 조선이 되지 않을까?[20]

이로 보아 1920년대 초 평택지역의 청년운동은 조선신문화건설을 목표로
한 실력양성운동의 성격을 가졌으나 활동이 매우 부진하였음을 알 수 있
다. 이에 대하여 남상환은 다음과 같이 말하였다.

> 우리 진위에 己未 이후로 振威靑年會, 平和靑年會, 西井里少年會, 振興少
> 年會, 芙蓉少年會, 振威少年俱樂部 등 각 단체가 봉기하였으나 사회에 머
> 리되는 청년회부터 거대한 空館에 간판만 걸려있고 야학을 경영하는 이외
> 에는 아주 수면상태에 있고 또다시 금번에 조직된 西井里勞動靑年會는 회
> 관이 없어 이리로 저리로 집회일이면 막심한 곤란을 불면하게 되어 이것
> 하나마 간판 붙일 곳이 없어 그 존재를 찾기 어렵다.[21]

즉 박형국과 남상환의 말을 종합하면 1920년대 평택지역의 청년운동이
매우 부진하였다는 것이다. 특히 남상환에 따르면 3·1운동 이후 평택지역

---

19) 「京鍾警高秘 제3989-3호 조선청년총동맹 가맹단체 제2회 발표의 건」(국사편찬위
    원회 한국사데이터베이스에서 인용).
20) 『조선일보』 1923년 11월 24일, 「제형에게 절규하노라」.
21) 『조선일보』 1930년 1월 31일, 「振威靑年에게 一言을 訴하노라」.

에는 다수의 청년·소년단체가 조직되었으나 활발히 활동하지 못한 상황이 지속되었다. 심지어 평택지역 청년지도자들은 "우리의 過去를 再三 回想하면 너무나 安逸하였으며 극심한 자에 이르러서는 詐欺, 挾雜과 酒肆, 靑樓 出入 又는 賭博으로써 職業을 삼다시피 하여왔다"[22]고 할 정도로 지역민의 지지를 받지 못했던 것으로 판단된다.

이러한 상태를 벗어나기 위하여 평택지역의 청년들은 사회주의사상을 수용하였던 것으로 보인다. 그리하여 앞에서 서술했듯이 청년당대회와 조선청년총동맹에 가입하였고, 회장제에서 위원제로 조직체를 변경하면서 방향전환을 꾀했던 것이라 할 수 있다. 이는 1927년 1월 조직된 신간회운동의 흐름 속에서 이루어진 것이었다. 따라서 이 무렵 평택지역의 사회운동 혹은 민족운동은 민족협동전선의 영향을 받았다고 할 수 있는 것이다.

이와 같이 평택지역의 청년운동에 대한 남상환의 비판은 시기적으로 보아 진위청년동맹을 조직하려는 목적에 따른 것이었다고 생각된다. 그리하여 남상환은 "그네들을 누가 반가이 맞아주며 누가 그 대중을 구원하여 줄까! 저! 큰 무리를 인도하여 구원하자. 우리의 책임을 다한 그날에야 우리의 앞길이 광명할 것이요, 우리 목전에 전개되리로다!"[23]고 주장하면서 이를 통해 "굳세게 서서 청년의 사명을 수행하자!"[24]고 하였던 것이다.

한편 남상환 등이 1930년 8월 경 다음과 같이 진위청년동맹을 조직하면서 평택지역의 청년운동은 비로소 활기를 띠었던 것으로 보인다. 진위청년동맹의 조직에 대해서는 다음 기록이 참조된다.

　　경부선 서정리 역전에 있는 진위청년동맹 집행위원 남상환씨와 진위소년동맹 집행위원장 조남홍 군을 지난 13일 정오경에 평택경찰서장이 소환하여다가 잠시간의 취조를 하고 돌려보냈다는데 이제 자세한 바를 들건대 진

---

22) 『조선일보』 1930년 1월 31일, 「振威靑年에게 一言을 訴하노라」.
23) 『조선일보』 1930년 1월 31일, 「振威靑年에게 一言을 訴하노라」.
24) 『조선일보』 1930년 1월 31일, 「振威靑年에게 一言을 訴하노라」.

난 8월경에 종래에 있던 서정리소년회를 진위소년동맹으로 변혁하는 동시
에 진위청년동맹을 창립하였던 바 평택경찰서장을 동서 관할 서정리 경찰
관의 입회하에 창립하였음에도 불구하고 서장의 양해 없이 입회한 경관은
하등 권리가 없다 하며 전기 청소동맹을 인정할 수 없다고 하는 동시에 간
판까지도 떼라고 명령하는 것을 전기 남씨는 성립대회석상에서 대중이 모
여 결의한 그 간판은 떼지 못하겠다고 하였던 바 지난 6일에 평양면옥노동
조합 정기대회에 보낸 축문이 당지 경찰서의 조회로 그와 같이 소환하였다
가 서장의 양해 없는 간판의 명의로 외부단체와 교섭을 말라며 돌려보냈다
한다.25)(밑줄은 인용자)

조선총독부 경찰은 진위소년동맹과 진위청년동맹은 1930년 8월 이종림
의 지도에 따라 심인택이 남상환과 함께 서정리를 중심으로 조직하였다고
파악하였다.26) 그리고 남상환은 뒤에 수진농민조합의 책임자가 되는 김영
상을 추천하여 진위청년동맹, 수진농민조합 등의 간부로 삼았다.27) 따라서
1930년 8월에는 이미 남상환은 심인택과 동지로서 함께 활동하였으며, 지
역사회운동단체의 지도적 인물로 성장하였음을 알 수 있다.

그런데 진위소년동맹은 1931년 5월 3일 진위 각지의 무산아동야학기관을
망라하여 '무산소년데이'를 개최하고자 하였으나 경찰의 금지로 무산되자
어린이날 기념식만을 거행하기로 하였다. 이에 따라 5월 3일 모곡리, 장안
리, 두릉리 등 각 야학의 아동 100여 명과 서정리 아동 100여 명 등 200여

---

25) 김해규는 『동아일보』(1930년 10월 30일, 「振威靑年會定總」)를 인용하여 진위청년
회가 청년동맹으로 전환이 1930년 10월 26일의 제9회 정기총회에서 이루어진 것
으로 주장(김해규, 앞의 논문, 228쪽)하였으나 해당 기사에는 청년동맹으로 전환
하였다는 내용이 없다. 다만 1929년 『동아일보』(1929년 7월 1일, 「會合」)에는 6월
19일 진위청년회 임시총회가 개최되었다는 기사가 있고, 『동아일보』(1930년 10월
16일, 「우의단체와 연락을 금지」)에는 '진위청년동맹 집행위원 남상환'이라는 표
현이 있는 것으로 1929년 하반기부터 1930년 10월 16일 사이에 조직된 것으로 보
는 것이 옳다고 생각된다. 그러므로 진위청년동맹은 조선총독부 경찰이 파악한
1930년 8월경이라 보는 것이 타당하다고 생각된다.
26) 「水警高秘 第4682號 秘密結社 赤色農民組合 組織 計劃에 關한 件」.
27) 「水警高秘 第4682號 秘密結社 赤色農民組合 組織 計劃에 關한 件」.

명이 서정리 광장에 모여 남상환의 개회사로 기념식을 시작하여 서정리 역
전까지 2시간의 기행렬을 한 후 아동에게 조선개피떡을 나누어 주고 해산
하였다.[28] 여기에서 주목되는 것은 참가한 아동의 50%가 서정리 아동이라
는 것이다. 이는 남상환이 서정리 이주 이후 야학강습소, 진위소년동맹, 서
정리노동청년회, 서정리노동조합 등을 지도하면서 서정리 일대에서 대중적
지지기반을 확보하였다고도 볼 수 있지 않을까 한다.

　앞에서 보았듯이 진위청년동맹과 진위소년동맹과 1930년 8월경 조직되
었음을 알 수 있다. 이로 보아 1930년을 전후한 시기는 평택지역의 사회운
동 혹은 민족운동의 전개과정에서 분수령이 되는 시기이다. 후술할 수진농
민조합을 비롯하여 진위청년동맹, 진위소년동맹, 평택노동청년회, 평택노
농협의회(1932) 등 사회주의적 성향의 단체가 속출하였기 때문이다. 그런데
진위청년동맹은 조직된 지 1년만인 1931년에 해소론을 발표하여 청년동맹
의 해소를 주장하였다.[29] 그러나 진위청년동맹이 해소된 것으로 보이지는
않는다. 1932년 수진농민조합사건이 발생한 이후 조선총독부 경찰이 1932
년 3월 9일 진위청년동맹, 진위소년동맹, 서정리노동조합, 진위사회단체회
관건축기성회 등 서정리 소재 서정리각사회단체의 간판을 떼었고, 이 간판
을 남상환의 집에 보관하였던 것에서 알 수 있다.[30] 비록 진위청년동맹이
해소에 이르지는 못한 것으로 보이나 이와 같이 제기한 청년동맹 해소론은
신간회 해소 과정과 맥을 같이 한다는 측면에서 진위청년동맹이 사회주의
의 영향을 강하게 받았음을 보여준다고 할 것이다. 진위청년동맹이 제기한
청년동맹 해소의 이유와 방법은 다음과 같다.

---

28)『동아일보』1931년 5월 5일, 「各地의 어린이날」.
29)『조선일보』1931년 4월 30일, 「振威靑年同盟의 解消論 聲明」;『조선일보』1931년
　　5월 3일, 「振威靑年同盟解消論을 發表」.
30)『중앙일보』1932년 3월 14일, 「社會團體 看板을 巡査가 自意 剝脫 이유없이 떼어
　　간 사실 4團體 對策 講究」.

◇ 이유

가. 현하 조선××운동의 정세로는 노조, 농조의 확대강화가 절박한 당면의 급무로 되어 있는 것

나. 청총 및 청맹의 강령은 기본적 결함과 중앙집권적이 되어 있을 뿐만 아니라 그 혼합적 구성과 소부르주아적 지도의 모순이 있기 때문에 ×× 적으로 조선의 ××××운동을 전개치 못한 것

다. 조직체의 기초가 노농청년대중과 분리되어 소부르주아 인텔리켄차, 룸 펜층이 다수를 점령하였기 때문에 그의 강력적 ××력을 ××시킨 것(공 장, 농장, 광산, 어장, 철도 등에 두지 않은 것)

라. 노동청년은 노조청년부로, 농민청년은 농조청년부로 취입하여 그 역할 을 다할 것이다

마. 노조, 농조의 확대강화와 청총 해소는 확고한 ××唯一線 영도하에 전개 한 반×협동××의 결성적 촉진을 대전제로 하는 것이다.

바. 전체적 노농청년의 협동체가 아니라 단일동맹체로 되어 있기 때문에 노농청년대중의 훈련에 막대한 지장이 생한 것(결정적 역할을 수행할 계급적 이해를 혼합한 구성체가 아니기 때문에)

사. 현하 조선의 정세는 급격한 전변으로 인하여 전체 노농청년협의회 창 립을 요구케 된 것

◇ 방법

가. 청총의 해소는 지방동맹의 ××를 통한 해소로서 上及完成케 하되 통일 적 방법은 전체□부동맹 대표자대회와 각도 연맹 중심으로 위원회를 조직하고 ××를 전개할 것

나. 지방동맹의 해소는 동맹 내에 노농청년은 자기 진영인 노농조 청년부 로 취입하고 소부르주아 인텔리켄차는 분리되어 잔재 유기화(해소 후 의 청맹)한 집단체로 전락시킬 것

다. 노동조합, 농민조합 확대강화와 소부르주아 인텔리켄차 청년의 유기적 활동 토대의 결성과 양방의 준비가 필요하다(관념적 해소나 준비 없는 해소는 절대 극복할 것)

라. 진위청년동맹은 현하 군내 운동 정세로 보아 즉시 해소 단행을 실행하고 노농청년은 노농조 청년부로 취입하여 그 실천적 ××을 전개할 것이다.

마. 전체적 각층을 망라한 전체농청년협의회 창립에 노력할 것[31]

---

31) 『조선일보』 1931년 5월 3일, 석간, 「靑年同盟 解消案을 發表」.

　진위청년동맹을 남상환이 주도했다는 점에서 이 해소론의 작성 역시 남상환이 주도적인 역할을 했다고 생각된다.

　이상에서 볼 수 있듯이 식민지 시기 청년운동을 비롯한 평택지역의 사회운동 혹은 민족운동은 활발하지 않았던 것으로 보인다. 그것은 안재홍, 원심창 등의 평택 출신 인사들이 지역과의 연계하에 운동하지 않아 새로운 사조의 유입이 상대적으로 늦었고, 평택지역이 식민지하에서 개발되었다는 점과도 관련이 있다고 판단된다.

　즉 평택지역의 광활한 미간지들은 일본인들에 의하여 개간되어 1920~30년대에는 대부분 일본인이나 친일지주의 소유가 되었다. 예를 들면 청북면 삼계리에서 신포장터에 이르는 갯벌은 동척이 간척하였으며,[32] 대한제국기에는 일본헌병사령관은 평택군 석교리에 거주하는 柳寅玩에게 평택군의 原野 800정보에 대한 개간권을 허가했는가를 조회[33]하였다. 그리고 식민지 시기에는 조선총독부 "농상공부에서는 미개간지 조사에 착수하여 금년 중에는 경기도의 南陽, 水原, 平澤과 황해도의 安岳, 載寧, 鳳山의 6군에 시행 완료키로 하고 기타 지역은 금후 5개년간에 전부 조사완료하기로"[34] 하였다. 구체적으로 누가, 얼마만큼의 토지를 개간했는가에 대해서는 구체적으로 알려진 바는 없으나 振威興農株式會社와 林田朝鮮農事改良株式會社 등의 회사와 野坂寬治라는 토지개량업자 등에 의해 이루어졌다는 점 등이 파악되어 평택지역의 토지 개간은 일본인 회사와 일본인에 의해 활발히 이루어졌음을 알 수 있다.[35] 이는 개간은 조선총독부에 신청을 한 후 일정한 심의기준을 거쳐 허가를 받아 시행되었고, 신청자의 자본 이외에 보조자금의 융자가 필요했기 때문에 조선인 지주 중에는 신청자가 없었던 데에 연유한

---

32)『평택시민신문』 2005년 11월 9일.
33)『황성신문』 1905년 1월 7일, 「認許示明」.
34)『매일신보』 1911년 9월 14일, 「농상공부에서는 미간지조사에 착수」.
35)『팽성읍지』, 평택문화원, 2010. 참조.

것이었다.36) 동시에 일본인농장에서의 소작조건은 조선인지주의 소작조건
에 비해 상대적으로 좋은 편이었다.37) 이 때문인지 평택지역에는 1911년에
이미 국유지 소작인조합이 조직되어 있었고,38) 1922년에는 조선소작인상조
회 진위지회가 조직39)되어 있었으나 식민지시기 발행된 각종 신문에는 평
택지역의 소작문제에 대한 기사가 매우 적은 것으로 보아 소작쟁의가 그리
활발히 발생하지 않은 것으로 보인다. 특히 1931년 수진농조의 소작쟁의가
발생하기 이전에는 소작문제가 발생해도 소작쟁의로까지 이어지는 것이
아니라 관청에 의지하거나 지주와의 타협에 의해 해결되는 것이 일반적이
었던 것이다.40)

3. 수진농민조합 활동

앞 절에서 본 바와 같이 청년운동과 노동운동을 중심으로 점차 발전하던
평택지역의 사회운동 혹은 민족운동은 1930년 3월 진위농민조합이 조직되
면서 질적인 전환을 이루었다. 즉 지금까지 청년동맹을 중심으로 전개하던
지역사회의 운동이 농민운동 중심으로 전환되는 계기를 마련하였던 것이다.
진위농민조합은 1930년 3월 10일 진위군 북면 야막리의 천도교신자 박규
희의 집에서 100여 명의 농민이 모여 조직41)되었으나 얼마 지나지 않은

---

36) 강훈덕, 『일제하 농민운동의 일연구-소작쟁의를 중심으로-』, 경희대학교 박사학
위논문, 1989, 115쪽.
37) 김해규, 앞의 논문, 220~221쪽.
38) 『매일신보』1911년 12월 5일, 「振威 小作人組合 刱立會」.
39) 『매일신보』1922년 5월 25일, 「小作振威支會發會」. 조선소작인상조회에 대해서는
홍영기의 연구(「1920년대초 '조선소작인상조회'에 대한 연구」, 『한국민족운동사
연구』9, 1994)를 참조 바람.
40) 『매일신보』1921년 12월 21일, 「地主의 橫暴에 憤慨한, 진위군 소작인들이 결속
하여 지주의 욕심을 감하여 달라고」; 『조선일보』1926년 11월 21일, 석간, 「東拓
會社農監을 小作人이 告訴提起」; 『동아일보』1927년 3월 5일, 「振青委員會」.

1930년 3월 21일 진위군 북면 姜友馨의 집에서 개최된 제1회 집행위원회에서 조합의 명칭을 수진농민조합으로 개칭하였다.[42] 이 자리에서는 다음 사항을 논의한 후 지부규칙 제정위원으로 李元植, 金基桓, 李秀經, 南相煥, 朴奎喜를 선임하였다.

　　1. 가입원 수리의 건
　　1. 본부 위치의 건(오산에 둠)
　　1. 조합 명칭 개칭의 건(수진농민조합이라 개칭함)
　　1. 조합비에 관한 건
　　1. 지부 설치의 건
　　1. 부서 정리의 건
　　1. 지부규칙 제정의 건[43]

　이로 보아 수진농민조합은 1930년 3월 창립된 진위농민조합이 수원지역의 활동가들과 연락하여 수원과 진위의 2개 군을 묶어 하나의 농민조합으로 창립하였다고 볼 수 있다. 농민조합은 1군 1조합을 원칙으로 하였는데, 이처럼 2개 군을 하나의 조직으로 한 것은 유례가 없다. 이는 수진농민조합의 활동이 행정단위를 벗어나 생활권 단위로 이루어졌음을 보여주는 것이라 할 수 있다.[44] 한편 필자는 기존의 연구[45]에서 조선총독부 경찰의 문서를 이용하여 수진농조의 창립이 1929년 3월이라 주장하였으나 1930년 진위농조 제1회 집행위원회에서 수진농조라 개칭하였다는 기사로 보아 수진농

---

41) 『동아일보』 1930년 3월 13일, 「振威農組創立」.
42) 수진농민조합의 조직 일시에 대해서 조선총독부 경찰은 1929년 3월이라 파악(「水警高秘 第4782號 秘密結社赤色農民組合組織計劃事件 檢擧에 關한 件」(국가보훈처 공훈전자사료관)하여 필자의 기존 연구(조성운, 앞의 논문)에서도 이 자료를 바탕으로 1929년을 창립 시기로 서술하였으나 『조선중앙일보』(1930년 3월 28일, 「振威農民組合 執行委員會」)의 기사가 명백하므로 창립 일시는 수정한다.
43) 『조선중앙일보』 1930년 3월 28일, 「振威農民組合 執行委員會」.
44) 조성운, 앞의 논문, 110쪽.
45) 조성운, 앞의 논문, 110쪽.

조는 1930년 창립된 것으로 수정해야 한다고 본다. 즉 조선총독부 경찰이 1930년을 1929년이라 오기한 것이라 판단된다.

앞에서 본 바와 같이 진위농민조합은 천도교 전교실이 설치될 정도로 천도교세가 강하였던 야막리의 박규희의 집에서 창립되었다. 그는 천도교 신자로서 시대일보 오산분국 기자,[46] 1928년 수원군종리원에서 천도교청년동맹 수원동맹의 집행위원,[47] 1929년 천도교청년동맹 경기도연맹의 진위대표,[48] 천도교청년동맹 경기도연맹 순회강사[49] 등으로 활동한 천도교 구파에 속한 인물이었다. 더욱이 그는 수진농민조합으로의 개칭 이후에 지부규칙 제정위원으로 활동할 정도로 수진농조의 창립과 조직체계의 정립 과정에서 크게 기여하였다.

이는 농민조합운동사에서 매우 독특한 사례라 할 수 있다. 일반적으로 농민조합운동은 사회주의의 지도를 받았다는 사실은 잘 알려져 있다. 반면에 민족주의계열의 농민운동으로는 천도교가 주도하였던 조선농민사운동과 기독교가 주도하였던 농촌운동을 들 수 있다. 그 외에 조선농민사운동에서 갈라져 나온 이성환계열의 전조선농민사운동이 있으나 이는 그 세력이 미약하고, 운동노선이 조선농민사운동과 큰 차이점이 없다는 측면에서 따로 서술할 필요가 없다고 생각된다.

그런데 후술하듯이 수진농조의 집행위원회가 좌경화되던 1931년에 천도교의 조선농민사는 1931년 4월 농민사 알선부를 공생조합으로 변경하였고, 1933년 각지 공생조합의 중앙조직으로 조선농민공생조합중앙회를 설치하였다.[50] 따라서 천도교 농민운동의 흐름이 이와 같을 때 비록 구파이기는

---

46) 『시대일보』 1926년 6월 25일, 「社告」.
47) 「중앙휘보」, 『천도교회월보』 212호, 1928, 42~43쪽.
48) 「京鍾警高秘 第7145號 天道敎靑年同盟京畿道聯盟組織에 關한 件」(국사편찬위원회 한국사데이터베이스에서 인용).
49) 성주현, 「1920년대 경기지역의 천도교와 청년동맹 활동」, 『경기사학』 4, 2000, 132쪽.
50) 조선농민공생조합에 대해서는 조성운의 연구(「일제하 조선농민공생조합의 조직과 활동」, 『동학연구』 13, 한국동학학회, 2003)를 참조 바람.

하지만 천도교 신자인 박규희가 진위농민조합의 창립과 초기 조직 정비 과
정에서 주요한 역할을 했다는 것은 특이한 사례라 볼 수 있다.

이외에도 수진농민조합의 초기 활동에서 빼놓을 수 없는 인물은 姜友馨,
이원식, 김기환 등이 있다. 강우형은 동아일보 오산분국 기자,[51] 이원식은
신간회 오산지회 ㅁㅁ반 간사, 집행위원을 역임하였고,[52] 1932년 오산노동
야학원 사건[53]과 수원적색노동조합사건[54]에 관련되어 조선총독부 경찰에
검거되었던 인물이다. 그리고 김기환은 광성학원후원회 간사,[55] 오산청년
동맹이 수원청년동맹오산본부로 개칭하였던 오산청년동맹 임시총회에서
임시의장을 맡았으며,[56] 신간회 오산반장,[57] 오산이발조합장[58] 등으로 활
동한 민족주의계열의 인물로 보인다. 그는 1931년 2월 20일 수진농민조합
제3회 집행위원회에서 제명되었으며, 이 회의에서 신임집행위원으로 이원
식, 조명재, 박정오, 변기재, 장주문, 박승극, 남상환, 김영상, 박두희가 선출
되었다.[59] 이 때 선출된 집행위원은 수원과 평택지역에서의 대표적인 사회
운동자들로서 이후 이 지역에서의 운동의 주역이 된다. 이 제3회 집행위원
회는 수진농조가 좌경화한 계기였다고 할 수 있다. 왜냐하면 민족주의계를
대표한다고 할 수 있는 김기환과 박규희는 각각 제명되거나 간부진에서 제
외되었고, 사회주의자인 이원식, 조명재, 박정오, 변기재, 장주문, 박승극,

51) 『동아일보』 1928년 2월 7일, 「社告」.
52) 『중외일보』 1929년 3월 29일, 「烏山新支臨總」 ; 『중외일보』 1929년 4월 6일, 「新幹
  烏山支會 第1回 定期大會」.
53) 오산노동야학사건에 대해서는 邊基在의 판결문(「소화7년 형공 제519호」, 국가기
  록원 소장) ; 『동아일보』 1932년 8월 12일, 「烏山勞農學院關係 五名中 黃慶厚 朴
  正吳 李元植 三名釋放」.
54) 『동아일보』 1932년 9월 9일, 「水原赤色勞組事件 8명 京城에 送局」.
55) 『동아일보』 1925년 5월 25일, 「光成學院後援會」.
56) 『중외일보』 1929년 6월 4일, 「烏山靑盟臨總」.
57) 『동아일보』 1929년 3월 30일, 「新幹會烏山班臨總」.
58) 『동아일보』 1930년 10월 27일, 「水原署형사 烏山서 活動」.
59) 『동아일보』 1931년 2월 25일, 「水振農組委員會」.

남상환, 김영상 등이 대거 집행위원으로 선출되었기 때문이다. 이는 당시 사회주의세력이 코민테른의 지시에 따라 좌경노선을 수용하면서 신간회와 청년동맹의 해소를 주장하던 상황과 맥을 같이 하는 것이었다.

〈사진 2〉 김영상
(「일제감시대상인물카드」)

한편 수진농조는 결성 이후 이렇다 할 활동을 전개하지 못한 것으로 보인다. 결성 직후인 1930년 6월 수진농조는 면 직원과 군속이 순사를 대동하고 논에 심어놓은 모를 뽑아버린 사건에 대해 쟁의부장 남상환을 진위군농회에 보내 엄중 항의[60]한 사실과 수진농민조합이 조선총독부 경찰에 검거되는 계기가 되었던 황구지리 소작쟁의 지도 이외의 다른 활동을 찾을 수 없을 정도로 그 활동이 부진하였다. 더욱이 1930년 9월 30일 수원군 양감지부 설치대회를 개최하고자 하였으나 조선총독부 경찰로부터 집회가 금지[61]되어 지부 설치에 실패한 것으로 보인다.

이와 같은 수진농조의 활동 부진에 대해 남상환은 "수진농민조합의 농민운동이 부진한 원인은 경찰의 탄압"[62] 때문이라고 파악하고, 이를 타개하기 위해 코민테른의 노선을 수용한 수진농조 집행위원회 내의 사회주의자들은 합법적 농민조합이었던 수진농조의 이면에 프랙션을 두어 이를 혁명적으로 지도하고자 하였던 것으로 판단된다. 이에 따라 1931년 2월 남상환이 영등포의 이종림의 집을 방문하여 심인택으로부터 적색농민운동 상의

60) 『조선일보』 1930년 6월 23일, 「振威郡에서도 심은 모를 뽑아 농회원이 순사까지 대동코 水振農組 嚴重抗議」.
61) 『동아일보』 1930년 10월 12일, 「農組支部設置禁止」.
62) 「水警高秘 第4682號 秘密結社 赤色農民組合 組織 計劃에 關한 件」.

연락 및 지도를 받았던 것이다.[63] 이후 남상환과 김영상은 제3차 조선공산당사건 당시 검거에서 벗어나 국외로 도피 중인 李宗林과 함께 활동하던 沈仁澤이 1931년 5월 1일 고향인 진위군 고덕면 율포리에 亡母의 3주기를 맞아 내려온 것을 알고 그를 찾아가 농민운동의 지도를 받기로 하고 5월 7일 심인택을 찾아가 농민운동에 대한 지도를 부탁하였다. 이에 심인택은 김영상, 남상환과 함께 뒷산에 올라가 약 2시간에 걸쳐 농민운동에 대하여 토의한 결과 심인택의 주도 하에 지금까지의 운동방침을 폐기하고 적색농민조합을 조직하기로 하고 농민운동의 지도방침을 정하였다. 즉 남상환은 수진농조의 혁명적 전환에 결정적인 역할을 하였던 것이다.

심인택은 이종림과는 휘문고등보통학교의 동창이며,[64] 1930년 보성전문학교를 중퇴하고,[65] 1932년 권대형, 서인식, 김상혁, 이우적 등이 주도한 조선공산당협의회의 경기지역 대표, 1933년 9월 조선공산당재건 강릉공작위원회에서 주도한 경성 종로방직 노동쟁의에 관련되어 조선총독부 경찰에 검거되었다. 이 때 그의 직업은 직물직공으로 되어 있어 그가 노동자로 취업하여 쟁의를 주도한 것으로 보인다.[66]

따라서 그는 평택 출신으로서 중앙 차원에서 조선공산당재건운동에 참여하다가 김영상, 남상환 등의 권유에 의해 조선공산당재건운동의 일환으로 수진농민조합을 이론적으로 지도한 것으로 판단된다. 그리고 수진농조가 일제의 탄압으로 좌절한 이후에도 그 지도자였던 박승극은 1934년 1월 19일경 愼甲範의 방문을 받은 자리에서 조선공산당재건을 위해 투쟁하기로 약속하는 등 수진농조사건 이후에도 조선공산당재건운동을 지속하였다.[67]

---

63) 「水警高秘 第4682號 秘密結社 赤色農民組合 組織 計劃에 關한 件」.
64) 「水警高秘 第4782號 秘密結社赤色農民組合組織計劃事件 檢擧에 關한 件」.
65) 「水警高秘 第4682號 秘密結社 赤色農民組合 組織 計劃에 關한 件」.
66) 조선공산당재건 강릉공작위원회사건에 대해서는 최홍준의 연구(「1930년대 강릉지역 조선공산당재건운동연구」,『북악사론』3, 북악사학회, 1993)을 참조 바람.
67) 「京東警高秘 第1311號 朝鮮共産黨再建을 目的으로 한 코민테른 朝鮮레포트會議事件 檢擧에 關한 件」(국사편찬위원회 한국사테이터베이스).

〈사진 3〉심인택
(「일제감시대상인물카드」)

이로 보아 수진농조 역시 조선공산당재건 운동의 일환으로 전개되었다고 할 수 있을 것이다.

이와 같이 혁명적 농민조합을 조직하기로 한 이들은 동지 획득을 최우선의 과제로 설정하고 동지 획득에 나섰다. 그리하여 동지 획득의 책임자로 선임된 김영상은 1931년 5월 20일 양감면 용소리 靑龍山에서 장주문, 이원섭과 회합하고 이들을 조합원으로 획득하였다.[68] 이후 김영상은 이원섭에게 박승극을 동지로 획득하라는 지시를 하였다. 이에 이원섭은 5월 27일 박승극을 만나 심인택이 작성한 문서를 박승극에게 제시하면서 조합에 가입할 것을 권유하였고 박승극은 7월 초순 서정리에서 김영상을 만나 조합에의 가입을 승낙하였다. 이상과 같이 김영상은 이원섭, 장주문, 박승극을 동지로 획득한 후 10월 초순 심인택을 李南龍의 집에서 만나 중앙조직의 완성을 보고하고 다음과 같이 부서를 정하였다.[69]

指導　　　심인택
組織責任　김영상
組員　　　남상환, 박승극, 이원섭, 장주문

---

68) 김경일 편, 앞의 책, 앞의 글.
69) 「水警高秘 第4782號 秘密結社赤色農民組合組織計劃事件 檢擧에 關한 件」. 그런데 다른 자료에는 지도자 심인택, 남상환, 조직책임자 김영상, 이원섭, 장주문, 박승극(「水警高秘 第4682號 秘密結社 赤色農民組合 組織 計劃에 關한 件」)으로 되어 있다. 뒤의 자료가 앞의 자료보다 먼저 작성되었으므로 본고에서는 앞의 자료를 선택하여 인용하였다.

이들 중 이원섭을 제외한 나머지 인물들은 1931년 2월 20일의 제3회 집행위원회에서 새로 집행위원으로 선출된 인물들이었다. 따라서 심인택이 조직한 프랙션은 이미 수진농민조합 내에서 영향력을 발휘할 수 있는 인물들로 구성되었던 것이다.

이후 이들은 심인택이 기초한 운동방침을 바탕으로 다음과 같이 수진농조의 운동방침을 정하였다.

1. 수진농민조합이라는 표현단체의 별동체로서 그 이면에 비합법 조직을 결성할 것. 그리고 이 적색농민조합은 집합한 각 동지는 김영상을 조직 책임자로 해서 박승극, 장주문, 이원섭을 끌어들일 것.
2. 적색농민조합은 지하운동에 의해 그 조직을 확대함과 동시에 수진농민조합이라는 표현단체의 이니셔티브를 획득하여 활발한 적색농민투쟁을 전개할 것.
3. 적색농민조합은 각 부락마다 그 지부 또는 반을 결성하는 전술로서 현재 각 부락에 있는 친목회 혹은 두레(農旗會) 등을 이용하여 그 이면에서부터 프랙션운동에 의해 소작쟁의 기타 투쟁을 선동하여 격발시켜 투쟁을 통하여 지부 또는 반의 조직을 결성할 것.[70]
4. 적색농민조합의 제임무
   ① 부분적 일상투쟁의 형성, 격발
   ② 반제투쟁과 반봉건투쟁의 연락
   ③ 원칙적 요구투쟁에서 부분적 요구투쟁으로(원칙에서 부분으로 부분에서 원칙으로)
   ④ 노농동맹의 사상(국제주의의 보급, 선전), 농민헤게모니주의=愛國排外主義의 배격
   ⑤ 개량주의 제유형의 폭로, 축출
      ㉠ 천도교민족주의
      ㉡ 전조선농민조합의 농민사회주의(인본주의적 경향)
      ㉢ 협동조합의 평화적 개량주의
   ⑥ 지주 및 관제 제산업조합의 반동 폭로
   ⑦ 하층계급으로부터의 통일전선 전개

---

70) 한상구, 「남로당 지방당조직 어떻게 와해되었나」, 『역사비평』, 1989. 봄호. 328쪽.

⑧ 제개량주의 농민조합 내에서의 좌익적 반대파의 형성
⑨ 농민조합 창립의 의미에서 소비조합운동의 전개
⑩ 농촌의 제투쟁조직의 캄파니아(カンパニア, 조직적 대중투쟁-인용자)
　는 반드시 농조의 이니셔티브 하에서 수행할 것[71]

이렇게 하여 계획된 수진농민조합의 조직체계는 〈표 1〉과 같다.[72]

〈표 1〉 수진농민조합의 조직체

본부		
합법	비합법	--- 중앙(군)
지부	지부	----지역지부(면)
반	반	---- 각 동(리)

결국 남상환, 김영상 등은 심인택의 지도를 받아 합법조직인 수진농민조합 이면에 프랙션을 조직하여 주도권을 장악함으로써 수진농조를 혁명적 농민조합으로 전환한 후 조직의 확대, 강화를 위해 각 마을에 지부 또는 반을 결성할 것을 결정하였던 것이다. 그러나 지부 결성은 앞에서 서술한 것처럼 조선총독부 경찰의 탄압에 의하여 성공하지 못하였다.

그런데 수진농조의 이러한 운동방침과 조직체계는 다음과 같은 계획을 바탕으로 한 것이었다.

① 운동을 일상적으로 비합법 (조직-인용자)의 주도 하에 합법운동을 맹렬하게 전개한다.
② 운동이 맹렬하게 전개될 때 지배계급놈들은 탄압을 개시하며, 탄압에 탄압을 가해 가능하면 전 조합을 해산시킬 것이다.

---

71)「水警高秘 第4782號 秘密結社赤色農民組合組織計劃事件 檢擧에 關한 件」.
72)「水警高秘 第4782號 秘密結社赤色農民組合組織計劃事件 檢擧에 關한 件」.

③ 그러므로 비합법(조직-인용자)의 통제 하에 운동은 여전히 지속될 것이다.
④ 그 때문에 하나의 조합 내에서도 지금은 합법체계와 비합법체계가 병존
해서 비합법체계는 합법체계를 통제, 운전하여 통일적 행동을 한다.[73]

이상과 같이 조직과 운동노선을 정비한 후 이들은 농조의 확대, 강화를
위한 활동에 들어가 지부 조직을 위하여 용소리에서 소작쟁의를 지도하였
다. 그 경과는 다음과 같다. 1931년 10월 27일 박승극, 김영상, 장주문은 수
원군 양감면 황구지리의 천변에서 회합, 혁명적 농민조합의 조직문제에 대
해 협의하여 투쟁에 의한 조직방침을 확인한 후 양감면 용소리에서 벌어지
고 있던 소작문제에 대해 개입, 소작쟁의로 확대시켜 이를 통해 농민들을
조직하여 혁명적 농민조합의 지부 또는 반을 설치할 것을 계획하였다. 이
를 위해 박승극은 장주문을 책임자로 임명하였다.

장주문은 먼저 1931년 11월 8일과 20일 2회에 걸쳐 황구지리를 방문하여
소작쟁의로 확대될 수 있을 정도로 소작인측의 분위기가 격화되었다고 판
단하였다. 그리고 11월 20일 밤 황구지리의 야학강습소에서 이종국을 만나
용소리의 토지관리인의 부당 착취에 대항하여 소작쟁의를 일으킬 것을 설
득하였다. 그리고 이들은 11월 22일 밤 소작인 전부를 황구지리 야학강습소
에 부형회의 명목으로 집합시킬 것을 결정하였다. 그리고 박승극은 ① 소
작인측의 결속을 문란하지 않도록 충분히 주의해서 지도할 것, ② 지주에
대한 소작인측의 요구사항은 가능한 한 소작인의 의사를 존중(당면의 이
익)하여 슬로건을 작성할 것이라는 쟁의전술을 지시하였다. 이 지시에 따
라 11월 22일 밤 10시 경 장주문과 이원섭은 황구지리 야학강습소에서 소
작인 40여명을 모아 소작인대회를 개최하였다. 이 자리에서 장주문과 이종
국은 현 사회제도의 불비, 결함을 지적하면서 소작인이 결속하여 관리자에
게 항쟁할 것을 주장하였고 소작인은 적극 찬성하여 장주문, 홍건표 등을

---

73) 「水警高秘 第4782號 秘密結社赤色農民組合組織計劃事件 檢擧에 關한 件」.

중심으로 관리인에 대한 소작인의 요구조건을 다음과 같이 작성하고, 이를
홍건표에게 지시하여 소작쟁의를 지도하도록 하였다.

> 1. 관리자가 소작인에게 대부한 돈은 반액으로 하고 무이자로 연부상환
>   으로 할 것
> 2. 관리수수료인 ㅁㅁㅁ에 대해 ㅁ는 폐지할 것
> 3. 볍씨 1두락에 대해 매년 3승 5합을 지급하는 것을 5승으로 올릴 것
> 4. 앞의 세 요구를 수용하지 않을 경우 추수하지 않으며 소작료의 불납
>   동맹을 할 것[74]

이리하여 수진농조는 황구지리의 소작쟁의사건을 계기로 일제에 그 실
체를 노출시키게 되었다. 즉 일제는 앞에서도 언급했듯이 용소리와 황구지
리의 소작쟁의 과정에서 과거와는 달리 "함경도방면에서 격화되었던 소작
쟁의에 방불"[75]하는 상황을 주목했던 것이었다. 이리하여 일제는 수진농조
의 실체에 접근할 수 있던 계기를 마련했던 것이다.

조선총독부 경찰은 황구지리 소작쟁의에 활동이 부진하던 수진농조의
집행위원인 장주문, 이원섭이 개입한 정황을 파악하고, 이들의 배후에 대한
수사를 시작하여 1931년 11월 23일 서정리노동조합회관을 비롯하여 조선일
보 평택지국 및 서정리 분국을 수색하고 서정리노동조합 집행위원장 남상
환과 조선일보 서정리분국장 김영상을 검거하였다.[76] 이 결과 조선총독부
경찰은 남상환, 김영상, 장주문, 박승극, 이원섭 등 수진농조의 지도부를 검
거하여 재판에 회부하였으나 남상환은 서대문형무소에서 16개월이나 예심
상태로 구금되었다가 1932년 여름 무렵부터 발병한 폐병과 위장병이 악화

---

74) 「水警高秘 第4682號 秘密結社 赤色農民組合 組織 計劃에 關한 件」. 『조선일보』
   (1931년 11월 29일, 석간)에는 소작인의 요구조건을 다음의 3가지로 보도하였다.
   1. 채무를 본금으로 연부로 지불케 하여줄 것, 2. 사음 부당 착취를 감하여 줄
   것, 종자를 매두락에 1두씩 지출하여 줄 것.
75) 「水警高秘 第4782號 秘密結社赤色農民組合組織計劃事件 檢擧에 關한 件」.
76) 『동아일보』 1931년 12월 2일, 「小作爭議는 勝利 各處 檢束은 繼續」.

되어 1933년 3월 16일 보석으로 석방되어 적십자병원에 입원하였다가[77] 자택이 있는 진위에서 1933년 4월 사망하였다.[78] 그리고 박승극, 김영상, 장주문, 이원섭 등은 무죄로 석방[79]되었고, 이 중 박승극, 김영상, 장주문 등 3인은 경성지방 법원에 보상금청구소송을 제기하였다.[80]

이와 같이 평택지역에서 남상환은 1920년대 후반 이후 청년운동과 노동운동, 그리고 후술할 농민운동 등에서 지도적인 역할을 수행하였음을 확인할 수 있다. 이러한 지역사회 내에서의 그의 위상은 〈사진 4〉에서 보이는 바와 같이 그의 영결식에 600여 명의 동지들이 모여 추모한 사실과 사후 2년이 지난 1935년에는 그의 무

〈사진 4〉 남상환의 영결식 모습
(『동아일보』 1933년 5월 2일)

덤에 묘표가 없는 것을 안타깝게 생각하던 그의 동지들이 그의 2주기가 지난 1935년 8월 6일 묘표를 세워 그를 추모하였던 사실에서 알 수 있다.[81] 뿐만 아니라 1938년 좌익사건에 연루되어 검거된 崔雄鎭은 1931년경부터 남상환의 영향을 받았다고 한다.[82] 시기적으로 보아 최웅진은 진위소년동

---

77) 『동아일보』 1933년 3월 21일, 「南相煥保釋」.
78) 『동아일보』 1933년 4월 22일, 「水振農組事件 南相煥氏 別世」.
79) 『동아일보』 1933년 3월 28일, 「水振農組事件 4명 無罪 朴勝極 張柱文 李元燮 金榮相」 ; 『조선중앙일보』 1933년 3월 28일, 「鐵窓呻吟 1년 반 證據없어 無罪言渡 秘密結社를 組織하였다는 水振農組 4명 判決」.
80) 『동아일보』 1933년 6월 4일, 「水振農組事件 無罪者 補償金請求訴訟 京城地方法院에 提出」.
81) 『동아일보』 1935년 8월 17일, 「同志가 墓標 建立」.

맹이나 진위청년동맹, 수진농민조합의 활동 과정에서 남상환의 영향을 받은 것으로 보인다. 즉 남상환이 소년운동과 청년운동을 통해 평택지역의 운동 역량을 신장시켰음을 알 수 있다.

남상환의 보석 이후 열린 재판에서 박승극, 김영상, 장주문, 이원섭 등은 증거 불충분으로 무죄 석방되었고,[83] 박승극, 김영상, 장주문은 각각 미결구류일수를 통산하여 신태악변호사를 대리인으로 1일 1원 이상 5원 이내로 보상금 청구소송을 제기하였다.[84]

한편 한 연구[85]에서는 1930년 6월 수진농민조합이 진위군과 안성군을 묶어 진안협동조합을 조직하였다고 한다. 이 연구에서는 그 근거로『동아일보』(1930년 6월 23일)의 기사를 들고 있으나 이 날짜는 신문이 발행되지 않은 날짜인 것으로 보인다. 그리고 진안협동조합은 1930년 10월 16일 집행위원장으로 선출된 진위군 내남면 비전리 493번지 安忠洙의 집에서 조합원 800여 명으로 창립하고 다음을 결정하였다.

    1. 생산조합부 기계, 공장, 농장 등을 설치하여 생산을 기도함
    2. 소비조합부 상품, 시장일용잡화를 구매하여 조합의 편익을 도하며 일반
       수요자에게 판매함
    3. 신용조합부 조합원에 한하여 자금을 요하는 시에 저리로 대부함[86]

진안협동조합은 생산조합부, 소비조합부, 신용조합부의 3개의 부서를 설치하였으며, 창립 1개월만인 1930년 11월에는 조합원 3,000여 명, 출자 4,000여 구(1구 50전)으로 증가하였을 뿐만 아니라 소비부 사업으로서 평택시장

---

82)「京高特秘 제695호-1 治安維持法 및 陸軍刑法違反事件 檢擧에 관한 건」(국사편찬
   위원회 한국사데이터베이스에서 인용.
83)『동아일보』1933년 3월 28일,「農組事件 4명 無罪」.
84)『동아일보』1933년 6월 4일,「水振農組事件 無罪者 補償金請求訴訟」.
85) 김해규, 앞의 논문, 237쪽.
86)『동아일보』1930년 10월 21일,「振安協同組合 16일에 組織」.

에 잡화상점을 설치[87]할 정도로 빠르게 성장하였다. 이로 보아 진안협동조합은 조선농민사가 운영하였던 조선농민공생조합과 마찬가지로 개량적인 성격의 조직이었음을 알 수 있다. 따라서 진안협동조합의 운동노선은 남상환 등이 추구하였던 농민조합의 운동노선과는 전혀 다른 것이었다. 그러므로 수진농조가 진안협동조합을 창립하였다는 것은 전혀 사실과 다르다고 할 수 있다. 특히 집행위원장 안충수는 1919년 3월 11일 평택역전에서 발생한 3·1운동에 참여하였으며,[88] 1930년 10월 26일 진위청년회 정기총회에서 위원장으로 선출[89]되었으며, 동아일보 평택지국장으로서 徐椿을 초청하여 '米國金 停止와 그 影響'이라는 제목으로 경제강연회를 개최할 정도로 사회주의운동과는 거리가 있는 인물이었다. 뿐만 아니라 진안협동조합의 임원인 오일영(서기장), 유부산(생산부 주임), 전갑순(소비조합부 주임), 강공운(신용부 주임)[90] 등도 역시 사회주의적 성향의 인물이 아닌 것으로 보인다.

4. 맺음말

한 인물의 생애를 정리한다는 것은 매우 힘든 일이다. 현존하는 자료를 최대한 모아 해당 인물의 삶을 재구성한다 하여도 그 인물의 전모를 밝힐 수는 없기 때문이다. 남상환의 경우도 마찬가지이다. 그는 자신의 생각이나 사상을 글로 남기지 않았을 뿐만 아니라 남겼다 하더라도 현재 발견된 것은 본고에서 인용한 조선일보의 투고문 정도이기 때문이다. 따라서 그의 활동을 정리하기 위해서는 그와 관련하여 각종 신문에 보도된 기사나 조선총독부 경찰의 심문조서가 주요한 자료가 될 수밖에 없었다. 이러한 자료

87)『동아일보』1930년 11월 19일,「振安協組」.
88)『매일신보』1919년 3월 25일,「平澤」.
89)『동아일보』1930년 10월 30일,「振威靑年會定總」.
90)『조선일보』1930년 10월 21일(김해규, 앞의 논문, 237쪽에서 재인용).

들은 그의 활동에 대해 객관적으로 설명해주지 않는다. 당시 발행된 신문은 조선총독부의 언론통제하에 있었기 때문이다. 이와 같이 제한된 상황속에서 남상환의 활동에 대해 정리한 본고의 내용은 다음과 같이 정리할수 있다.

첫째, 남상환의 본적지는 양주이며, 그의 주된 활동지와 사망지는 평택이다. 따라서 그의 출생지에 대해서는 이론의 여지가 있으나 그의 주된 활동지는 평택이라는 것에는 이론의 여지가 없다. 그가 평택으로 이주한 것은대략 1920년대 중반 무렵으로 추정된다. 이후 그는 서정리를 중심으로 소년운동, 청년운동, 농민운동을 전개하며 지역사회의 지도급 인물로 성장하였다. 그리고 이를 바탕으로 조선농민총동맹의 중앙집행위원으로 선출되어중앙무대에서도 활동할 수 있었다. 이러한 그의 활동은 그의 사후 지역민들을 중심으로 장례식이 성대히 거행되고 묘표까지 건립된 것, 그리고 그의 영향을 받은 신진 사회주의자가 등장한 것 등으로 볼 때 평택지역에 대한 그의 영향력은 대단히 컸던 것으로 판단된다.

둘째, 일반적으로 사회운동이 방향전환을 이루는 것은 대략 1927년을 전후한 시기이다. 평택지역의 경우도 이와 크게 다르지 않다. 1926년 진위청년회가 회장제를 위원제로 변경하면서 방향전환을 한 것으로 판단되나 그활동은 여전히 부진하였다. 남상환이 1930년 조선일보 지상에 발표한 「振威靑年에게 一言을 訴하노라」는 3·1운동 이후 평택지역의 청년운동이 매우 부진하였을 뿐만 아니라 도덕적으로도 비판을 받았음을 지적하고 있다. 이러한 상황에서 남상환 등은 진위청년동맹을 조직하고 이를 통해 평택지역의 청년운동을 혁신하고자 하였던 것이다. 그러나 이후 진위청년동맹은수진농민조합이 결성되면서 평택지역의 사회운동 혹은 민족운동이 수진농조를 중심으로 전개되면서 그 역할이 축소되었을 것이라 생각된다. 진위청년동맹이 청년동맹의 해소를 주장하면서 노농청년은 자기 진영인 노농조의 청년부로 취입할 것을 주장한 것에서도 알 수 있다. 그러나 진위청년동맹이 이와 같은 주장에 의해 해소되었던 것은 아닌 것 같다. 이는 평택지역의 민족주의세력이 청년동맹의 해소를 막을 만큼 여전히 강력하였음을 보여주는 것으로도 이해된다.

셋째, 평택지역에는 안재홍, 원심창과 같은 걸출한 민족운동가들이 있었다. 그러함에도 불구하고 이들이 평택지역의 사회운동 혹은 민족운동과 연계를 갖았다는 증거를 찾기는 쉽지 않다. 다만 사회주의계에서는 제3차 조선공산당 관계자인 심인택이 수진농조가 혁명적으로 전환하는데 지도적 역할을 수행하였음은 확인된다. 이는 수진농조의 활동이 단순한 지역 차원의 활동이 아니라 조선공산당 재건이라는 큰 구도 속에서 이루어진 것으로도 이해할 수 있는 부분이다. 특히 그 지도자 중 한 사람이었던 박승극이 1934년 조선공산당재건운동에 관련되어 검거된 사실에서도 알 수 있다.

넷째, 기존의 연구에서 진안협동조합을 수진농조에서 조직한 것으로 파악한 것은 사실관계를 잘못 파악한 것이라 생각된다. 진안협동조합은 천도교에서 지도하였던 조선농민공생조합과 같은 소비조합과 같은 성격의 것이다. 뿐만 아니라 진안협동조합은 운동방향에서도 수진농조와 같은 혁명적 농민조합과는 거리가 먼 것이었고, 주도층도 전혀 다른 인물이었다는 점에서 별개의 조직이었음을 알 수 있다.

요컨대 남상환은 평택 출신이 아니었음에도 불구하고 평택지역 사회운동의 지도적인 역할을 수행하였으며, 그의 활동은 지역민의 광범위한 지지를 받았음을 그의 영결식과 묘표 건립, 그리고 그에게 영향을 받은 신진 사회주의자의 탄생 등에서 알 수 있다. 다만 그의 활동 가운데 주목되는 것은 수진농조의 조직이다. 보통 농민조합은 1군 1조합의 원칙하에 조직되었음에도 불구하고 수진농조는 수원과 평택을 하나의 조합으로 묶어 조직하였다. 이는 수원과 평택지역의 농조 지도자들이 원칙에 얽매이지 않고 유연하게 생활권 중심으로 운동을 조직하였다는 점을 나타내는 것이라 볼 수 있다.

日帝下 靑年訓練所의 設置와 運營

-水原地域의 事例를 中心으로-

1. 머리말

현재 한국사회에서는 '과거사문제'가 활발히 논의되고 있다. 이는 '과거사청산'이나 '친일 문제' 등이 사회적인 이슈로 제기되면서 충분히 예상된 것이었다. 그리고 이러한 사회적 의제에 한국근대사학계는 1차적으로 '대답'하지 않으면 안 되었다. 이러한 학문 외적인 요구와 함께 학문 내적으로도 '저항의 역사'만으로는 일제의 식민지 지배와 식민지 지배정책에 대한 이해가 부족하다는 반성이 제기되면서 최근 일제의 식민지 지배정책사에 대한 연구의 필요성이 점증하고 있다.

이와 같은 현실에서 최근 일제의 식민지 지배정책에 대한 연구가 활발히 전개되고 있다. 이러한 필요에 의해 최근 이루어지고 있는 연구는 대략 1910년대의 동화정책[1]에 대한 연구와 1930년대 말 이후의 지배정책에 대한

---

1) 대표적인 연구성과로는 수요역사연구회가 펴낸 2권의 연구성과를 들 수 있다. 수요역사연구회, 『식민지 조선과 매일신보 1910년대』, 신서원, 2004; 『일제의 식민지 지배정책과 매일신보 1910년대』, 두리미디어, 2005.

연구[2]가 중심이 되었다. 청년훈련소에 대한 연구는 1930년대 말의 지배정
책사 연구 과정에서 이루어졌다. 그리하여 일제의 식민지지배정책사에 대
한 연구의 폭과 깊이가 한층 성숙되고 있다.

그런데 본고에서 다루고자 하는 청년훈련소에 대한 연구는 그리 활발히
이루어지지 않은 형편이다.[3] 또한 기존의 연구 성과들은 靑年團과 農村振
興運動에 대한 연구 과정에서 청년훈련소를 간략히 소개하는 정도에 그쳤
다. 따라서 청년훈련소에 대한 본격적인 연구는 아직 없는 것으로 판단된
다. 그렇기 때문에 청년훈련소에 대해 알려진 것은 그리 많지 않다. 다만
기존의 연구 성과를 통해 볼 때 확인 가능한 것은 청년훈련소는 일제의 중
국 침략과 매우 밀접한 관계가 있다는 것이다. 따라서 청년훈련소는 일제
의 제국주의적 팽창정책이라는 시각에서 연구되어야 한다는 생각이다.

이러한 인식하에 필자는 수원지역에 설치되었던 청년훈련소를 살펴봄으
로써 청년훈련소가 식민지 조선의 지배에 어떤 의미가 있는가를 살피고자
한다. 이를 위해 필자는 우선 청년훈련소가 조선에 설치되는 배경을 살핀
후 수원공립청년훈련소, 송산공립청년훈련소, 봉담공립청년훈련소, 반월공
립청년훈련소 등 수원지역에 설치되었던 청년훈련소의 운영에 대해 살피
고자 한다. 이를 통해 필자는 일제의 식민지 지배정책이 수원지역에서 어
떻게 구현되었는가의 일단을 살필 수 있을 것이다. 더 나아가 수원지역의
사례연구를 통해 청년훈련소가 일제가 의도했던 바대로 운영되었는지의

---

2) 이 시기에 대한 연구는 김영희,『일제시대 농촌통제정책 연구』, 경인문화사, 2003
   을 들 수 있다.
3) 청년훈련소에 대한 대표적인 연구는 다음과 같다.
   松村順子,「朝鮮における'皇國臣民'化の展開-'皇國'靑年の養成を中心に-」,『史觀』
   86-87, 1973; 富田晶子,「農村振興運動下の中堅人物の養成-準戰時體制を中心に-」,
   『朝鮮史硏究會論文集』18, 1981(최원규편,『일제말기 파시즘과 한국사회』, 청아,
   1988.에 번역 수록되어 있음); 최원영,「일제말기(1937~45)의 靑年動員政策」,『한
   국민족운동사연구』21, 1999; 허수,「전시체제기 청년단의 조직과 활동」,『國史館
   論叢』88, 1999 등이 있다.

여부를 확인할 수 있으리라는 기대도 가져본다.

2. 청년훈련소의 설치

　일본은 제1차 세계대전 이후 서양세력에 대한 위기의식이 고조되었던 것으로 보인다. 그것은 워싱턴회의 결과 일본의 중국에 대해 영향력 행사가 위축되어 열강의 지위를 획득하고자 했던 일본의 노력에 일대 타격을 준 것에 기인한다. 이로써 일본은 국제적 지위에 타격을 받았으며 미·일 관계는 악화되었다.

　일본에서 청년훈련에 대한 논의가 시작된 것은 이와 같은 국제정세의 변동에 대응하고자 했던 위기의식의 표현이라 할 수 있다. '청년훈련'이란 "학교교련과 청년훈련을 함께 가리키는"[4] 용어로서 제1차 세계대전 이후 일본 내에서 사용되기 시작하였다. 그리고 이를 위해 1926년 청년훈련소가 최초로 설치되었다. 즉 일본이 청년훈련소를 설치하게 된 것은 제1차 세계대전을 겪은 후의 위기감에서 비롯되었다. 이로 인해 1922년 일본에서는 영국, 프랑스, 독일, 이태리, 미국 등 서구에서 실시되고 있는 청소년훈련을 모방하여 실시하자는 논의가 陸軍部 내에서 제기되었다. 이에 의하면 서양 각국의 청소년훈련은 국민일반의 훈련과 순수한 군사예비교육의 2가지로 구분된다고 하였다. 이 중 일본은 국민일반의 훈련을 채택하였다. 그리고 文部省과의 교섭을 통해 청년훈련소를 설치하고자 하였으나 東京大地震으로 인하여 설치가 1년 연기되었다가 1925년 육군의 軍事整理가 이루어짐과 동시에 청소년훈련의 일부분으로서 학교교련이 실시되기에 이르렀고, 이어

---

4) 森五六, 「我邦靑少年訓練の意義と實施上の注意」, 朝鮮總督府學務局編, 『靑年訓練所幹部講習會講演集』, 1930, 25~26쪽.

1926년 청년훈련소가 설치되었던 것이다.5) 이렇게 보면 청년훈련소는 결국
일본이 제국주의로 성장해가는 과정에서 서양 제국주의세력에 대항하기
위한 프로그램의 일환으로 설치되었음을 확인할 수 있다.

이처럼 청년훈련소는 일본에서는 1926년 칙령 제70호 청년훈련소령에 의
해 설치되었으며, 조선에서는 1927년 앞의 칙령 및 1926년의 문부성령 제16
호 청년훈련소규정에 기초해 일본인 퇴역군인단체인 재향군인회에 의해
설치되기 시작하였다.6) 그 후 조선총독부는 1929년 정식으로 청년훈련소규
정을 발포하여 재향군인회가 설립했던 청년훈련소를 공립으로 전환하기
시작하였다. 수원을 비롯하여 인천, 개성, 청주, 충주, 전주, 이리, 군산, 김
제, 김천청년훈련소7)와 서울의 경성, 용산청년훈련소가 여기에 해당한다.8)
그리고 1933년 7월 주식회사 미나카이(三中井) 吳服店 평양지점에서 설립
한 미나카이청년훈련소9)나 경성미츠코시(京城三越)靑年訓練所, 사립조지
야(私立丁子屋)靑年訓練所10) 등에서 볼 수 있듯이 대규모의 공장이나 상점
등에서는 사립으로 청년훈련소를 설치할 수 있도록 하였다.

이 시기 설치된 청년훈련소의 목적은 1929년 공포된 조선총독부령 제89
호에서 보이듯이 "청년의 심신을 단련하고 국민된 자질을 향상"11)시키는
것이었다. 이를 위해 청년훈련소는 군사훈련을 포함한 정신교육을 실시하
였다. 일본에서는 이미 1926년 이후 청년훈련소령과 관련 규정이 공포되면
서 청년훈련소가 청년들의 단체훈련을 담당하게 되었으며 청년훈련소 수

5) 森五六, 「我邦靑少年訓練の意義と實施上の注意」, 朝鮮總督府學務局編, 『靑年訓
練所幹部講習會講演集』, 1930, 36~36쪽.
6) 朝鮮總督府學務局社會敎育科, 『朝鮮社會敎育要覽』, 1941, 39쪽.
7) 朝鮮總督府學務局社會科, 『朝鮮社會事業要覽』, 1933, 26~49쪽.
8) 朝鮮總督府學務局, 『靑年訓練所認可書類』, 1930, 정부기록보존소 88-57, 810~816쪽
(최원영, 앞의 논문, 주)38에서 재인용).
9) 朝鮮總督府學務局, 『靑年訓練所設立認可書類』, 1932·3, 정부기록보존소 88-73,
1126~1128쪽(최원영, 앞의 논문, 주)39에서 재인용).
10) 朝鮮總督府學務局社會科, 『朝鮮社會事業要覽』, 1933, 27쪽.
11) 「靑年訓練所規程」, 『朝鮮總督府官報』, 1929년 10월 1일.

료자들에게는 병역을 40일간 단축하는 특혜가 부여되었다.[12] 또 청년훈련
소 과정을 수료한 자에 대해서는 '보충병교육소집'도 하지 않도록 하였
다.[13] 그리고 앞에서 보았듯이 조선에서도 이러한 일본내의 움직임이 반영
되어 재조선 일본군 재향군인회에서 청년훈련소를 설치하여 재조일본인청
년들에게 청년교련(군사훈련)을 시킬 목적으로 청년훈련소를 설치하게 되
었다. 그 결과 청년훈련소규정에도 各個敎鍊, 部隊敎鍊, 陣中勤務, 旗信號,
距離測量, 軍事講話 등 군사훈련이 규정되었던 것이다.[14] 그리하여 "군대는
청년훈련과 밀접한 관계"[15]를 가질 수밖에 없었다. 따라서 1930년 8월 10일
부터 7일간 보병 제79연대에서 수원청년훈련소의 주사인 橘田實平을 비롯
한 전국의 청년훈련소의 주사, 지도원, 各道의 視學 등의 간부 130여 명을
군부대에 합숙시키면서 강습회를 개최하기도 하였다.[16] 그러나 실제 청년
훈련은 다음에서 볼 수 있듯이 전쟁에서 활용할 군인을 양성하고자 한 것
은 아니었다.

> 청년훈련소는 현 시국에서 청년층에 대한 규율, 통제 있는 훈련기관으로
> 가장 이상적인 것이다. (중략) 소학교 졸업 후 상급학교로 진학하려고 해도
> 그 길이 없는 조선에서는 그 결함을 匡救하는데도 중요한 의의를 가진다.
> 특히 兵役義務가 없는 조선인 청년에 대해 유사시의 準備訓練을 시행하는
> 것으로 유일한 기관이므로 그 보급 증설은 급무임을 잊어서는 안 된다.[17]

---

12) 熊谷辰治郎, 『大日本靑年團史』, 細川活版所, 1942, 208쪽; 朝鮮總督府學務局社會
科, 『靑年訓練所槪要』, 1940, 10쪽.
13) 朝鮮總督府學務局社會科, 『靑年訓練所槪要』, 1940, 10쪽.
14) 「靑年訓練所規程」, 『朝鮮總督府官報』, 1929년 10월 1일.
15) 朝鮮總督府學務局編, 『靑年訓練所幹部講習會講演集』, 1930, 1쪽.
16) 朝鮮總督府學務局編, 『靑年訓練所幹部講習會講演集』, 1930, 132~134쪽. 이 강습
회는 조선총독부와 조선교육연합회에서 주최하였으며 강연 이외에도 체조, 경
기, 교련 등의 實習과 實演이 행하여졌다.
17) 「朝鮮總督府時局對策調査會諮問案參考書」, 1938.9, 『日帝下支配政策資料集』 15,
362쪽.

이는 곧 청년훈련소는 조선의 청년층을 침략전쟁에 즉시 동원하기 위해
설치된 것이 아니라 유사시의 준비훈련을 시행하는 것이었으며, 1938년 2
월 공포된 지원병제도의 실시를 대비하기 위한 방편이었다고 볼 수 있을
것이다.[18)

한편 1930년대 초반 청년훈련소에는 일본인 외에도 조선인이 입소하고
있는 것에서 알 수 있듯이 청년훈련소는 중견청년의 양성이라는 성격을 일
부 띠게 되었다.[19) 그리고 1938년 개정된 청년훈련소규정에는 청년훈련소
의 설치 목적을 "청년에 대해 國體觀念을 明徵하게 하고 皇國臣民의 자질
을 향상시켜 상호 信愛協力으로써 단결을 공고히 함과 동시에 그 心身을
鍛鍊하고 직업 및 실업생활에 필요한 지식, 기능을 보급"[20)하는 것으로 규
정하여 보다 군국주의적 색채를 강화하였다. 이는 1935년 일본에서 기존의
청년훈련소와 실업보습학교를 통합하여 새로이 靑年學校를 창설한 것과
직접적인 관련이 있었다. 그리하여 이러한 일본 내의 변화를 수용하는 한
편 조선의 특수한 사정을 반영하여 일본의 청년학교와 동일한 내용으로
청년훈련소를 개편하였던 것이다.[21) 이를 위해 조선총독부는 청년훈련소
에 대해 국고보조금 증액, 훈련소의 증설, 수용 생도수를 증가시키는 조치
를 취하였다. 1929년 청년훈련소규정과 1938년 개정청년훈련소규정의 차이
점을 보면 〈표 1〉과 같다.

18) 청년훈련소와 지원병제의 관련성에 대해서는 최원영, 앞의 논문을 참조 바람.
19) 최원영, 앞의 논문, 266쪽.
20) 「靑年訓練所規程」, 『朝鮮總督府官報』, 1938년 3월 31일.
21) 朝鮮總督府學務局社會科, 『靑年訓練所槪要』, 1940, 1쪽.

〈표 1〉 청년훈련소규정 개정 전후의 차이점

	1929	1938
목적	청년의 심신단련, 국민된 자질 향상	국체명징, 황국신민의 자질 향상, 신애협력, 심신단련, 직업 및 실업 교육
설치과 및 연한	4년	보통과(2년), 본과(4년), 연구과(1년),
입소 자격	16세 이상 17세 미만의 남자, 기타 자격이 인정되는 자	본과(보통과 수료자, 고등소학교 졸업자) 보통과(심상소학교 졸업자), 기타 자격이 인정되는 자
교수 및 훈련 과목	수신 및 공민, 교련, 보통학과 (국어, 수학, 역사, 지리, 이과), 직업(상업, 농업)	본과(수신 및 공민, 교련, 보통학과), 보통과 (수신 및 공민, 체조, 보통학과) (보통학과는 국어, 국사(일본사), 지리, 수학, 이과, 음악)

〈표 1〉을 통해 볼 때 1929년 청년훈령소령을 제정할 당시 입소규정은 명확히 규정되어 있었으나 실제로는 청년훈련소의 입소자격은 훈련소에 따라 달랐다. 충주공립청년훈련소는 16세 이상 20세 미만의 남자로 규정하였으며[22] 이리공립청년훈련소는 초등교육졸업정도[23]라 규정하여 나이 제한을 두지 않았다. 이는 청년훈련소규정에서 16세 이상 17세 미만이라 한 원칙에서 위배되는 것이었다. 하지만 이는 지역의 사정을 반영한 것으로 보아야 할 것이다. 그리하여 수원공립청년훈련소도 16세부터 21세까지의 생도를 수용한 것으로 보인다. 그 후 1938년 개정된 청년훈련소규정은 국체명징과 황국신민의 자질을 향상시키는 등의 목적을 가진 것으로 보아 1929년의 규정보다 군국주의적인 색채가 더욱 강해졌음을 알 수 있다. 특히 입소자격을 규정하고도 '기타 자격이 인정되는 자'를 입소시킬 수 있도록 함으로써 실질적으로는 원하는 자는 누구나 입소할 수 있도록 하였다. 이는 학력 외에 평소 수양의 효과, 사회생활의 체험 등을 포함하는 소질을 표준으로 하여 일반 청년의 입소를 용이하게 하려는 것이었다.[24] 다시 말하면 식

---

22) 朝鮮總督府學務局社會課,『朝鮮社會事業要覽』, 1933, 29쪽.
23) 朝鮮總督府學務局社會課,『朝鮮社會事業要覽』, 1933, 32쪽.
24) 朝鮮總督府學務局社會科,『靑年訓練所槪要』, 1940, 4쪽.

민지 지배체제에 순응하거나 순응할 수 있는 인물이면 누구나 입소할 수 있도록 한 것이었다.

이와 함께 "교육에 관한 칙어를 奉體해서 국체의 본의를 명징하게 하고 국민도덕을 會得하여 견고한 의지를 단련"[25]할 것을 목적으로 한 수신 및 공민과는 필요한 과목을 선택하여 교수할 수 있도록 하였던 연구과에서도 필수로 이수하도록 하였다.[26] 이는 청년훈련의 과정에서 군국주의적 정신 교육에 큰 비중을 두고 있었음을 의미하는 것이다. 또한 보통과에 설치되어 있는 체조과의 경우도 그 목적이 이와 크게 다르지 않다. 서양 각국과 비교하여 군인들의 체격이 열세에 있으므로 이를 만회하기 위해 체력을 향상시키는 일은 매우 중요한 일이었기 때문에 교련을 실시하기 전, 혹은 중간이나 후에 체조를 통해 훈련효과를 극대화하고자 하였던 것이었다.[27]

이는 일제가 1937년 중국에 대한 본격적인 침략을 시작한 이래 사회주의에 경도된 청년층의 사상을 통제하고 '순화'시켜 일제의 식민지 지배 및 침략전쟁에 식민지 조선의 청년층을 동원하기 위한 것으로 이해된다. 실제로 일제는 1938년 청년훈련소규정을 개정하기 이전인 1937년 청년층에 대해 파시즘적인 세계관을 주입하고 조직하기 위하여 15세부터 25세까지의 보통학교 졸업생을 중심으로 청년단을 조직하기로 하였다.[28] 청년단의 설치 목적은 1932년 9월 9일 조선총독부에서 공포한 官通牒 第34號 '靑年의 敎化指導에 關한 件'에 나타나 있다. 이에 따르면 조선의 청년단체는 본래의 목적에 맞게 건전하게 발달하지 않고 궤도를 일탈하여 사회 안녕과 민중 복지를 해칠 우려가 있으므로 이를 지도, 교화하기 위하여 '건전'한 청년단체를

25)「靑年訓練所規程」,『朝鮮總督府官報』1938년 3월 31일.
26)「靑年訓練所規程」,『朝鮮總督府官報』1938년 3월 31일; 朝鮮總督府學務局社會科, 『靑年訓練所槪要』, 1940, 5쪽.
27) 小野原誠一,「體操競技とその效果」, 朝鮮總督府學務局編,『靑年訓練所幹部講習會講演集』, 1930, 55쪽.
28) 朝鮮總督府學務局社會敎育科,『朝鮮社會敎化要覽』, 1937, 151~156쪽.

조직, 육성할 필요가 있다는 것이다. 그리고 '건전'한 청년단체는 청년 상호
의 修養力으로 품성을 향상하고 체력을 증진하여 건전한 국민, 선량한 公
民으로서의 소양을 함양하며 나아가 지방 公共에 봉사하고 鄕黨의 문화,
경제 발달에 공헌하며 國運隆昌에 기여하는 단체라 하였다.[29]

　그러나 지원병제의 실시를 준비하였던 일제는 조선 청년의 皇民化 정도
에 의문을 표시하면서 이들에 대한 예비교육기관이라 할 수 있는 청년훈련
소에 대해 큰 관심을 가질 수밖에 없었다. 더 나아가 일제는 지방사회에서
청년층을 지도할 이른바 중견청년을 대상으로 중견청년수련소를 1940년
8월 1일 夫餘에 설치하였다.[30] 또한 일제는 수업연한 6년의 보통학교 소재
지에 1개소씩 청년훈련소를 설치하겠다는 계획을 추진하였다. 그리하여
1940년에는 785개소, 1941년에는 837개소의 청년훈련소를 신설할 계획이었
다.[31] 이러한 사정을 배경으로 전국적으로 1940년에 786개, 1941년에 836개
소의 공립청년훈련소가 신설되어 그 수가 1,743개가 되었으며 경기도만을
보면 1940년 61개, 1941년 66개가 신설되었다.[32] 이외에도 1940년과 1941년
에 신설된 사립청년훈련소가 각각 50개소와 14개소였는데 경기도에는 각각
5개소와 7개소가 설치되었다.[33] 그리고 이 과정에서 1941년 수원지역에서
도 봉담, 송산, 반월공립청년훈련소가 설치되었던 것이다.

---

29) 『朝鮮總督府官報』1932년 9월 9일, 「官通牒 第34號 靑年의 敎化指導에 關한 件」.
30) 朝鮮總督府學務局社會敎育科, 『朝鮮社會敎育要覽』, 1941, 42쪽. 이것을 부여에
　　설치한 이유는 부여가 內鮮一體의 史實로 유래가 깊었기 때문이었다. 그리고 중
　　견청년수련소의 목적은 사회의 지도적 지위에 서있는 청년 남녀에 대해 견실한
　　국가 관념과 견고한 국민적 신념을 함양하고 황국신민의 긍지를 확보하게 하여
　　사회지도의 중견인물로서 활동할 자질을 연성한다는 데 있었다. 중견청년수련소
　　는 1939년과 1940년에는 50여명 내외를 한 기수로 하여 12기 587명이 수료하였으
　　며 1941년에는 100명 내외를 한 기수로 3기의 296명이 수료하여 3년간 883명이
　　수료하였다(앞의 자료, 42~45쪽).
31) 朝鮮總督府學務局社會科, 『靑年訓練所槪要』, 1940, 14쪽.
32) 朝鮮總督府學務局社會敎育科, 『朝鮮社會敎育要覽』, 1941, 40~41쪽.
33) 朝鮮總督府學務局社會敎育科, 『朝鮮社會敎育要覽』, 1941, 40~41쪽.

다른 한편 청년훈련소에서 실시한 청년교련과 군대교련의 차이점은 〈표
2〉와 같다.

〈표 2〉 군대교련과 청년교련의 차이점

	군대교련	청년교련
목적	1. 전쟁을 목표로 전쟁 백반의 요구에 적응 2. 군인 및 군대의 연성 목적(충용한 군인은 곧 충량한 신민과 일치)	교련제식을 채용한 것도 진의는 그것을 실생활에 적용하여 국민도야에 이바지함(국민, 시민, 우량 점원의 양성)을 직접 목적으로 함. 그러므로 청년 훈련의 지도에 임하는 것은 군인의 입장을 넘어 소위 국민지도자라는 포부로써 이들 制式을 적용 해서 일상생활상에 귀납함과 같이 지도하는 것이 있다면 청년훈련은 군대교련을 실시함과 하등 차 이가 없어야 함
달성해야 할 정신상 의 요구	군기를 엄정하게 하여 정 신 견고한 군인 및 군대 연성	국가 사회의 단체생활을 영위함에 긴요한 사회적 도덕(규율, 절제, 협동, 단결, 복종 등의 제덕)과 개인적 도덕(소질강건, 敢爲, 인내, 견고한 의지 등의 제덕)을 함양
달성해야 할 형이하 의 요구	諸制式 및 諸法則을 익 혀 동작을 숙달하고 무 기를 숙련하여 전쟁적 요구를 충족함	반드시 유형적인 전쟁기술의 습득을 요구하지는 않는다. 요는 청년기의 4년간 諸德의 습성을 키 워 외형에서 하는 내면도야를 이루는 것으로서 소위 군사예비교육의 실시에 지나지 않는다.

(자료) 市川洋造, 「軍隊敎鍊と靑年敎鍊の實施上の差異」, 朝鮮總督府學務局編, 『靑年訓
練所幹部講習會講演集』, 1930, 86쪽.

〈표 2〉에서 볼 수 있듯이 군대교련과 청년교련은 분명히 차이가 있었다.
우선 군대교련이 실제 전쟁에 이용될 수 있는 군대를 양성하기 위한 것이
었다면 청년교련은 '실생활에 적용하여 국민도야에 이바지'할 국민, 시민,
우량점원을 양성하기 위한 것이었다. 그리고 이를 위한 방법이 군대식 훈
련이었다. 이것은 곧 청년훈련을 통해 실제 전쟁에 활용할 군인을 양성할
목적은 아니었다는 것을 의미한다. 다시 말하면 앞에서 언급했듯이 군사훈
련을 통해 청년들에게 일제의 군국주의적 지배이념을 전파하고 이들을 식
민지 지배 및 침략전쟁에 동원할 수 있도록 하고자 하였던 것이다.

이처럼 조선총독부가 청년훈련소를 설치하고자 하였던 것은 1919년 3·1
운동 이후 '악화'된 청년층의 사상과 동향을 체제에 순응시키고 침략전쟁에
동원하기 위한 것이었다. 사회주의가 조선의 민족운동에 강력한 영향력을
행사하기 시작하던 1920년대 중반 이후 청년운동은 이러한 움직임의 선두
에 있었다. 그리하여 일제는 청년운동을 통제하고 '순화'시킬 필요가 있었
다. 이러한 필요에 따라 1930년대 초반부터 조선총독부가 실시한 제도가
'졸업생지도'와 농촌청년훈련소, 청년단, 청년훈련소 등 청년층에 대한 청년
교화시책이었다. 여기에서 주의할 것은 농촌청년훈련소는 1930년대 전반
가정에서 개인지도하던 형태의 '졸업생지도'를 보다 강화하여 기숙사방식
으로 변경하였던 것이므로 본고에서 다루는 청년훈련소와는 다른 성격의
조직이라는 점이다.

그런데 각 지방에 설치된 청년훈련소는 조선총독부 학무국 사회교육과
에서 청소년단체 사무와 함께 관장하였다. 이는 청년훈련소가 일반청년을
대상으로 하며 학교에 비해 극히 간이하고 자유로운 조직이며 실질적으로
사회교육적인 기관으로 인식되었기 때문이었다. 그리하여 조선총독부가 청
년훈련소를 통할하였으며 지방행정에서는 도지사가 조선총독의 지휘, 감독
을 받아 관리하였다.[34] 위에서 본 바와 같이 청년훈련소가 청년층의 사상
이 '악화'되는 현실을 타파하고 청년층을 식민지 지배에 순응시키고 침략전
쟁에 동원하기 위해 설치한 것이라면 수원지역의 청년훈련소 역시 수원지
역의 청년층을 식민지 지배에 순응시키고 침략전쟁에 동원하기 위해 설치
된 것이었다. 1930년 설치된 수원청년훈련소는 이러한 사정을 반영한 것으
로 보인다.

수원지역의 청년운동은 1920년대 말 이래 수원지역의 민족운동을 지도하
는 수준으로까지 발전하였음은 기존의 연구에서 이미 밝혀졌다.[35] 따라서

---

34) 朝鮮總督府學務局社會科, 『靑年訓練所槪要』, 1940, 8쪽.
35) 수원지역의 민족운동에 대해서는 조성운, 『일제하 수원지역의 민족운동』, 국학자

수원지역의 청년운동은 민족운동 혹은 사회주운동의 전위로서의 역할을 수행했다고 할 수 있다. 특히 朴勝極, 孔錫政, 邊基載 등 수원지역 청년층의 활동은 수원지역에 거주하는 일본인의 입장에서는 대단히 위협적으로 느껴질 수 있었다.36) 이에 따라 수원지역에 거주하는 일본인들은 자신들만의 단체가 필요하였을 것이다. 특히 조선의 각 지방에 대한 조선총독부의 통제가 아직 미약했을 것으로 보이는 1910~20년대 초반의 경우는 각 지역에 거주하는 일본인들의 자발적인 단체가 있었을 것으로 생각된다. 수원지역에서도 1921년에 이미 안룡면에 '臺安靑年團'이라는 일본인 청년단이 조직되어 있었다. '臺安靑年團'은 수원군 안룡면과 태안면에 거주하던 일본인들로만 구성된 단체였다. 이 청년단은 동양척식주식회사의 농업이민에 의해 조선에 이민 온 순농촌의 壯年團에 병점역 부근의 상가 및 기타를 포함하는 소수의 상인 등 약 90여 호의 일본인으로 구성되었다.37)

이처럼 청년운동을 비롯한 수원지역의 민족운동이 발전하자 일제는 그 전위에 선 청년운동을 말살하고 이를 '건전하게 선도'할 필요가 있었다. 이러한 필요에 의해 재향군인회 수원분회에서는 1930년 8월 수원청년훈련소를 설립하였던 것이다. 그리고 일제가 중국에 대한 침략을 본격화하면서 지방사회에 대한 통제와 청년층 동원의 중요성은 더욱 커졌다. 이에 일제는 1938년 청년훈련소령을 개정하였으며 수원지역에서는 앞에서 보았듯이 1941년 발안공립청년훈련소, 봉담공립청년훈련소, 반월공립청년훈련소가 설치되었다.

료원, 2002를 참조 바람.
36) 박승극은 공석정과 함께 수원지역 사회주의운동의 핵심적인 인물로서 수원청년동맹, 수진농민조합, 조선프롤레타리아예술동맹 수원지부 등의 위원장, 집행위원 등으로 활동했으며 신간회 수원지회에도 관여하였다. 특히 신간회 및 청년동맹의 해소에 관해 자신의 주장을 글로써 강하게 표명하였다. 해방 이후에는 월북하였으며 한국전쟁 당시 수원군 인민위원장이 되었다(조성운, 위의 책, 참조 바람).
37) 『朝鮮敎育大觀』, 18~25쪽(허수, 앞의 논문, 166쪽, 주)7에서 재인용).

3. 수원지역 청년훈련소의 설치 및 운영

1933년 현재 전국의 청년훈련소는 모두 54개로서 1,757명의 생도가 있었
다.[38] 경기도에 설치된 청년훈련소는 〈표 3〉과 같이 공립 5개, 사립 2개로
모두 7개소였다.

〈표 3〉 경기도 내의 청년훈련소(1932)

이름	예산(엔)	생도수			설립일	공립이관일	지도원수	주사
		일본인	조선인	합계				
경성	2,695	68	4	72	1928.11.30	1930.9.11	11	日出소학교장
용산	2,695	39	3	42	1928.11.30	1930.9.11	10	龍山고소교장
인천	2,000	43		43	1928.11.30	1930.7.7	12	仁川고소교장
개성	650	10	21	31	1928.8.19	1932.2.8	7	開城고소교장
수원	450	15		15	1930.11.15	1931.10.24	8	水原고소교장
三越	2,500	80		80	1930.6.24		11	三越지점장
丁子屋	1,200	81		81	1930.8.27		12	丁字屋지배인
합계	12,190	336	28	364			71	

(자료) 朝鮮總督府學務局社會課, 『朝鮮の社會事業』, 110쪽.

〈표 3〉을 보면 경기도내의 청년훈련소는 1928년 이후에 설립되기 시작하
였으며 수원공립청년훈련소는 생도 수나 예산 등 훈련소의 규모가 경기도
내의 다른 훈련소보다 작았다는 것을 알 수 있다. 수원지역에 설치된 청년
훈련소는 1930년에 재향군인회 수원분회에서 설치하고 1931년에 공립으로
전환된 수원공립청년훈련소와 1941년 설치된 松山公立靑年訓練所, 峰潭公
立靑年訓練所, 半月公立靑年訓練所 등 4개소이다.

이처럼 수원지역 청년훈련소의 설치가 시기적으로 구분되는 것은 수원
지역에 일본인 사회의 형성 및 청년훈련소의 성격 변화와 관련이 깊다고
볼 수 있다. 일본인 사회가 수원에 형성된 것은 1901년의 乘松雅休가 수원
에 이주한 이후의 일이었다.[39] 乘松은 최초의 일본인 해외 기독교 선교사

---

38) 朝鮮總督府學務局社會課, 『朝鮮の社會事業』, 109쪽.

로서 마쓰야마(松山)에서 출생하였으며, 1887년 일본 明治學院大學 신학부에 재학 중 영국의 프리머스에서 파송한 브렌드(H. G. Briend) 선교사의 영향을 받아 프리머스 형제교회로 이적하면서 신학부를 중퇴하고 조선 선교를 준비하였다. 그는 1896년 12월 인천에 입항, 서울에서 선교 활동을 하다가 1901년 수원군 장안동에 정착하여 선교하였다.[40] 이어 1902년 1월 野中末吉이 이주하여 과자점을 경영하였다.[41] 또 이해 6월 三輪政一이 수원에 정착하여 화성학교[42]를 설립하여 조선인을 교육하였다. 그러나 이처럼 일본인 사회가 형성되기 시작한 초기의 수원에서 일본인들은 안정된 생활을 영위하지 못하였던 것 같다. 이러한 상황에서 1903년과 1904년 무렵 수원지역에는 일본인의 이민이 증가하기 시작해서 1905년 러일전쟁 직후 급격히 증가하였다. 이는 수원권업모범장의 설치와 관련이 있는 것으로 보인다. 당시 일제는 猪原, 小野, 近藤, 細川, 山崎, 今村, 北澤 등의 농학자를 조선에 파견하였는데, 이는 수원지역의 잘 정비되어 있는 수리관계시설 등 농업기반을 이용하여 식민농정을 구축하는데 필요하였기 때문이었다. 이에 따라 이들 농학자들이 수원에 정착하면서 일본인촌이 형성되었고 이들은 '日本人會'를 조직하였다. 그리고 이 일본인회는 수원지역 학교조합으로 발전하였다.[43] 이들이 수원에 정착한 지 3년 후인 1906년 6월 식민농정의 정책기구인 勸業模範場, 수원농림학교를 설치하였다. 이로써 러일전쟁 후 수원에 이주한 일본인은 1백여 명에 달하였으며, 居留民役場과 小學校 등을 발기하였다.[44] 1910년 말에는 수원군의 일본인은 1,237명으로 수원군 전체

39) 酒井政之助,『發展せる水原』, 日韓印刷株式會社, 1914, 12쪽.
40) 도히 아키오(김수진 역),『일본기독교사』, 기독교문사, 1991, 292~293쪽.
41) 酒井政之助, 앞의 책, 12쪽.
42) 이 화성학원은 1909년 수원상업회의소가 설립한 수원상업강습소와 다른 것이다. 수원상업강습소는 1916년 홍사훈이 인수하여 화성학원으로 교명을 바꾸었고 현재 수원중·고등학교이다.
43) 酒井政之助, 앞의 책, 12쪽.
44) 酒井政之助,『水原』, 酒井出版部, 1923, 11쪽.

인구 76,274명에 대해 1.6%의 비율을 보였다.[45] 1911년에는 667戶, 2,408명에 이르렀으며, 수원군 인구 전체의 2.7%를 차지하였다.[46] 수원군의 일본인은 특히 수원면에 많이 거주했다. 1912년 12월말 통계에 의하면, 수원군 거주 일본인은 1,866명이고, 그 중 수원면 거주 일본인은 791명이었다. 수원면의 일본인 인구는 수원면 전체 인구 가운데 7.4%였다.[47] 그리고 1924년 남자 1,645명, 여자 1,428명으로 3,073명이었으며 1925년에는 남자 1,600명, 여자 1,441명으로 3,041명이었다. 반면에 일본인 호수는 1924년 822호, 1925년 792호, 1926년 787호였다.[48] 이로 보아 1920년대 중반 수원지역의 일본인수는 대략 3,000명 선을 유지하였던 것으로 보인다. 이후 1936년 말이 되면, 수원읍의 인구는 24,153명이고, 그 중 일본인은 2,406명으로 약 10%였다.[49]

이상에서 보았듯이 수원지역의 일본인 사회는 꾸준히 성장, 발전하였음을 알 수 있다. 바로 이렇게 성장한 일본인 사회는 수원청년훈련소가 설치될 수 있는 인적·물적 기반이 되었다고 볼 수 있다. 또 다른 한편으로는 1930년 수원청년훈련소는 앞 절에서 본 바와 같이 서구의 청소년훈련을 모방한 일본 군부의 의도에 따라 징병제하에 있던 재조 일본인 청년을 대상으로 설치되었지만 1941년의 송산, 봉담, 반월청년훈련소는 1938년 지원병제의 실시에 맞추어 조선의 청년들에게 군사예비교육을 실시하고자 한 목적에 의해 설치되었다고 할 수 있다. 따라서 수원청년훈련소와 송산, 봉담, 반월공립청년훈련소는 그 설치 배경과 목적에 차이가 있다.

수원공립청년훈련소는 앞에서 보았듯이 수원지역의 일본인 사회의 성장을 배경으로 일본의 재향군인회 수원분회가 1930년 8월 24일 신청하여 11

---

45) 『조선총독부통계연보』(명치43년), 1910, 60쪽. 아울러 같은 시기 조선 내 거주 일본인 171,543명에 대해 0.7%로 상당히 미미한 수치이다.
46) 酒井政之助, 『發展せる水原』, 5~7쪽.
47) 경기도, 『대정원년조선총독부경기도통계연보』, 1914, 24~26쪽.
48) 朝鮮總督府, 『生活實態調査』(其一), 42쪽.
49) 조선총독부, 『昭和11년조선총독부통계연보』, 1938, 10~11쪽.

월 15일 인가를 받아 수원공립심상고등소학교에 설치하였다.[50] 개소 당시
의 생도 수는 〈표 4〉와 같다.

〈표 4〉 수원청년훈련소 생도 개요

구분	나이	21	20	19	18	17	16	계
인원	일본인	1	5	7	3	2	3	21
	조선인							
학력	中修		1	2				3
	高卒	1	4	4	3	1	3	16
	尋卒			1		1		2
	계	1	5	7	3	2	3	21

(자료) 檀紀 4263年 社會敎育種 記錄 第54號, 「昭和5年 靑年訓練所認可書類」, 1267쪽.

　청년훈련소의 입소자격은 16세부터 17세 미만의 남자로 하였는데[51] 수
원공립청년훈련소는 공립심상소학교 졸업자 혹은 보통학교 6학년 졸업자
로서 매년 3월 31일에 16세 이상 17세 미만의 자라 규정하였다.[52] 그러나
수원공립청년훈련소는 〈표 4〉에서 보이듯이 16세부터 21세까지의 청년들
이 생도로 분포하고 있다. 이는 곧 이 원칙이 지켜졌다기보다는 사정이 있
을 경우 17세 이상의 자도 입소할 수 있다는 예외조항을 폭넓게 적용하였
던 것으로 보인다. 그리고 21명의 생도 중 조선인은 1명도 없는 것으로 보
아 이 시기 수원청년훈련소는 수원에 거주하는 일본인을 우선적인 대상으
로 한 것이라 볼 수 있다. 이는 당시 징병제하에 있던 재조일본인을 교육대
상으로 했기 때문이다. 이 당시 생도들의 직업은 상업 5명, 회사원 3명, 대
용교원 1명, 대공 5명, 농업 3명, 급사 2명, 양복직공 2명 등으로서 농업보다
는 주로 상공업에 종사하였다.[53] 그리고 1931년 공립으로 전환할 때에는
생도수가 일본인 15명, 조선인 4명의 19명으로 감소하였다.[54]

50) 檀紀 4263年 社會敎育種 記錄 第54號, 「昭和5年 靑年訓練所認可書類」, 1267쪽.
51) 「靑年訓練所規程」, 『朝鮮總督府官報』, 1929.10.1.
52) 朝鮮總督府學務局社會課, 『朝鮮社會事業要覽』, 1933, 29쪽.
53) 檀紀 4263年 社會敎育種 記錄 第54號, 「昭和5年 靑年訓練所認可書類」, 1266쪽.

그런데 1926년 일본인의 수는 남자 1,634명, 여자 1,447명으로서 모두 3,081명이었다는 점을 감안할 때 입소 생도의 수는 그리 많은 것은 아니었다고 할 수 있다.[55] 그리고 이들 일본인의 직업구성은 농업과 목축업 및 임업에 222호, 공업에 48호, 상업 및 교통업에 217호, 공무 및 자유업에 246호 기타가 54호등 787호였다.[56] 여기에서 수원공립청년훈련소에 입소한 생도들의 직업구성은 수원지역에 거주하는 일본인 호수의 구성비와 비교해 농업종사자의 비율이 낮은 것을 확인할 수 있다. 이것은 동양척식회사가 실시했던 농업이민호수가 수원지역에 202호[57]였다는 점을 감안할 때 이들의 청년훈련소 입소 비율이 대단히 낮은 수준이었음을 의미한다. 이는 곧 동척의 농업이민이 식민지 지배정책으로서의 청년정책에 긍정적인 영향을 끼치지 못했다는 의미로도 해석할 수 있을 것이다. 그리고 1930년 설립 당시에는 1명도 없던 조선인 생도가 4명이 생겼다는 것은 1931년 수원청년훈련소가 공립으로 전환하는 과정에서 수원읍장이 水原邑會에서 "內鮮人의 구별 없이 청년의 심신을 단련하여 국민된 자질을 향상"[58]시킨다는 목적이 있다고 발언한 것에서도 알 수 있듯이 조선인도 생도로 수용하는 방향으로 청년훈련소의 방향이 변경되었음을 의미한다고 할 수 있다. 이처럼 청년훈련소는 중견청년양성이라는 성격을 일부 띠게 되었다. 하지만 이 시기부터 조선인을 적극적으로 수용하였는지에 대해서는 의문의 여지가 있다. 1934년 전국의 청년훈련소의 생도 2,572명 중 조선인 생도는 849명[59]으로 33%에 불과하기 때문이다. 확인 가능한 범위 내에서 수원공립청년훈련소의 생

54) 檀紀 4264年 社會敎育種 記錄 第57號, 「昭和6年 靑年訓練所認可書類」, 92~93쪽.
55) 朝鮮總督府, 『生活實態調査』(其一), 42쪽.
56) 朝鮮總督府, 『生活實態調査』(其一), 42쪽.
57) 朝鮮總督府, 『生活實態調査』(其一), 53~54쪽.
58) 第2910號 昭和6年 9月 10日 「靑年訓練所認可申請」, 92쪽. 수원읍회에 출석한 의원은 芋田甫, 李完善, 近藤泰吉, 李吉泰, 尾崎秀八, 車載潤, 森元俊之助, 忽那×千代, 香山弘, 金炳浩이며 洪思先과 林慶根은 출석하지 않았다.(앞의 자료, 91쪽).
59) 『施政年報』1934, 203쪽.

도수를 살피면 〈표 5〉과 같다.

〈표 5〉 수원공립청년훈련소의 생도 수

	1930	1931	1932	1937
조선인		4		4
일본인	21	15		6
합계	21	19	17	10

〈표 5〉에서 볼 수 있듯이 수원공립청년훈련소에 입소하는 생도의 수는 감소하는 추세에 있었다. 특히 조선인의 입소는 정체 상태에 있었던 것으로 보인다. 그리고 1936년 수원공립청년훈련소의 출석률은 74%로서 경기도 내의 공립청년훈련소 중 인천공립청년훈련소 54%, 개성공립청년훈련소 45%, 경성공립청년훈련소 45%, 용산공립청년훈련소 50% 등보다는 높으며 광화문 공립청년훈련소의 75%와 함께 가장 높은 출석률을 보이고 있지만 경기도 평균 출석률은 52%[60]에 지나지 않았다. 이는 공립청년훈련소의 운영이 생도 모집이나 출석률 등에서 원활하지 않았다는 것을 의미한다. 즉 일제가 청년훈련소를 통해 조선의 청년층을 일본의 식민지 지배 및 침략전쟁에 동원하고자 했던 의도와는 배치되는 것이었다. 이러한 현상을 타파하기 위해 조선총독부는 청년훈련에 청년층의 심리를 고려해야 한다는 것을 강조하였다.[61] 그리고 1941년 설치되는 송산, 봉담, 반월공립청년훈련소는 정원 35명 모두를 조선인으로 충원하고자 하였다.[62] 이는 청년훈련소의 입소 대

---

60) 朝鮮總督府學務局社會教育科, 『朝鮮社會教化要覽』, 1937, 58~59쪽. 하지만 사립 청년훈련소의 출석률은 90%에 이르러 공립청년훈련소와는 많은 차이를 보이고 있다. 이는 직장을 중심으로 운영되었던 사립청년훈련소와 지역을 단위로 운영된 공립청년훈련소의 생도 구성의 차이에서 나타나는 것이라 생각된다.
61) 市川洋造, 「軍隊教鍊と靑年教鍊の實施上の差異」, 朝鮮總督府學務局編, 『靑年訓鍊所幹部講習會講演集』, 1930, 104~108쪽. 이에 따르면 청년훈련 시 고려해야 할 사항으로는 1. 청년훈련은 지성으로 한다 1. 변화를 좋아하는 심리를 이용 3, 군중심리의 이용 4. 훈련의 효과 이용 5.상주는 법과 벌주는 법 6. 청년의 과시욕과 명예욕 7. 지도원의 태도 등을 들었다.
62) 檀紀 4274年 社會教育乙種 記錄 第6-1號, 「昭和16年度 公立靑年訓鍊所設立認可書

상자가 재조일본인에서 조선인 청년층으로 변화한 것이라는 추측을 가능하게 한다. 그것은 앞에서도 보았듯이 지원병제도의 실시와 함께 조선 청년을 일제의 침략전쟁에 적극적으로 동원하기 위해 조선 청년들을 皇國臣民의 정신으로 무장하게 하겠다는 의지라 생각된다.

다음으로 청년훈련소의 재정 및 운영 상황을 알아보자. 먼저 1930년 재향군인회 수원분회에서 설립한 수원공립청년훈련소는 모금한 기금으로 청년훈련소를 운영하였으며 공립으로 전환된 1931년부터는 1930년의 잔금 1엔 70전과 국고보조금 및 재향군인회 수원분회의 기금으로 청년훈련소를 유지하기로 하였다.[63] 1930년 설립 당시의 세입, 세출 예산안은 다음과 같다. 전체예산 475엔은 모두 기부금으로 마련하였으며 주사 수당 1인 20엔, 교련 지도원 수당 1인 20엔 씩 3인 60엔, 학과 지도원 수당 1인 10엔 씩 30엔, 소사 수당 1인 월 2엔으로 16엔 합 126엔을 잡급 항목으로 지출하였다. 서적, 교재, 招(과녁), 의자 등 비품비가 139엔, 여비 40엔(주사 10엔, 생도 인솔 30엔), 종이, 연필, 묵, 전등료, 방한용 신탄대 등 소모품비가 80엔, 복장보조비가 60엔(1인당 3엔씩 20인분), 축제일비용 및 기타 등에 소용된 잡비가 30엔으로 도합 475엔이었다.[64] 그리고 1931년에는 수원읍에서 450엔의 보조금을 받도록 되어 있었다. 이를 나누어 지출하였는데 잡급 124엔, 비품비 152엔, 여비 35엔, 소모품비 90엔, 피복비 30엔, 잡비 19엔으로서 전체 450엔이었다.[65] 이로 보아 수원공립청년훈련소는 생도에게 수업료를 일체 받지 않고 운영비 전체를 국고보조에 의하였음을 알 수 있다. 그러나

類」,『靑訓設立認可書類』, 923, 934, 964쪽.

[63] 檀紀 4263年 社會敎育種 記錄 第54號,「昭和5年 靑年訓練所認可書類」, 1266쪽. 그러나 수원공립청년훈련소의 예산안을 보면 재향군인회 수원분회의 기금은 예산 항목에 보이지 않고 순전히 국고보조금으로 운영하고자 하는 입장에서 예산이 편성되고 있음을 알 수 있다.

[64] 檀紀 4263年 社會敎育種 記錄 第54號,「昭和5年 靑年訓練所認可書類」, 1274~1275쪽.

[65] 檀紀 4264年 社會敎育種 記錄 第57號,「昭和6年 靑年訓練所認可書類」, 68쪽.

1940년 수원공립청년훈련소는 전체 예산 1,757엔 중 국고보조 신청액이 350
엔[66]에 불과한 것으로 보아 기부금의 확충 혹은 여타 수입을 통해 훈련소
를 운영하였던 것으로 보인다. 이 해에 수원공립청년훈련소의 예산 내역은
수당 804엔, 여비 100엔, 교련비 60엔, 수요비 703엔, 기타 90엔이었다.[67]

이를 1941년에 설립한 송산공립청년훈련소의 예산과 비교해 보도록 하
자. 먼저 세입예산을 보면 지정기부금 430엔, 국고보조금 470엔, 도보조금
100엔으로서 도합 1,000엔이었고 세출예산은 雜給 220엔, 수용비 732엔, 잡
비 48엔으로서 1,000엔을 지출하도록 되어 있다. 이러한 예산안은 1941년
설립부터 4년차 생도가 생기는 1944년까지 일관되게 짜여져 있다.[68] 이 중
잡급 항목에 들어 있는 주사 및 지도원의 수당은 각각 50엔과 30엔이었으
나 교련지도원은 80엔으로서 1930년 당시 주사와 동일한 수당을 받던 교련
지도원의 수당이 많이 올랐다는 것을 보여준다. 이러한 현상은 봉담공립청
년훈련소의 경우도 마찬가지였다. 또 반월공립청년훈련소의 주사와 교련지
도원은 송산공립청년훈련소와 같은 액수의 수당을 지급[69]받았다. 그런데
봉담청년훈련소의 주사는 송산공립청년훈련소의 주사와 같은 50엔의 수당
을 지급받았지만 교련지도원은 85엔[70]을 받아 오히려 송산공립청년훈련소
의 교련지도원보다 5엔을 더 받는 것으로 나타났다.[71] 여기에서도 볼 수 있

---

66) 檀紀 4273年 社會敎育 乙種 記錄 第2號 「昭和15年度 靑年訓練所國庫補助申請綴」,
23쪽.
67) 「公立靑年訓練所國庫補助ノ件」(제686호 昭和 15年 10月 7日).
68) 檀紀 4264年 社會敎育 乙種 記錄 第6-1號, 「昭和16年 公立靑年訓練所設立認可書
類」, 951~952쪽.
69) 檀紀 4264年 社會敎育 乙種 記錄 第6-1號, 「昭和16年 公立靑年訓練所設立認可書
類」, 965쪽.
70) 檀紀 4264年 社會敎育 乙種 記錄 第6-1號, 「昭和16年 公立靑年訓練所設立認可書
類」, 924쪽.
71) 하지만 실제 예산이 이와 같이 집행되었는가는 의문이 있다. 송산면의 1941년도
예산안을 보면 청년훈련비로 국고보조금 470엔과 도보조금 100엔으로 570엔이
계상되어 있다. 그 중 인건비로 지출되는 것이 주사수당 48엔, 지도원 수당 5인분
200엔, 소사 수당 36엔으로 전체 284엔이다. 그것은 잡급 220엔으로 잡은 기본 예

듯이 교련지도원에 대한 대우가 所務를 책임지는 주사와 같거나 많다는 것은 교련교과의 시수가 다른 세 교과의 통합 시수와 같은 연간 120시간이라는 점과 함께 이 시기 청년훈련소가 청년들에 대한 군사훈련에 큰 의미를 두었다는 사실을 증명한다고 할 것이다.

　그러나 실제 집행된 예산액은 계획과는 차이가 나는 것으로 보인다. 송산면의 1941년도 예산안을 보면 청년훈련비로 국고보조금 470엔과 도보조금 100엔 합 570엔이 계상되어 있다. 그 중 인건비로 지출되는 것은 주사 수당 48엔, 지도원 수당 5인분 200엔, 소사 수당 36엔으로 전체 284엔이다. 그것은 잡급을 200엔으로 계상했던 기본예산안과 다르다. 또한 봉담공립청년훈련소는 국고보조금과 도보조금은 송산공립청년훈련소와 같지만 지급되는 인건비는 주사 50엔, 지도원 5인분 125엔, 소사 1엔으로서 전체 187엔에 불과하다. 이러한 차이가 나는 것은 청년훈련소의 기본예산안에 기부금 항목이 들어있는 것으로 보아 청년훈련소에 따라 기부금의 액수가 차이 나기 때문이 아닌가 생각된다. 그리하여 기부금의 다소에 따라 훈련소의 운영이 영향을 받았다고 보아야 할 것이다. 나아가 지급되는 수당도 차이가 나는 것이라 생각된다. 그런데 1943년 수원읍의 청년훈련소비가 5,251엔[72]으로서 수원읍 전체예산 210,482엔의 2.4%를 점하는 것으로 보아 점차 청년훈련소에 대한 예산 지원이 증가하였음도 확인할 수 있다. 이외에도 청년특별연성비가 6,650엔이 계상되어 전체예산의 3.2%를 점하여 청년층에 대한 예산이 전체예산의 5.6%를 차지하여 매우 높은 비율을 보이고 있는 것이 특징이다. 1940년 이후의 수원공립청년훈련소의 생도수를 확인할 수 없는 것이 아쉽지만 결국 태평양전쟁이 점차 격화되면서 청년층의 동원이 급박해졌음을 예산안에서도 볼 수 있는 것이라 생각된다.

───────────

산안과는 차이가 난다. 또한 국고보조금과 도보조금을 똑같이 받는다 하더라도 훈련소에 따라 지급되는 수당은 자유로웠던 것으로 보인다.
72) 수원군, 『소화18년도 수원읍세입출예산』, 1944(?).

다음으로 수원공립청년훈련소의 교수 및 훈련과목[73]을 보도록 하자. 1931
년 수원공립청년훈련소는 수신 및 공민과, 교련과, 보통학과, 직업과의 4개
과로 이루어졌으며 훈련기간은 4개년, 훈련시수는 수신 및 공민과 100시간,
교련과 400시간, 보통학과 200시간, 직업과 100시간[74]으로 하였으나 실제로
는 각각 1년에 30시간, 120시간, 60시간, 30시간 씩 이수하도록 하여 4년에
각각 120시간, 480시간, 240시간, 120시간을 이수하도록 하여 총 960시간을
이수하도록 하였다. 특히 보통학과의 경우 국어(일본어), 수학, 역사, 지리,
이과의 수업을 각각 12시간씩 60시간을 이수하도록 하였다.[75]

그런데 1941년 설치되는 봉담공립청년훈련소의 경우 본과는 수신 및 공
민과 100시간, 교련과 350시간, 보통학과와 직업과 250시간을 이수하도록
하여 총 700시간을 이수하도록 하였으나 실제로는 1년 동안 수신 및 공민
과 30시간, 교련과 100시간, 보통학과 17시간(국사 4시간, 지리 3시간, 수학
6시간, 이과 4시간), 직업과 37시간, 총 204시간을 이수하도록 하여 4년간
816시간을 이수하여야 하였다.[76] 따라서 1931년보다 1941년의 훈련시수가
다소 줄어들었음을 알 수 있다. 수신 및 공민과는 국민도덕의 要旨, 공민생
활의 육성을 목적으로 하였으며, 교련과는 各個敎鍊, 部隊敎鍊, 陣中勤務,
旗信號, 距離測量, 軍事識話를 목적으로 하여 일본의 군국정신을 교육하고
자 하였음을 알 수 있다.

반면에 보통학과의 경우는 일상생활에 필요한 문자, 계산 능력을 습득시
킴과 동시에 역사와 지리 교육을 통해 국체정신을 고양하는 것을 목적으로

---

73) 청년훈련소에서는 일반 학교의 學科目에 해당하는 용어로 교수 및 훈련과목이라
   는 용어를 사용하였다. 이것은 청년훈련소의 교육에는 항상 교수와 함께 훈련을
   실시하여 양자가 서로 도와 교육적 효과를 완성한다는 취지에서 사용하도록 하
   였다(朝鮮總督府學務局社會科, 『靑年訓練所槪要』, 1940, 5쪽).
74) 檀紀 4264年 社會敎育種 記錄 第57號, 「昭和6年 靑年訓練所認可書類」, 52쪽.
75) 檀紀 4264年 社會敎育種 記錄 第57號, 「昭和6年 靑年訓練所認可書類」, 53쪽.
76) 檀紀 4264年 社會敎育 乙種 記錄 第6-1號, 「昭和16年 公立靑年訓練所設立認可書類」,
   926쪽.

하였다. 직업과는 부기나 農事大義 등 생업에서 실제 응용할 수 있는 것들을 교육할 것을 목적으로 한 것으로 보인다.77) 이렇게 보면 앞에서 언급했듯이 청년훈련소는 청년을 직접 전쟁에 동원하고 활용할 수 있도록 군사훈련을 시킨다는 것보다는 이들을 전쟁에 동원할 수 있도록 신체적, 정신적으로 훈련시키는 것에 운영의 주안점을 두었을 것이라 생각된다.

그리고 청년훈련소는 계절 및 요일에 따라 수업시간을 달리 운영하였다. 예를 들면 수원공립청년훈련소에서는 일요일 수업은 1, 2월에는 오전 8시, 3월에는 오전 7시 30분, 4, 5월은 7시, 6월은 6시 30분, 7, 8월은 6시, 9, 10월은 6시 30분, 11월은 7시, 12월은 7시 30분부터 시작하였으며, 주중에는 1, 2월은 오후 7시, 3월은 7시 30분, 4월부터 10월까지는 오후 8시, 11월은 7시 30분, 12월은 7시부터 시작하였다.78) 이처럼 수업시간을 달리 운영한 것은 생도가 직업을 가지고 있으므로 바쁜 시간을 피해야 할 필요가 있었기 때문이다.79)

다른 한편 공립청년훈련소는 읍장이나 면장을 대표자로 하였으며 주사 1명과 지도원 약간 명을 두었다. 이들은 설립자의 제청에 의해 도지사가 임명하도록 하였는데,80) 청년훈련소의 주사는 실업보습학교장 또는 소학교장으로, 지도원은 실업보습학교 또는 소학교의 교원 및 재향군인, 기타 자격이 있다고 인정되는 자81)로 하였다. 청년훈련소의 규정에 따르면 주사는 所務를 掌理하며 지도원은 주사의 지도를 받아 훈련 및 所務에 종사하였다.82) 즉 수원청년훈련소의 대표자는 수원읍장이며 주사는 수원공립고등심상소학교장으로 행정기관과 교육기관이 식민지 청년에 대한 교화사업에 주도적인 역할을 하였음을 보여준다. 여기에서 재향군인을 청년훈련소의

77) 檀紀 4263年 社會敎育種 記錄 第54號, 「昭和5年 靑年訓練所認可書類」, 1269쪽.
78) 第2910號 昭和6年 9月 10日 「靑年訓練所認可申請」, 53쪽.
79) 朝鮮總督府學務局社會科, 『靑年訓練所槪要』, 1940, 7쪽.
80) 檀紀 4263年 社會敎育種 記錄 第54號, 「昭和5年 靑年訓練所認可書類」, 1270쪽.
81) 朝鮮總督府學務局社會科, 『靑年訓練所槪要』, 1940, 7~8쪽.
82) 檀紀 4263年 社會敎育種 記錄 第54號, 「昭和5年 靑年訓練所認可書類」, 1270쪽.

지도원으로 임명할 수 있게 한 이유는 청년훈련소의 훈련과정을 생각할 때 타당성이 있다고 할 수 있다. 수원지역 청년훈련소의 주사와 지도원 명단은 〈표 6〉과 같다.

〈표 6〉 수원지역 청년훈련소의 주사 및 지도원 명단

	수원공립청년훈련소 (1931)			송산공립청년훈련소 (1941)			봉담공립청년훈련소 (1941)			반월공립청년훈련 (1941)	
	이름	현직	담당과목	이름	현직	담당과목	이름	현직	담당과목	이름	현직
주사	有阪惣松	수원공립심상고등소학교장	수신및공민	本田嘉末	국민학교교장	수신및공민	上野和夫	국민학교교장	수신및공민	伊林彌久	국민학교교장
지도원	橘田實平	예비보병특무조장	교련	渡邊欣一	국민학교훈도	교련(육군보병오장출신)	大森平生	국민학교훈도	교련	德村亨(鄭亨謨)[83]	국민학교훈도
	中山勘二	예비보병상등병	교련	李家殷永(李殷永)[84]	훈도	국어지리역사이과수학	牧山忠(崔忠雲)[85]	국민학교훈도	보통학과	夏山茂雄(曹象鉉)[86]	국민학교훈도
	長谷川正晴	예비보병상등병	교련	平原基永(姜基永)[87]	촉탁교원	직업	三井文善(洪文善)[88]	국민학교훈도	직업	鈴木誠	국민학교훈도
	岡本冠	수원공립심상고등소학교훈도	국어수학역사이과								
	橫枕千鄕	수원공립심상고등소학교훈도	지리이과								
	水上琢磨	수원공립심상고등소학교훈도	직업								

83) 1936년 경성사범학교 연습과를 졸업하면서 반월공립보통학교의 훈도가 되었다 (檀紀 4264年 社會敎育 乙種 記錄 第6-1號, 「昭和16年 公立靑年訓練所設立認可書類」, 973쪽).
84) 이은영은 1932년 보성고등보통학교를 졸업하고 1938년 송산공립심상소학교의 교

　〈표 6〉을 보면 청년훈련소의 주사는 국민학교의 교장이 임명되었으며 지
도원은 1931년 수원공립청년훈련소의 교련지도원인 橘田實平, 中山勘二, 長
谷川正晴 등 예비역 군인을 제외하고는 모두 국민학교(소학교)의 훈도(교사)
였음을 알 수 있다. 또한 1941년에 설치된 송산, 봉담, 반월공립청년훈련소
의 지도원 가운데는 창씨개명한 조선인이 포함되어 있음이 주목된다. 이들
은 모두 국민학교의 훈도였다. 이것은 상급학교에 진학하지 못한 고등소학
교와 심상소학교 졸업 정도의 청년층을 동원하기 위해 설치한 청년훈련소
의 설치 목적과 뚜렷한 관련이 있음을 알 수 있다. 또한 수신 및 공민과와
교련지도원은 모두 일본인이었다. 특히 수신 및 공민과는 주사가 담당하였
다. 그것은 군국주의적 정신을 조선인 청년에게 주입시킬 가장 중요한 수
단인 정신교육과 군사훈련을 조선인에게 맡길 수 없다는 의미로 이해된다.
　그런데 청년훈련소의 대표자는 주사가 아니라 보통 청년훈련소 소재지
의 읍장, 면장 등이 겸임하거나 지역의 일본인 유지로 하였다. 수원공립청

원으로 촉탁되었으며 1939년 시행한 소학교 교원시험에 합격하여 소학교 훈도가
되었다. 이후 송산공립심상소학교, 송산공립국민학교에서 교편을 잡았다(檀紀 4264
年 社會敎育 乙種 記錄 第6-1號,「昭和16年 公立靑年訓練所設立認可書類」, 962쪽).
85) 수원출신으로서 1938년 관립경성사범학교 연습과를 졸업하였으며 봉담공립심상
소학교, 봉담공립국민학교의 훈도가 되었다(檀紀 4264年 社會敎育 乙種 記錄 第
6-1號,「昭和16年 公立靑年訓練所設立認可書類」, 949쪽).
86) 수원출신으로서 1932년 양정고등보통학교를 수료하였으며 大邱公立師範學校 講
習科를 졸업하고 진주 智水國民學校, 砥堤공립심상소학교, 수원 半月國民學校
등에서 교원으로 활동하였으며 1946년 수원 발안장공립국민학교의 교장에 취임
하였다(檀紀 4264年 社會敎育 乙種 記錄 第6-1號,「昭和16年 公立靑年訓練所設立
認可書類」, 975쪽;『대한민국인사록』, 160쪽).
87) 935년 춘천공립중학교를 졸업하였으며 1936년 관립평양사범학교강습과를 수료
하였다. 1936년 강원도 장양공립보통학교의 훈도가 된 이래 신안공립심상소학교
에서 근무하다가 1941년 송산공립국민학교의 촉탁교원이 되었다(檀紀 4264年 社
會敎育 乙種 記錄 第6-1號,「昭和16年 公立靑年訓練所設立認可書類」, 963쪽).
88) 수원출신으로서 1941년 경성사범학교 강습과를 졸업하면서 봉담공립국민학교의
교원이 되었다(檀紀 4264年 社會敎育 乙種 記錄 第6-1號,「昭和16年 公立靑年訓
練所設立認可書類」, 950쪽).

년훈련소도 수원읍장인 梅原靜雄 대표자였다.[89] 이는 행정기관과 교육기관
이 식민지 청년에 대한 교화사업에 주도적인 역할을 하였음을 보여준다.
또한 1938년 청년훈련소령이 개정되고 청년훈련소가 급증하던 1940~41년
무렵에는 조선인들도 청년훈련소의 지도원으로 임용하였다는 것도 알 수
있다. 이것은 1938년 조선육군지원병령의 공포, 1939년의 국민징용령의 실
시, 1940년 국민총력조선연맹의 조직, 1941년 학도정신대의 조직, 1943년 학
병제의 실시 등으로 이어지는 일련의 전쟁동원체제의 연장선상에서 이해
된다. 특히 1940년 조직된 국민총력조선연맹은 1939년 제2차 세계대전이 발
발한 이후 식민지 조선에서 극도의 인적 · 물적 자원의 수탈과 정신의 노예
화를 강요하였다. 이 과정에서 조선인을 침략전쟁에 동원하는 한 수단으로
서 청년훈련소의 역할이 강조되었던 것으로 보인다.

4. 맺음말

이상에서 청년훈련소가 일본 내에서 최초로 설치된 것은 1926년이며 식민
지 조선에서는 재조선 일본군 재향군인회에서 1927년 설치한 것이 시초이
다. 이후 1929년 청년훈련소규정을 발포하여 공립으로 전환하기 시작하였다.
청년훈련소는 '청년의 심신을 단련하고 국민된 자질을 향상'시킬 목적으로
설치되었으나 1938년 청년훈련소규정을 군국주의적인 색채가 강화된 방향
으로 개정하였다. 그리고 이러한 목적을 달성하기 위한 방법으로서 군사훈
련을 채택하였다. 그러나 이는 실제 조선의 청년을 '즉시' 전쟁에 동원하기
위해서라기보다는 신체적, 정신적으로 준비시키기 위한 것으로 이해된다.
청년훈련소의 입소자격을 심상고등소학교나 국민학교를 졸업한 정도의
청년으로 16~17세 미만의 남자로 규정하였으나 실은 '기타 자격이 있다고

89) 朝鮮總督府學務局社會課, 『朝鮮社會事業要覽』, 1933, 29쪽.

인정되는 자'는 누구나 입소할 수 있도록 하였다. 이는 1937년 일제의 중국 침략이 본격화하면서 사회주의에 경도된 조선의 청년층의 사상을 통제하고 '순화'시켜 일제의 식민지 지배 및 침략전쟁에 동원하기 위한 것이라 이해된다.

이러한 목적을 가진 수원청년훈련소는 재조선 일본군 재향군인회 수원 분회에 의해 1929년 설치되었으며 이듬해인 1930년 공립으로 전환되었다. 그리고 1941년 송산공립청년훈련소, 봉담공립청년훈련소, 반월공립청년훈련소가 설치되었다. 그러나 수원공립청년훈련소의 사례에서 볼 수 있듯이 청년훈련소는 정원을 채우지 못하였을 뿐만 아니라 출석률도 50% 정도에 불과하였다. 이것은 수원지역 청년훈련소의 생도 모집이 그리 쉬운 일이 아니었으며 그 운영도 원활하지 않았음을 의미한다고 할 수 있다.

또한 청년훈련소의 훈련과목은 교련을 포함해서 수신 및 공민, 국사(일본사), 지리, 수학, 이과, 음악, 교련 등이었다. 특히 교련은 전체 수업시수의 50%를 차지하였으며 일반교과 중에는 수신 및 공민과가 중요시되어 교과를 선택할 수 있었던 연구과에서도 필수로 이수해야 하였다.

공립청년훈련소는 국고보조로 운영되었으며 수원청년훈련소는 매년 450엔, 송산, 봉담, 반월공립청년훈련소는 매년 470엔의 보조금을 지급받았으며, 청년훈련소의 생도는 일체 무료로 교육받았다. 그리고 예산 중 상당부분은 주사 및 지도원의 수당으로 지급되었는데 주사는 청년훈련소 소재지 심상고등소학교나 국민학교의 교장, 지도원은 훈도(교사)가 겸임하는 것이 일반적이었다. 이는 교육기관과 행정기관이 청년훈련에 주도적인 역할을 하였음을 의미한다고 할 수 있다.

이상의 정리를 통해 청년훈련소는 일제의 중국 침략과 관련되어 식민지 조선의 청년층의 사상을 통제하고 침략전쟁에 동원하기 위해 설치되고 운영되었음을 알 수 있다.

수원출신 조안득의
우가키총독처단미수사건 고찰

1. 머리말

일제의 조선 강점 이후 우리 민족은 다양한 이론과 방법에 의한 다양한 인물과 세력들이 국내는 물론이고 국외에서도 독립운동을 전개하였다. 이 결과 우리나라는 제2차 세계대전 직후 독립을 할 수 있었다. 이는 연합국의 승리에 기인한 바가 크지만 우리 민족의 독립운동이 끊임없이 전개되었기 때문이라 할 수 있다. 이와 같이 독립운동의 역사적 의미가 크기 때문에 해방 이후 독립운동사에 대한 연구는 매우 활발히 전개되었다.

특히 지방자치제가 본격적으로 실시된 1990년대 이후에는 각 지역별로 자기 지방의 역사적 정체성을 확립하고자 하는 목적으로 지역사에 대한 연구가 괄목하게 발전하여 각 지방에서는 시사, 군사 등을 경쟁적으로 편찬하기도 하였다. 수원지역은 이러한 지역사연구가 활발히 전개된 곳 중 하나이다. 그런데 수원지역은 정조의 화성건설과 불가분의 관계에 있으므로 수원지역사의 연구[1]는 정조와 화성건설에 대한 연구에서 비롯되었다. 이후 1971년 3 · 1운동에 대한 연구[2]가 이루어지면서 수원지역의 근대사에 대한 연구가 시작되었으며, 1990년대 이후 본격화되어 그 연구가 비교적 많이 축적되었다고 할 수 있다. 그 연구도 수원지역의 사회운동 등 민족운동에 대한 연구,[3] 수원지역의 토지문제와 지주 경영에 대한 연구,[4] 수원지역의

---

1) 수원지역사 연구에 대한 연구사적 검토는 다음의 연구가 참조된다.
  조성을, 「수원지역사 연구의 현황과 과제」, 『지역사회학』 6, 지역사회학회, 1999.
  최홍규, 「수원지방사 연구 현황과 과제」, 『경기사학』 3, 경기사학회, 1999.
  조성운, 「수원지역 근현대사 연구의 동향」, 『기억과 전망』 9, 민주화운동기념사업회, 2004.
2) 조병창, 「수원지방을 중심한 3 · 1운동소고」, 단국대학교 석사학위논문, 1971.
  최용환, 「3 · 1운동과 한국교회-수원지방을 중심하여-」, 감리교신학대학 석사학위논문, 1974.
  노천호, 「수원지방 3 · 1운동연구」, 단국대학교 교육대학원 석사학위논문, 1988
  최홍규, 「수원지방의 3 · 1운동과 1920년대 민족운동」, 『경기사학』 6, 경기사학회, 2002.
  이동근, 「수원지역 3 · 1운동에서 천도교의 역할-우정, 장안면을 중심으로-」, 『경기사학』 7, 경기사학회, 2003.
  박환, 「수원군 우정면 화수리 3 · 1운동의 역사적 성격」, 『정신문화연구』 27-1, 한국학중앙연구원, 2004.
  조성운, 「『매일신보』에 나타난 경기지방의 3 · 1운동과 일제의 대응」, 『한국민족운동사연구』 42, 한국민족운동사학회, 2005.
  김권정, 「수원지방의 기독교계의 3 · 1운동과 이후 동향」, 『역사와교육』 11, 역사와교육학회, 2010.
3) 조성운, 「일제하 수원지역의 농민조합운동」, 『동국역사교육』 5, 동국역사교육학회, 1997.
  박환, 「1920년대 초 수원지방의 비밀결사운동 -혈복단과 구국민단을 중심으로-」, 『경기사학』 2, 경기사학회, 1998.
  이현희, 「수원고농학생의 항일투쟁연구」, 『한국민족운동사연구』 21, 한국민족운동사학회, 1999.
  조성운, 「일제하 수원지역의 신간회운동」, 『역사와실학』 15 · 16, 역사실학회, 2000.
  성주현, 「1920년대 경기지역의 천도교와 청년동맹 활동」, 『경기사학』 4, 경기사학회, 2000.
  조성운, 「1920년대 수원지역의 청년운동과 수원청년동맹」, 『한국민족운동사연구』 24, 한국민족운동사학회, 2000.
  조성운, 「박승극과 조선프롤레타리아예술동맹 수원지부」, 『한국독립운동사연구』 16, 독립기념관 한국독립운동사연구소, 2001.
  김형목, 「한말 수원지역 계몽운동과 운영주체」, 『한국민족운동사연구』 53, 한국

근대 도시 형성과 관련한 연구,[5] 수원지역의 유지 연구,[6] 식민지 지배기구에 관한 연구[7] 등 다양한 방면에서 이루어졌다. 그리고 이러한 연구를 모아 단행본으로 출간하기도 하였다.[8]

이러한 수원지역사의 연구에는 『기전문화연구』(기전문화연구회), 『수원문화사연구』(수원문화연구회), 『수원학연구』(수원문화원 부설 수원학연구

민족운동사학회, 2007.

이동근, 「일제강점기 수원청년동맹의 활동과 인물」, 『한국민족운동사연구』 51, 한국민족운동사학회, 2007.

성주현, 「일제강점기 박승극의 활동과 재인식」, 『숭실사학』 22, 경기사학회, 2009.

김주용, 「나혜석의 민족의식과 독립운동 지원 활동」, 『동국사학』 54, 동국사학회, 2013.

문한별, 「일제강점기 후반 수원고등농림학교 한글연구회 사건 공판 기록을 통해서 살펴본 한글문학 텍스트와 검열의 관계」, 『국제어문』 6, 국제어문학회, 2014.

4) 이동근, 「1910~20년대 식민농정의 지역적 전개와 지주제 -수원지역을 중심으로-」, 『사림』 24, 수선사학회, 2005.

박진태, 「한말 수원지역 역둔토 조사의 성격」, 『이화사학연구』 46, 이화사학연구소, 2013.

최원규, 「일제시기 수원 조씨가의 지주경영 분석」, 『역사문화연구』 46, 한국외국어대학교 역사문화연구소, 2013.

5) 김백영, 「일제하 식민지도시 수원의 시기별 성격 변화」, 『도시연구』 8, 도시사학회, 2012.

6) 이송희, 「신여성 나혜석의 민족의식과 민족운동」, 『여성연구논집』 17, 경신라대학교 여성문제연구소, 2006.

한동민, 「수원 나주나씨와 나혜석의 부모 형제들」, 『나혜석연구』 1, 나혜석학회, 2012.

김형목, 「역사학계에서 나혜선 연구 동향과 과제」, 『나혜석연구』 1, 나혜석학회, 2012.

한동민, 「근대 수원지역 유지 나중석의 생애와 활동」, 『나혜석연구』 3, 나혜석학회, 2013.

7) 한동민, 「근대 수원지역의 공립의료기관 -관립수원자혜의원에서 도립수원의원까지」, 『경기사학』 8, 경기사학회, 2004.

김도형, 「권업모범장의 설치와 역사적 성격」, 『농업사연구』 9-1, 한국농업사학회, 2010.

8) 조성운, 『일제하 수원지역의 민족운동』, 국학자료원, 2003.

박환, 『경기지역 3·1독립운동사』, 신인 2007.

이동근, 『역사는 삶이다-일제 강점기 수원지역사』, 도서출판 블루씨, 2014.

소), 『경기사학』(경기사학회), 『경기사론』(경기대학교사학회) 등 수원지역
에서 발간되었거나 현재 발간되고 있는 다양한 잡지들과 수원시에서 편찬
한 『수원시사』의 역할도 컸다.

그러나 본고에서 다루고자 하는 조안득의 우가키총독처단활동에 대해서
는 전혀 연구가 이루어지지 않았다. 본고는 안중근의 이토 히로부미 처단
으로부터 시작되었다고 볼 수 있는 항일의열투쟁의 한 축을 담당한 조안득
의 활동을 살펴봄으로써 한국독립운동사의 숨겨진 사실을 발굴함과 동시
에 수원지역과 수원지역민의 독립운동을 보다 풍부하게 할 수 있을 것이라
판단된다.

본고에서는 우선 조안득이 출생과 성장 배경을 살핀 후 그의 우가키총독
처단미수활동에 대해 자세히 알아보고자 한다. 그러나 이 사건에 관한 자
료는 조선총독부 경찰이 생산한 일련의 문서와 신문자료 이외에는 찾을 수
없어 향후 자료 발굴을 통해 보다 자세하고 치밀한 연구가 필요하다고 생
각된다.

2. 출생과 성장 배경

1920년대 후반 세계경제대공황은 식민지와 식민지 민중에게 큰 고통을
주었다. 제국주의 열강이 이른바 블록경제를 채택하여 자국의 경제적 모순
을 식민지와 식민지 민중에게 전가했기 때문이다. 더욱이 후발 제국주의국
가로서 상대적으로 식민지가 협소하였던 일본은 이러한 방식만으로 경제
적 모순을 극복할 수 없게 되자 1931년 만주사변을 시작으로 중국을 침략
하는 한편 독일, 이탈리아와 동맹을 체결하여 전 지구적인 전쟁을 일으켰
던 것이다.

이와 같이 전쟁을 확대해가는 과정에서 일제는 식민지 본국인 자국은 물

론이고 식민지와 식민지 민중을 전쟁에 동원하지 않을 수 없었다. 그리하여 이미 1920년대 후반부터 식민지 조선에서 병참기지화정책을 추진하여 대륙 침략을 준비하였고, 이를 조선공업화정책, 더 나아가 총동원정책으로 확대하여 단순히 물적 자원만이 아니라 인적자원까지도 전쟁에 동원하였다. 일제는 한편으로는 물적 자원을 수탈하기 위한 제도의 정비를 추진하면서 다른 한편으로는 인적 자원을 수탈하기 위한 이념과 제도를 마련하였다. 특히 농촌진흥운동, 정신작흥운동, 심전개발운동, 국민정신총동원운동 등과 같은 관제 운동의 전개를 통해 식민지 조선인을 전쟁에 동원하였으며, 경신숭조의 풍조를 고양한다는 취지로 신사의 건립을 통해 조선인의 사상을 일본화하고자 하였다.

이러한 조선총독부의 정책은 식민지 민중에게는 크나 큰 고통이었다. 수원지역도 예외는 아니었다. 수원지역의 근대적 발전과 가장 관련이 깊은 것은 1905년 경부선이 개통되면서 수원역이 설치된 것이라 할 수 있다. 그리고 수원역 주변으로 수원군청, 경찰서, 구재판소, 헌병분대, 우편국, 수비대, 권업모범장, 경기도수원묘포 등의 관공서와 일본인 중심의 신시가지가 조성되었다.9) 이렇게 수원역 중심으로 식민지 통치기구가 설치된 것은 교통상의 편의 때문이었겠지만 화성행궁을 중심으로 한 구시가지에는 이미 조선인이 터를 잡고 있었기 때문이기도 하였다. 또 권업모범장이 서둔동을 중심으로 설치된 것은 일제의 침략적 목적에 의한 것이기는 하나 정조가 농업진흥을 위해 설치한 萬石渠, 萬年堤, 祝萬堤(西湖)가 이미 조성10)되어

---

9) 김백영, 「일제하 식민지도시 수원의 시기별 성격 변화」, 『도시연구: 역사·사회·문화』 8, 도시사학회, 2012, 16쪽.

10) 『한국중앙농회보』 1-1, 1906, 47~48쪽. 권업모범장에 대한 기존의 연구에서는 이동근의 연구(「1910~20년대 식민농정의 지역적 전개와 지주제 -수원(水原)지역을 중심으로-」, 『사림』 24, 수선사학회, 2005)를 제외하고는 이에 대해 간과하고 있다. 또한 근대 수원의 도시화에 대한 앞의 김백영의 연구도 마찬가지라 할 수 있나. 즉 수원지역사에 대한 연구는 정조의 화성건설과 연관지어 설명하는 시각이 필요하다고 생각된다.

있어서 새로이 대규모의 수리시설을 설치하는데 드는 비용이 상대적으로 적었기 때문이었다고 할 수 있다.

이와 같이 권업모범장과 경부선의 부설에 따른 수원역의 설치 이후 수원 지역에는 이 일대를 중심으로 일본인이 이주하기 시작하였다. 그리하여 1923년 발간된 한 자료에는 수원의 인구가 조선인 2,800여 호, 14,000여 명, 일본인 650여 호, 2,870여 명이었다.[11] 전체 호구의 약 19%, 전체 인구의 약 17%가 일본인이 차지할 정도로 일본인의 비중은 크게 증가하였던 것이다. 이 중에는 조선총독부가 적극적으로 후원한 동양척식주식회사의 일본인 이민 184호도 포함되어 있었다. 이러한 일본인의 증가는 수원지역의 경제 권력의 지형을 변화시켰다. 특히 동산농장, 동척농장, 국무농장의 설치는 수원지역에 일본인 지주의 영향력을 강화하는 것이었다. 그리하여 이들과 조선인 지주를 중심으로 한 수룡수리조합이 설립되기도 하였다.[12]

식민지 지주제가 이렇게 성장한 반면 1922년 말 조사에 따르면 수원의 농업인구는 22,581호, 123,071명인데 이는 수원 인구의 약 83.5%에 해당한 다. 이 중 소작농 53%, 자작 겸 소작농 37%, 지주 4.3%, 자작농 6.8%라고 한 다.[13] 소작농과 자작 겸 소작농을 합하면 전체 농민의 90%에 해당하므로 당시 수원지역의 농민들은 매우 곤궁하였을 것으로 판단된다. 그리하여 다 음에서 볼 수 있듯이 3·1운동 직후 수원지역 민중들의 삶은 매우 곤궁하였 던 것이다.

> 송산면·마도면·서둔 방면은 모두 반은 농사를 짓고 반은 고기잡이를 하 는 백성인데 반은 농사를 한다 하지만 자기의 땅을 농사하는 자가 거의 없 고 모두 소작인뿐이므로 구차한 백성이 많다. 그런데 불령한 자와 향촌에

---

11) 酒井政之助, 『水原』, 酒井出版部, 1923, 5쪽.
12) 김백영, 앞의 논문, 21쪽.
13) 酒井政之助, 앞의 책, 24~25쪽. 이 통계를 합하면 101%가 되므로 계산에 착오가 있는 것으로 보이나 대체적인 경향을 파악하는 데는 무리가 없어 인용하였다.

살았던 탓으로 자기의 집까지 태워버려 거처하려나 집은 없고 먹으려니 밥
이 없는 형편으로 남녀노유가 이리저리로 방황하는 모양은 참으로 비참하
였었다. 부상한 자도 매우 많은 모양인데 폭도로 인정할까 무서워서 치료
를 청구한 자가 적은 것은 딱한 일이라.[14]

　3·1운동 직후의 송산면·마도면·서둔 방면의 수원지역민들을 묘사한
것으로 이 지역민의 대부분은 소작인이었으며, 3·1운동 이후 주거지와 음
식이 없어 방황하는 형편이었다는 것이다. 결국 수원지역민의 생활이 일제
의 조선 강점 이전보다 나빠졌는지 혹은 좋아졌는지는 알 수 없으나 일제
라는 이민족의 통치 속에서 전래의 수탈구조와 일제의 새로운 수탈 구조
속에서 수원지역민이 신음하였다는 사실을 보여준다고 할 것이다.
　이러한 수원지역민의 경제적 곤란은 일제의 조선 강점 이전과 큰 차이가
없었을 것으로 보인다. 1894년 갑오개혁 이후 잡세를 철폐하였으나 1899년
수원지역에서는 여전히 잡세를 징수하는 모습이 보이며,[15] 흉년이 들었을
경우에도 소작인은 소작료의 감면을 청구할 권리를 갖는 것은 아니었다는
점[16]에서 수원지역의 소작조건이 그리 좋은 형편은 아니었던 것이다.
　그리하여 수원지역민들은 구한말 이래 봉건적인 지배구조를 타파하고
새로운 질서를 수립하기 위한 운동에 적극 참여였을 뿐만 아니라 일제의
침략에 대해서도 적극적으로 대응하였다. 즉 수원지역민들은 동학농민운동
과 의병운동, 애국계몽운동 등 자신의 관점에 따라 봉건적 지배층과 일제
에 저항하였다. 특히 남양금융조합 이사였던 이로카와(色川元市)는 남양
보흥학교에 대해 다음과 같이 말하였던 것이다.

14) 『매일신보』 1919년 4월 23일, 「水原罹災民의 慘狀 집은 타고 먹을 것은 전혀 없
　　다. 급복히 행하는 경기도 구제 송영경기도장관의 말」.
15) 『황성신문』 1899년 6월 30일, 「雜稅防報」; 『황성신문』 1899년 7월 8일, 「農部嚴訓」.
16) 『소작자료』(중추원조사자료, 출판 연도 미상, 국사편찬위원회 한국사데이터베이
　　스에서 인용).

이곳은 인심이 나쁘고 배일사상이 가장 격렬한 곳이다. …… 작년 11월 군
청 소속인 관유창고를 그대로 校舍로 하여 이곳에 보흥학교(일명 폭도양성
소)라는 야소학교를 열어 한결같이 배일사상을 주입하며 폭도의 근본적인
양성에 힘쓰고 있다.[17]

수원지역이 반일사상이 강하고 보흥학교가 '폭도양성소'라 불릴 만큼 반
일·항일교육을 시키고 있다는 것이다.

이와 같은 수원지역의
반일·항일사상의 전통,
수원지역민에 대한 봉건
적 수탈과 제국주의적 수
탈 속에서 1910년 11월 16
일 조안득은 본적지인 수
원군 수원읍 매산리 14번
지에서 빈한한 집안의 3
형제 중 막내[18]로 출생하

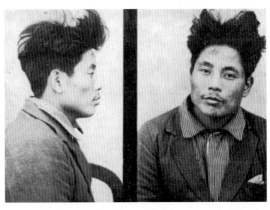

〈사진 1〉 조안득

였다.[19] 그는 수원공립보통학교 4년을 수료하고, 수원의 近藤, 新東洋 등의
인쇄소에서 직공으로 일하였다. 그리고 1930년 무렵 그는 수원노동조합의
인쇄부장, 그의 큰 형 曺壽福은 쟁의부장으로 활동하였다.[20] 1931년 2월 그
는 가족들과 함께 경성으로 이주한 후 4월에 고양군 용강면 신공덕리 소재
의 용일양조장에 입사하였다. 그의 가족들이 경성으로 이주한 것은 아마도

---

17) 『南陽關係書類』, 규장각도서번호 22048.
18) 『동아일보』 1936년 8월 18일, 호외, 「主犯은 曺安得 謀議 本據는 龍一釀造支店
赤色 兩名도 事件에 關聯」.
19) 京高特秘 제243호(昭和 11年), 「總督暗殺計劃者檢擧に關する件」(국사편찬위원회
한국사데이터베이스에서 인용-이하 생략).
20) 京高特秘 제243호(昭和 11年), 「總督暗殺計劃者檢擧に關する件」; 『동아일보』 1936
년 8월 18일, 호외, 「主犯은 曺安得 謀議 本據는 龍一釀造支店 赤色 兩名도 事件
에 關聯」.

빈곤한 경제적 상황에서 벗어나고자 했기 때문이었다고 판단된다. 조안득
자신은 용일양조장, 큰형 조수복은 호마레(넙적보리)장유회사, 작은형 조천
복은 지방행정학회의 인쇄공으로 취직[21]하였고, 조안득의 어머니와 아내는
조안득이 용일양조소 취직 이후 용일양조소 배달부에게 식사를 제공하는
장사를 하였으나 여전히 가세는 빈한하였던 것으로 보인다.[22] 조안득의 우
가키총독암살미수사건이 발각된 후 4일째인 1935년 12월 31일 조안득의 모
친과 큰형이 사는 和泉町 조수복의 집은 "한 집안에 여러 가구가 살고 있으
므로 몇 방을 거쳐서 조그마한 다다미방"[23]이었다. 더욱이 1935년 6월 그의
큰형과 작은형이 모두 실직한 이후 그가 이들의 가족까지 부양해야 했기
때문에 그의 경제적 어려움은 더욱 심해졌을 것이라 생각된다.[24] 그리고 1
일 96전의 일당을 받던 조안득이 체포되면서 그의 두 형과 처남까지도 검
속되어 조안득 집안의 경제적 형편은 더욱 어려워져 그의 아내가 말한 대
로 "우리 생활해가는 정도가 어디 사람의 생활 정도라고 할 수 있습니까.
더군다나 남편이 저리 된 후로는 굶기를 밥 먹듯이" 하였고, 조선총독부 경
찰도 그의 자산과 신용이 모두 없다고 기록할 정도였다.[25]

경성 이주 이후 용일양조장에서 근무한 것 이외에 그의 사회생활에 대한
내용은 자료가 부족해 알 수 없으나 그는 17~8세까지 성공회 신자로서 曹
안드리아노라는 세례명까지 받았다.[26] 따라서 어린 시절 그는 기독교 신앙

21) 『동아일보』 1936년 8월 18일, 호외, 「主犯은 曺安得 謀議 本據는 龍一釀造支店 赤色 兩名도 事件에 關聯」.
22) 『동아일보』 1936년 8월 18일, 호외, 「破壁頹窓, 마루房에 밥달라 우는 어린이들 이정상 볼 수 없다는 老母의 涕泣談 曺安得의 家庭形便」.
23) 『동아일보』 1936년 8월 18일, 호외, 「破壁頹窓, 마루房에 밥달라 우는 어린이들 이정상 볼 수 없다는 老母의 涕泣談 曺安得의 家庭形便」.
24) 『동아일보』 1936년 8월 18일, 호외, 「破壁頹窓, 마루房에 밥달라 우는 어린이들 이정상 볼 수 없다는 老母의 涕泣談 曺安得의 家庭形便」.
25) 『동아일보』 1936년 8월 18일, 호외, 「監獄으로 아주 넘어가나요 일본집 일보고 살아간다는 그의 妻 徐氏의 말」.
26) 京高特秘 제243호(昭和 11年), 「總督暗殺計劃者檢擧に關する件」.

속에서 성장하였음을 알 수 있다. 수원지역의 성공회 신자 가운데는 김노
적, 박선태 등 1910~20년대까지 지역사회의 사회운동과 민족운동을 주도했
던 인물들이 있었다. 이들은 성공회를 기반으로 했던 진명구락부의 주요
구성원이었다. 김노적은 수원상업강습소를 졸업하고 교사로도 활동하였으
며, 박선태는 김노적과의 인연을 바탕으로 수원상업강습소와 관련을 맺고
활동하면서 수원지역의 3·1운동을 주도하였다. 이후 김노적은 중국으로
망명하여 대한민국 임시정부에 참여하였다고 하며, 박선태는 구국민단을
주도하였다.[27] 이와 같이 수원지역의 성공회는 수원지역의 사회운동과 민
족운동에 상당한 영향력을 갖고 있었으며, 바로 이러한 시기에 조안득은
성공회 신자로서 이들에게 영향을 받았을 것이라 추측할 수 있다. 그러므
로 17~8세까지 조안득은 성공회라는 기독교적 신앙을 통해 식민지 조선사
회를 파악하였을 것이라 볼 수 있다.

그러나 수원공립보통학교를 졸업하고 인쇄소에 취직한 이후 그의 사상
에 변화가 생긴 것으로 판단된다. 즉 노동자 생활 속에서 그는 일제의 식민
지 통치와 가난한 자신의 삶에 대한 불만이 더욱 커졌던 것이다. 앞에서 보
았듯이 그의 성장 과정은 일제의 식민통치라는 민족모순과 자본가, 지주라
는 계급모순을 질곡으로 한 것이었다. 그리하여 그가 1930년부터 1931년 2
월 경성으로 이주하기 전까지 수원노동조합 출판부에 가입하고 인쇄부장
이 되어 활동한 것은 이러한 질곡에서 벗어나고자 한 그의 생각을 반영한
다고 생각된다.

수원노동조합 활동을 하면서 그는 조선총독부 경찰로부터 요주의 인물로
감시를 받던 林凡振, 李鍾和와 친밀하게 지냈고, 용일양조장 취직 이후에는

---

27) 수원지역 기독교계의 민족운동와 구국민단에 대해서는 각각 김권정의 연구(「수
원지방 기독교계의 3·1운동과 이후 동향」, 『역사와교육』 11, 역사과교육학회,
2011)와 박환(「1920년대 초 수원지방의 비밀결사운동 -혈복단과 구국민단을 중심
으로-」, 『경기사학』 2, 경기사학회, 1998)을 참조 바람.

인진명과 친하게 지냈다.[28] 특히 임범진은 1930년 김장성 등이 실행한 수원격문사건의 용의자로 지목되어 공석정 등과 함께 검속되었던 인물[29]로서 수원청년회, 조선프롤레타리아예술동맹 수원지부에서 활동하였고, 1929년 8월 20일에는 수원노동조합 집행위원이 되었다.[30] 이러한 그의 경력으로 보아 임범진은 사회주의적 성향의 인물임이 확실하다고 할 수 있다. 주목되는 것은 1929년 11월 10일 개최된 수원노동조합 집행위원회에서는 임범진이 印工班委員長, 이종화가 인공반 위원으로 선임되었다는 것이다.[31] 이로 보아 조안득과 친밀한 인물로 조사된 임범진과 이종화는 인쇄노동자였을 것이다. 따라서 조안득은 수원에서 임범진, 이종화 등 사회주의적 성향의 인물들과 함께 수원노동조합을 중심으로 활동하였음을 알 수 있다. 그리고 그 연장선에서 조안득은 수원노동조합, 수원농민조합, 신간회 수원지회 등 지역사회의 사회단체에서 활동하였을 것이며, 수원지역 사회운동의 지도자인 박승극, 공석정, 변기재 등과도 교유가 있었을 것으로 판단된다.

이와 같이 조안득은 출생지이자 성장지인 수원에서 성공회 신앙을 통해 알게 된 김노적, 박선태와 같은 민족주의 계열의 인물들과 수원노동조합 가입 이후 박승극, 공석정, 변기재와 같은 사회주의 계열의 인물들에게서 민족의식과 계급의식의 영향을 받았던 것을 확인할 수 있었다. 이러한 과정에서 그는 조선총독부 경찰이 파악한 바와 같이 자신의 속마음을 밖으로 드러내지 않으면서 사회문제와 민족문제에 대해 정보를 수집하고 내면화하는 과정을 거쳤던 것으로 판단된다.

이러한 생각과 교우관계 속에서 활동을 하였으나 그는 조선총독부 경찰로부터 요주의인물로 지목을 받았던 것은 아니었다. 그는 민족주의와 공산

---

28) 京高特秘 제243호(昭和 11年), 「總督暗殺計劃者檢擧に關する件」.
29) 『동아일보』 1930년 10월 23일, 「수원격문범 경성에 호송」; 『동아일보』 1930년 11월 28일, 「수원격문사건 진범 2명 피착」.
30) 조성운, 『일제하 수원지역의 민족운동』, 국학자료원, 2003 참조.
31) 『중외일보』 1929년 11월 15일, 「수원노조 집행위원회」.

주의 사상을 가지고 있었으나 '불온언동'을 밖으로 드러내지 않으면서도 신문기사, 특히 논설과 시사에 관한 기사를 읽고 醉生夢死하기보다는 사회에 충격을 줄 수 있는 대사건을 결행하여 신문 호외에 자신의 이름을 나타내고자 하는 등의 영웅숭배적 심경을 가졌다고 조선총독부 경찰은 파악하였던 것이다.[32] 이와 같은 그의 사상적 성향은 그가 경성 이주 이후 이금진, 구승회 등 사회주의 성향의 인물들과 함께 활동할 수 있었던 배경이 되었다고 생각되나 후술하듯이 그의 영웅주의적 성향 때문에 사회주의적 성향을 가진 이들은 우가키총독처단활동에 참여하지 않은 것으로 보인다.

3. 우가키총독처단미수사건의 경과

앞절에서도 보았듯이 조안득은 수원에서 출생하고 성장하면서 성공회 신앙과 수원노동조합 가입 이후 사회운동과 민족운동에 관계하면서 민족의식과 계급의식에 눈을 뜨게 되었다. 1931년 2월 경성 이주 이후에는 용일양조장에 고용되어 배달 업무에 종사하면서 같은 직장에 고용되어 있었던 사회주의 성향의 이금진, 구승회와 교유하였다.

이금진은 1932년 11월 姜穆求, 鄭泰玉 등이 주도한 고려공산청년회재건운동 관계자 金兌鎬(金泰植)의 지도하에 1932년 10월경 蔡馴錫을 책임자로 한 사회주의독서회 그룹에 가입하여 사회주의사상을 수용하였으며, 1934년 7월부터 용일양조장의 사무원으로 근무하였다.[33] 『한국사회주의운동인명사전』(창작과비평사, 996)에 따르면 강목구는 함남 홍원 출신으로서 1930년 2월 경신학교 3학년 재학 중 학교 당국의 학생회 자치권 박탈에 항의하여 반대투쟁을 주도하다가 퇴학당한 후 홍원농민조합의 소년부장을 거쳐 러시

---

32) 京高特秘 제243호(昭和 11年), 「總督暗殺計劃者檢擧に關する件」.
33) 京高特秘 제243호(昭和 11年), 「總督暗殺計劃者檢擧に關する件」.

아로 망명하였고, 국제공
산청년회로부터 고려공산
청년회의 재건 책임을 부
여받아 1933년 국내로 파
견되어 활동하다가 체포
되어 1932년 12월 함흥경
찰서에 체포되었으나 탈
주하였다고 한다. 이금진

〈사진 2〉 이금진

은 바로 이 시기에 강목구

의 지도를 받던 김태호와 채일석에 의해 사회주의의 영향을 받은 것으로
보인다.

구승회는 경기도 광주 출신으로서 석혜환
이 지도하였던 광주협동조합의 간사, 광주공
산당협의회의 교양부 책임자로서 사회주의
활동에 참여하였던 인물이다.[34] 그는 고향
광주에서 石惠煥, 鄭永培, 具嘉書, 具完書 등
과 공산주의 서적을 읽고 공산주의 의식을
함양하였다.[35] 그런데 이 독서모임은 金銅植
의 지도를 받은 것으로서 김동식은 安承樂,
安昌大, 安龍鳳, 鄭七星, 李載裕, 權榮台 등의
공산주의자와 교유하던 인물이었다.[36] 이렇
게 보면 구승회는 넓은 의미에서 이재유그룹

〈사진 3〉 구승회

34) 이에 대해서는 조규태의 연구(「일제강점기 경기도 광주 출신 석혜환의 민족운동
과 사회운동」, 『향토서울』80, 서울시사편찬위원회, 2012)를 참조 바람.
35) 「地檢秘 第375號, 安承樂一派의 京城赤勞그룹事件 關係者 檢擧에 관한 件 」(국사
편찬위원회 한국사데이터베이스에서 인용-이하 생략).
36) 「地檢秘 第375號, 安承樂一派의 京城赤勞그룹事件 關係者 檢擧에 관한 件」.

의 일원으로 보아도 무방하다고 할 수 있다.[37] 결국 조안득의 우가키총독
처단미수사건에는 강목구의 국제공산청년회계열의 사회주의자와 이재유그
룹의 사회주의자가 함께 있었다는 사실을 알 수 있다.

조안득에게 사회주의적 교양을 강화한 인물은 이금진이었다. 이금진은
1935년 7월 이후 수십 회에 걸쳐 조안득을 비롯한 용일양조장 동부지점 직
원에게 민족의식과 좌익사상을 고취, 교양하는 한편 용일양조장이 술 한
통 배달하는데 10전의 임금을 주던 것을 1935년 여름부터 배달임금을 거리
제로 변경하여 균일하게 10전씩 주겠다며 실질적으로 임금을 인하하자[38]
임금인상을 목적으로 동맹파업을 선동하기도 하였다.[39] 동맹파업이 실행
되지는 않았으나 그가 용일양조장을 기반으로 노동조합을 조직하고자 하
였던 단초를 보인 것이라 생각된다. 이는 후술하듯이 이금진은 의열투쟁보
다는 지하운동을 통한 독립운동 방략을 갖고 있었기 때문이다.

따라서 조안득의 우가키총독처단활동이 이들 사회주의자의 직접적인 영
향 하에서 행해진 것 같지는 않다. 조안득과 이금진은 우가키총독 처단을
두고 다음과 같이 의견차를 보인 것이다.

> 이금진은 서서이 가는 동안에 기회가 오는 것이니 지하운동에 잠입하여 당
> 분간 투쟁을 지속하는 것이 상책이라고 하고 조안득은 절대로 이 이상 더
> 참고 이 세상을 살아갈 수 없으니 직접 행동으로 나아가 테러행동을 취하
> 자고 하고 두 사이는 의견이 대립되어 갈라졌다.[40]

즉 이금진은 의열투쟁보다는 당 재건을 통한 사회주의운동을 통해 조선

---

37) 이재유의 활동에 대해서는 김경일의 연구(『이재유, 나의 시대 나의 혁명』, 푸른역
   사, 2007)을 참조 바람.
38) 『동아일보』 1936년 8월 18일, 호외, 「端緒는 理髮所에서 龍山署員 武裝活動 三處
   에서 爆彈도 押收」.
39) 京高特秘 제243호(昭和 11年), 「總督暗殺計劃者檢擧에 關する件」.
40) 『동아일보』 1936년 8월 18일, 호외, 「爆彈 威力은 强大 十間통이나 破裂 某處에서
   性能 實驗 主犯의 最近 動靜」.

의 독립과 사회주의혁명을 건설하자고 주장한 반면 조안득은 의열투쟁을
통해 독립을 쟁취하자고 주장하였다. 이러한 의견의 차이로 이금진은 우가
키총독처단활동에 직접적으로 참여하지 않은 것으로 보인다. 또한 사건 이
후 이 사건에 관한 최초의 문서는 1936년 1월 24일 경성 용산경찰서에서 생
산한 것[41]인데, 이 문서에는 강목구 - 정태옥 - 김태호 - 이금진 - 조안득으로
이어지는 조직도를 수록하였으나 2월 6일자의 문서[42]부터는 이 조직도를
삭제했다는 것에서 추측할 수 있다. 즉 최초에 조선총독부 경찰은 이 사건
을 강목구그룹에 의해 이루어진 것이라 판단하거나 혹은 이를 그 방향으로
조작하고자 하였던 것이라 생각된다. 참고로 조직도는 아래와 같다.

〈표 1〉 우가키총독처단미수사건 조직도[43]

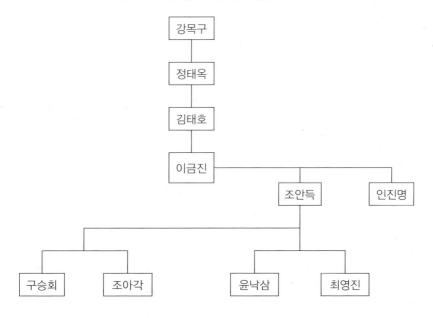

---

41) 「京龍高秘 第11151號, 朝鮮總督暗殺未遂事件 檢擧에 關한 件」.
42) 京高特秘 제243호(昭和 11年), 「總督暗殺計劃者檢擧に關する件」.
43) 「京龍高秘 第11151號, 朝鮮總督暗殺未遂事件 檢擧에 關한 件」.

앞에서 본 바와 같이 조안득이 수원노동조합 등과 같은 수원에서의 경험
과 이금진으로부터 받은 교양에 의해 민족의식과 계급의식이 더욱 강화되
었다. 마침 이때 그의 두 형이 실직하면서 그는 자신의 이와 같은 경제적
어려움이 자본주의경제체제와 총독정치의 결함, 즉 일제의 식민지 지배에
서 비롯되는 것으로 파악하고 그 수뇌인 조선총독을 처단할 것을 결심하였
다. 조안득이 우가키총독을 처단하고자 결심한 계기에 대해 조선총독부 경
찰은 다음과 같이 파악하였다.

> 이금진에게서 민족의식의 앙양과 공산주의사회 실현에 관한 교양을 받은
> 후 그는 당시 실형 조수복과 조아각의 실업에 따른 생활곤란의 상황은 더
> 욱 현재의 자본주의 경제기구에 의문을 품게 되었다. 더욱이 같은 해(1935
> 년-인용자) 9월경 남산국기게양탑 근처에서 경성부내를 조망하고 건축물
> 등에 의해 내선인의 생활상태가 현저하게 차이가 남을 목격하고 나서 한층
> 현재의 조선 통치에 반감하고 憤懣을 느껴 일찍이 하얼빈역두에서 이토공
> 을 암살한 안중근을 모방하여 조선총독에 대해 폭발물을 사용하여 위해를
> 가할 것을 기도하기에 이르렀다.[44]

한편 조안득이 우가키총독 처단에 나선 이유에 대해 『동아일보』에서는
다음과 같이 보도하였다.

> 주범 조안득은 용일양조소 동부지점에 있는 동안 자기의 큰형과 둘째형이
> 작년 여름에 실직하는 데서부터 생활고가 심각해지자 6월 하순의 어느 날
> 남산공원에 올라가 장안을 내려다보고 이 세상의 불평과 불합리하다는 것
> 을 절실히 느끼게 되어 차라리 이런 세상을 더 길게 사느니 지금 죽어도
> 사나이로서 무슨 계획을 세우는 것이 차라리 낫겠다고 생각하고 자기에게
> 공산주의를 교양해준 이금진과 상의하였으나[45] (강조는 인용자)

---

44) 京高特秘 제243호(昭和 11年), 「總督暗殺計劃者檢舉に關する件」.
45) 『동아일보』 1936년 8월 18일, 호외, 「爆彈 威力은 强大 十間통이나 破裂 某處에서
　　性能 實驗 主犯의 最近 動靜」.

즉 조안득은 큰형과 작은형의 실직에 따른 경제적 곤란함을 일제의 민족 차별과 제국주의적 지배정책에 기인한 것이라 판단하고 바로 행동하지 않으면 안 된다고 판단한 것이다.

이러한『동아일보』의 보도와 위의 조선총독부의 판단에 따르면 그가 우가키총독 처단에 나선 계기는 크게 공산주의적 사상 교양, 경제적 곤란, 조선총독부의 차별정책, 안중근의 영향 등이라 볼 수 있다. 이 중 공산주의 사상 교양과 경제적 곤란에 대해서는 이미 서술했으므로 생략하기로 하고 여기서는 안중근의 영향력에 대한 부분에 대해 잠깐 살펴보기로 하겠다.

안중근은 이토 히로부미 처단으로 우리 민족과 세계인에게 잘 알려진 인물로서 당시 우리 민족에게는 영웅과 같은 존재였던 것으로 보인다. 한 연구에 따르면 김구는 안중근을 '사당의 신주'에 비유하여 독립운동의 최고봉으로까지 인식하였고, 신채호는 일제의 조선 강점 이후 진정한 독립운동가는 안중근뿐이라고 역설하였다. 그리고 유자명과 송학선 역시 안중근의 영향을 받았고, 김산(장지락)도 그를 독립운동의 모델로 추앙하였다. 또한 1941년 10월 조선의용대는 제3주년기념을 맞이하여 특별 간행물에서 그를 '조선혁명투쟁사'의 기원으로 설정할 정도였다.[46] 이렇게 보면 안중근의 이토 히로부미 처단은 민족주의, 사회주의 등 계열을 구분하지 않고 식민지시기 대부분의 독립운동자들에게 큰 영향을 미쳤음을 확인할 수 있다. 그러므로 조안득이 안중근의 영향을 받았다고 해도 이상할 것은 없다.

다만 주의해야 할 점은 안중근의 이토 히로부미 처단을 조선총독부에서는 '암살'이라 규정하고 이후 독립운동진영의 친일파 처단활동을 '암살'이라는 부정적 이미지로 낙인시키고 있는 것은 아닌가 하는 것이다. 그리하여 안중근의 이토 히로부미 처단 직후인 1911년 신민회의 '데라우치총독암살미수사건'을 조작, 민족운동에 대한 이미지 조작과 탄압을 하였던 것이다.

---

46) 신운용, 앞의 논문, 87~88쪽.

신민회의 '데라우치암살미수사건'에 대해 백낙준은 "안중근, 이재명 의거,
스티븐스 암살사건 등과 관련, 한민족의 항일운동은 '암살'로 표현된다는
표현형으로 단정한 때문이다"[47]고 일찍이 이 사건이 조작되었을 가능성을
주장하였다. 이러한 백낙준의 주장을 보다 치밀하게 천착하여 신민회의 '데
라우치총독암살미수사건' 조작되었다고 논증한 연구[48]가 최근 제출되어
'데라우치총독암살미수사건'의 조작설이 보다 설득력을 얻게 되었다. 결국
조선총독부는 우리 민족의 항일독립운동을 '암살', '테러'라는 이미지로 낙
인을 찍고 여론을 호도하여 식민지 조선 민중에게 독립운동에 대한 부정적
인식을 하도록 한 것이라 생각된다.

〈표 2〉는 조안득이 우가키총독 처단에 동참한 인물을 도표화한 것이다.
〈표 2〉를 통해 볼 때 이 사건 관련자들의 평균 나이는 30세 정도이며 인
진명을 제외하면 평균 27세 정도로 23~30세의 청년들로 구성되어 있었다.
그리고 이금진을 제외하고는 모두 경기도 출신이었으며, 각각 편강인쇄소
와 순흥상회의 직원이었던 조아각과 인진명을 제외하고 나머지 5명은 모두
용일양조장의 노동자였다. 그리고 이금진이 고려공산청년회재건운동과 관
련하여 도피 중이었고, 구승회도 광주공산당협의회 관련자였으나 이 사건
이전에는 이른바 '전과'가 없는 초범이었다. 뿐만 아니라 조안득, 이금진, 구
승회를 제외하고는 사회운동이나 민족운동에 참여한 적이 없었다.

47) 백낙준, 「한국교회의 핍박-'寺內總督暗殺未遂陰謀'의 음모에 대하여」, 『神學論壇』
　　7, 연세대학교신학대학회, 1962, 21쪽.
48) 신민회와 105인사건에 대한 기존의 견해를 비판한 키노시타 타카오의 연구(「新
　　民會像의 형성에 관한 비판적 고찰 -1차 사료의 취급을 중심으로-」, 『한국민족운
　　동사연구』 62, 한국민족운동사학회, 2010)을 참조 바람.

〈표 2〉 1935년 우가키총독 처단미수사건 관련자[50]

이름	신분 (나이)	주소	직업	적용 법령	기타
安得[49]	상민 (27)	(본적) 수원군 수원읍 매산리 14 (주소) 경성부 어성정 155	용일양조장 피고용인	살인예비 및 미수, 폭발물 취체벌칙위반, 총포화약취체 령위반, 치안 유지법위반	본명 曺得烈 이명 曺安德 조아각의 친동생 수원노동조합 인쇄 부장(1930) 수원공보 졸업 신장 160cm 애국장(2010)
印振明	상민 (48)	(본적) 파주군 광탄면 마장리 223 (주소) 고양군 한지면 신당리 무당동 39	순흥상회 피고용인	폭발물취체 벌칙위반, 총포화약취체 령위반	애족장(2010)
崔榮鎭	상민 (30)	(본적) 고양군 □도면 위은리 79 (주소지) 고양군 용강면 신공덕리 58	용일양조장 피고용인	살인예비 및 미수, 폭발물 취체벌칙위반	
尹樂三	양반 (28)	(본적) 파주군 천현면 직천리 54 (주소) 경성부 대도정 126	용일양조장 피고용인	살인예비 및 미수, 폭발물 취체벌칙위반	본명 尹鶴洙 이명 尹錫畯 파동강습소 졸업 애족장(1990)
具承會	상민 (26)	(본적) 광주군 서부면 감일리 246 (주소) 경성부 양남동 112	용일양조장 피고용인	폭발물취체 벌칙위반	광주협동조합 간사, 광주공산당협의회 교양부 책임자 광주상일리공립보 통학교 4년 수업 후 광주공립보통학교 6년 졸업
曺雅各	상민 (30)	(본적) 수원군 수원읍 매산리 14 (주소) 고양군 한지면 신당리 336-92	편강인쇄소 직공	폭발물취체 벌칙위반	본명 曺千福 조안득의 친형
李金珍	상민 (23)	(본적) 원산부 상리 1동 39 (주소) 경성부 창신동 239-1	용일양조장 동부지점 피고용인	폭발물취체 벌칙위반	함흥보통학교 졸업 신장 150cm

---

49) 「신분장지문원지」에는 조안득의 출생연도가 1920년 12월 16일, 본적이 매산리가
    아닌 남수리로 되어 있으며, 주소도 전북 군산시 신흥동 57-3이라 되어 있으나 해
    방 이후 이기하면서 오기한 것으로 보여진다.
50) 「京高特秘 제243호(昭和 11年), 「總督暗殺計劃者檢擧に關する件」;『신분장지문원
    지』(국가보훈처 소장);『일제감시대상인물카드』;「京高特秘 第731號, 秘密結社 廣

이와 같이 사회운동이나 민족운동에 참여한 적이 없던 인물들이 우가키 총독처단에 나선 것은 1920년대 이래 국내에서 전개된 청년운동, 학생운동, 노동운동, 농민운동, 신간회운동 등 다양한 민족운동과 사회운동을 통해 운동의 대중성이 확보되었기 때문이라고 할 수 있다. 또한 이들이 성장하면서 겪은 민족차별은 이들에게 일제와 일제의 식민지 지배에 대한 저항의식을 고취했을 것이다. 이는 1926년과 1929년에 각각 발생한 6·10만세운동과 광주학생항일운동, 그리고 개별 학교에서 전개된 동맹파업에서 제기된 민족차별교육철폐라는 구호 속에서도 확인된다. 또한 노동 현장에서 구조적으로 자행되었던 민족별 임금차별은 노동자 신분이었던 이들에게 더욱 의미있게 다가왔을 것이다. 그리하여 앞에서도 본 바와 같이 조안득은 남산 국기게양탑에서 경성부를 내려보면서 '건축물 등에 의해 내선인의 생활상태가 현저하게 차이가 남'을 다시 한 번 느꼈던 것이라 할 수 있다.

다음으로 우가키총독처단을 위한 조안득의 계획과 활동 과정을 살펴보자.[51] 『동아일보』에서는 조안득의 우가키총독 처단 활동이 5차에 걸쳐 전개되었다고 보도하였다. 제1차는 1935년 10월 14일 사단대항연습을 참관한 후 경성역에 도착하는 우가키총독을 처단하려 했으나 폭발물의 도화선이 미급되어 뜻을 이루지 못한 것, 2차는 1935년 10월 16일 총독부 고관들이 동대문 밖을 통해 이동한다는 소식을 듣고 실행하려 하였으나 경계가 심해 실패한 것, 3차는 2차에 걸친 노력이 실패한 후 최영진, 구승회, 윤낙삼 등과 공모하여 11월 18일 도쿄에서 돌아와 경성역에 도착하는 우가키총독과 그 가족을 처단하고자 하였으나 실패한 사건, 4차는 우가키총독이 온양온천에서 경성역으로 돌아오는 것을 기회로 처단하고자 했으나 실패한 1935년 2월 14일의 사건, 5차는 지금까지의 시도가 모두 실패로 돌아가자 1936

州共産黨協議會 事件 檢擧에 관한 건」.
51) 이에 대해서는 특별한 각주를 달지 않는 한 「京高特秘 제243호(昭和 11年),「總督暗殺計劃者檢擧に關する件」의 내용을 토대로 정리했음을 밝혀둔다.

년 1월 1일 남산의 조선신궁 참배 시 총독을 처단하고자 했으나 사전에 발각, 검거된 사건이다.[52] 그러나 이 사건은 5차로 나누어 보는 것보다는 조선총독부 경찰이 판단한 것과 같이 『동아일보』에서 구분한 제1차와 제2차를 제1차 시도, 제3차와 제4차를 제2차 시도, 제5차를 제3차 시도로 파악하는 것이 이 사건의 전개과정에 비추어 옳다고 생각한다. 제1차 시도는 조안득의 단독계획, 제2차 시도는 조안득이 최영진, 구승회, 윤낙삼 등의 동지를 획득한 이후의 집단계획, 제3차 시도는 다시 조안득이 동지들과 상의하지 않고 단독으로 계획한 것이기 때문이다. 이를 다음과 같이 정리할 수 있다.

먼저 제1차 시도의 경과는 다음과 같다. 앞에서 언급한 바와 같이 조안득은 경제적 궁핍과 일제의 식민지 지배에 대한 불만 등의 이유로 식민지 조선의 독립에 대한 열망이 매우 강하였다. 이에 그는 조선총독 등 조선총독부의 고관들을 처단하기로 결심하고 그 방법을 모색하였다. 이에 그는 총독 등의 동선을 파악하기 위해 신문 등을 탐독하였던 것 같다. 그는 1935년 10월 14일 사단대항연습을 참관한 후 귀경하는 우가키총독을 처단하기 위하여 폭탄을 만들려고 하였으나 도화선이 준비되지 못하여 실행하지 못하였고, 2일 후인 10월 16일 고관들이 동대문 밖을 통해 이동한다는 말을 듣고 그 통로인 용일양조소 동부지점에서 이들을 처단하고자 하였으나 역시 실행하지 못하였다. 이는 폭탄을 준비하지 못하였고, 조선총독부 경찰의 경계가 삼엄[53]하여 기회를 찾지 못하였기 때문이었다.

---

52) 『동아일보』 1936년 8월 18일, 「謀事 前後 5次 自身도 爆死를 覺悟 第4次 擧事 前夜엔 4명이 最後宴까지 戰慄할 計劃의 顚末」.

53) 사단대항연습은 1930년, 1933년, 1935년에 식민지 조선에서 시행되었다. 1935년의 사단대항연습은 10월 10일부터 14일까지 호남지방에서 열렸으며(『동아일보』 1935년 4월 11일, 「師團對抗演習 湖南地方에서 擧行」), 여기에는 참모총장 閑院宮 載仁親王, 육군대장 梨本宮 守正王, 竹田宮 恒德王, 閑院宮 春仁王 등 일본의 황족을 비롯한 고관들이 참관하였다(『동아일보』 1935년 8월 26일, 「宮殿下 네분 朝鮮 오실 터」), 만주침략 이후 중국 침략을 준비하는 과정에서 행한 군사훈련이

제2차 시도는 제1차 시도와 같이 단독으로는 조선총독을 처단하는 데 한계를 느낀 조안득이 최영진, 구승회, 윤낙삼 등을 동지로 획득하고 이들과 함께 거사를 계획하고 실행에 옮긴 사건이다. 즉 제1차 시도를 실행에 옮기지 못한 것은 조선총독부 경찰의 경계가 삼엄하였기 때문이기도 하였으나 폭탄을 준비하지 못하였기 때문이기도 하였다. 그리하여 조안득은 폭발물을 제조할 방법을 강구하였다. 그는 용일양조소에서 술을 받아 장사를 하던[54] 고양군 독도면 중곡리 중석광산의 화약취급주임 인진명이 폭약제조 방법을 알고 있다는 점에 착안하였다. 그는 1935년 9월 하순부터 10월 초순까지 물고기를 잡기 위해 사용한다며 다이너마이트와 導火線을 줄 것을 인진명에게 요청하여 그로부터 이를 입수하고, 이후 몇 차례 그를 더 만나 폭발물 제조법을 배웠다. 그 제조법은 성냥의 軸頭藥과 綿砂 등을 공병에 충전하고 이를 도선화선으로 연결하면 다이너마이트와 마찬가지의 효력을 갖는다는 것이었다. 이 방법으로 폭발물을 제조한 조안득은 실제 자신의 자전거와 용일양조장 앞을 지나는 전차 청량리 선로에서 이를 시험하는 한편 도화선을 더 줄 것을 인진명에게 요청하였다. 이에 인진명은 광산사무소에 보관 중이던 緩燃導火線 약 1척 5촌을 빼돌려 1935년 10월 27~8일 경에 용일양조장 동부지점에서 조안득에게 넘겨주었다. 도화선을 충분히 확

___

라 생각된다. 이 훈련에는 조선총독은 물론이고 일본에서도 고관들이 참관하였다. 그러므로 이 훈련이 행해진 시기를 전후하여 조선 각지에서는 엄격한 경계가 이루어졌다. 특히 1935년의 사단대항연습 시에는 9월 20일부터 식민지 조선의 일반 경찰기관이 총동원되어 특별경계가 시작되었고, 9월 25일부터 10월 20일까지는 경성 이남의 국철과 사철 등 8개 노선의 철도에 이동경찰반이 배치되었다. 그리고 10월 1일부터는 고등경찰을 동원하여 사상적으로도 대비하였다. 특히 조선에서의 훈련이 종료된 이후에 규슈에서도 훈련을 전개하도록 되어 있었으므로 사상 방면의 대응태세는 규슈에서의 훈련이 끝날 때까지 계획되었다. 또한 경계에 만전을 기하기 위하여 자동차나 오토바이 등의 교통수단도 전국적으로 모아 만일의 사태에 대비하였고, 특별통신망도 설치하여 정보를 신속하게 전달하고자 하였다(『동아일보』 1935년 9월 14일, 「空前의 大警備陣」).
54) 『동아일보』 1936년 8월 18일, 「爆彈 製造法을 일러준 印振明」.

보한 후 조안득은 다른 사람의 이목을 피해 모아둔 성냥의 축두약과 이 도
화선으로 아내가 준비해 준 양식용 카레라이스가루 공병에 성냥 작은 상자
10여개분의 축두약과 면사를 충전하여 폭발물을 제작하였다.

1935년 11월 중순 신문기사를 통해 우가키총독이 11월 17일 경성으로 돌
아온다는 소식을 접한 조안득은 총독이 도착하는 경성역에서 제1차로 제작
한 폭발물로 총독을 처단할 것을 계획하였다. 이 날 총독이 귀경하지 않아
뜻을 이루지 못하고 귀가 후 같은 날 밤 교남동의 용일양조장 서부지점 직
원 구승회를 방문하여 총독 처단 계획을 설명하고 자신이 갖고 있던 폭발
물을 보여주면서 그의 협력을 이끌어내었다. 그리고 18일 오전 7시 폭발물
을 자전거에 싣고 경성역에 이르러 7시 40분 경성역에 도착할 예정인 우가
키총독을 역두에서 저격할 목적으로 역구내, 역 앞의 전차 신호소, 이케다
(池田甘栗)상점 부근에서 경계상황을 살핀 후 역전의 잔디밭 부근에서 총
독에게 폭발물을 투척할 기회를 엿보고 있었으나 당일 아침 안개가 깊게
끼고 조선총독부 경찰의 경계가 엄중했을 뿐만 아니라 우가키총독은 예정
과 달리 경성역 제2 플랫폼에서 바로 자동차를 이용하여 남대문 방면으로
나갔기 때문에 그 목적을 달성할 수 없었다.

뜻을 이루지 못한 채 돌아온 조안득은 용일양조장의 배달부로 있던 최영
진과 윤낙삼이 의지가 확고하다 판단하고 이들을 동지로 획득하였다. 이후
몇 차례 협의 후 거사계획을 다음과 같이 정하였다.

> 조안득은 자전거를 타고 이미 제작한 폭발물을 가지고 현장에 가서 좋은
> 기회를 포착하여 총독에 대해 폭발물을 투척할 것, 윤낙삼은 망을 보고, 최
> 영진은 조안득 범행 후 조안득이 타고 온 자전거를 타고 도피할 것[55]

이러한 계획을 세운 후 이들은 지속적으로 기회를 엿보다가 1935년 12월

---

55) 「京高特秘 제243호(昭和 11年), 「總督暗殺計劃者檢擧に關する件」.

12일 밤 9시 30분 경 음주 후 11시 경 용일양조장 서부지점으로 가서 자고 있던 구승회를 깨워 슬며시 작별하고 부근의 元靑閣이라는 중국요리점에 가서 음식을 먹고 다시 자동차로 부내 및 木町의 선술집에서 술과 음식을 먹은 후 다음날인 13일 오전 1시경 서사헌정 180번지 조선인 유곽 廣昌樓에서 유흥을 즐긴 후 오전 3시경 귀가하였다. 그리고 조안득은 12월 13일 신문기사를 보고 온양온천에 여행 중인 우가키총독이 14일 오후 2시 52분 경성역에 도착한다는 것을 알고 이를 호기로 삼아 일을 쉬고 오전 10시경 최영진에게 총독이 경성역에 도착시각을 알리고 동행할 것을 요구하였다. 이에 최영진은 시간 내에 갈 것이라 약속하였다. 조안득이 이때 최영진에게 폭발물 도화선에 불을 붙이기에는 성냥이 불충분하므로 완벽을 기하기 위해 라이터를 구입해야 한다며 25전을 제공받아 남대문통 4정목 11번지의 천흥상점에서 라이터를 구입하였다. 그리고 조안득은 윤낙삼에게도 총독이 경성역에 도착하는 시간을 통지하였다. 14일 오후 2시 5분 조안득은 제2차로 제조한 폭발물 3개를 갖고 자전거로 경성역에 가서 경계상황을 살핀 후 총독 처단 장소로 남대문통 5정목 세브란스병원 통용문에서 15m 정도 떨어졌고 경성역에 면한 철책 부근의 보도에서 총독에게 폭발물을 투철할 것을 계획하였으나 총독이 앞서와 마찬가지로 귀로를 바꾸었고 경계가 엄중하여 총독처단은 이번에도 실패하였다.[56]

제2차 시도의 실패 이후에도 조안득 등은 총독처단 혹은 조선은행, 동척 경성지점에 대한 폭탄 투척이나 철도선로에 폭발물을 설치하여 그 위력을 시험할 것 등을 협의하는 등 일제에 대한 투쟁을 지속적으로 준비하였다. 이 과정에서 조안득은 1936년 1월 1일 우가키총독이 예년과 마찬가지로 조

---

56) 신문기사에는 제2차 시도에 구승회가 참여하였다고 보도(『동아일보』 1936년 8월 18일, 「謀事 前後 5次 自身도 爆死를 覺悟 第4次 擧事 前夜엔 4명이 最後宴까지 戰慄할 計劃의 顚末」)하였으나 조선총독부 경찰의 보고에는 구승회가 참여하였다는 기록은 없다. 이에 대해서는 다른 자료를 발굴하여 보완해야 한다고 생각한다.

선신궁에 참배할 것이라 예상하고 총독이 참배할 때 신궁 근처에 방화하여 경계 경찰을 동요시키고 그 사이 총독을 처단할 것을 계획하였으나 12월 28일 검거되었다.

그런데 앞에서도 언급하였고 조선총독부 경찰도 이 사건의 특징으로 들고 있는 것이 조안득을 비롯한 이 사건의 관련자들은 조선총독부 경찰의 감시를 받던 인물들이 아니었다는 점에서 이 사건이 조선총독부 경찰에 쉽게 노출될 수 있는 것도 아니었다 할 수 있다. 그러나 이 사건은 앞에서 언급한 바와 같은 동맹파업에 대한 수사를 조선총독부 경찰이 내사하던 중 순시 중 배달부끼리 수군거리는 귓속 이야기와 용일양조소 부근의 이발소에서 폭탄이니 위험물이니 하는 풍설을 듣고 본격적인 수사에 착수하여 발각된 것이다. 이 과정에서 얼굴에 흉이 있는 자가 범인이라는 정보를 통해 조안득을 범인으로 특정하고 그와 그의 동지들을 체포하게 되었던 것이다.[57] 그리고 증거물로 조안득의 작은형 조천복의 직장인 평강인쇄소의 물치장, 용일양조장의 술항아리, 그리고 조안득의 어머니 집의 온돌 안에서 각각 발견하여 압수하였다.

이와 같이 조안득의 우가키총독처단미수사건은 용일양조장과 용일양조장의 노동자를 중심으로 준비되고 실천되었으며, 이 과정에서 사회주의자는 투쟁방법에 동의하지 않고 이탈하였던 것으로 보인다.

4. 맺음말

이상에서 조안득의 출생과 성장 과정, 그리고 경성 이주 이후 우가키총독처단미수사건에 대해 살펴보았다. 이를 정리하면 다음과 같다.

---

57) 『동아일보』 1936년 8월 18일, 호외, 「端緖는 理髮所에서 龍山署員 武裝活動 三處에서 爆彈도 押收」.

첫째, 조안득은 빈곤한 집안에서 출생하여 수원공립보통학교를 졸업한
후 인쇄노동자로서 1930년 무렵까지 수원에서 생활하였다. 17~8세까지는
성공회의 신자로서 기독교적 가풍에서 성장하였으나 수원공보 졸업 이후
그의 큰 형 조수복과 함께 수원노동조합에 참여하여 인쇄부장으로 활동하
였다. 이 과정에서 그는 김노적, 박선태 등 성공회 계열의 인물과 박승극,
공석정 등의 사회주의자를 비롯한 수원지역 민족운동의 지도자와 교유하
면서 민족의식과 계급의식이 고취된 것으로 판단된다.

둘째, 1931년 경성 이주 이후에도 경제적으로 여전히 빈곤한 가운데 이금
진, 구승회 등 사회주의자와 교유하면서 계급의식이 심화된 것으로 보인다.
특히 고려공산청년회재건사건 관련자인 이금진은 그에게 사회주의적 교양
을 하면서 영향을 끼친 것으로 보인다. 다만 우가키총독처단활동에 대해
이금진은 조안득과 의견의 차이를 보여 직접적으로 참여하지 않았다. 이는
구승회의 경우도 마찬가지로 보여진다. 이들이 의열투쟁에 참여하지 않은
것은 당시 사회주의자들이 당재건을 통해 일제와 투쟁하려 했던 운동노선
에 기인한 것으로 판단된다.

셋째, 조안득의 우가키총독처단시수사건에 영향을 준 인물은 안중근이었
다. 안중근은 이토 히로부미 처단으로 우리 민족은 물론이고 세계적으로
이름이 알려졌으며 김구나 신채호 등도 매우 높이 평가하였던 인물이다.
따라서 한국민족운동의 전개과정에서 상징적인 인물이었다고 할 수 있다.
그러므로 안중근과 같은 거사를 통해 민족운동에 참여하겠다는 생각을 할
수 있었다고 생각된다.

넷째, 우가키총독처단미수사건은 폭발물로 우가키총독을 처단하고자 한
계획에 의해 3차에 걸쳐 시도되었다. 그러나 우가키총독의 일정 변경과 조
선총독부 경찰의 엄중한 경계에 따라 실제 폭탄 투척이 이루어지지는 않았
다.

다섯째, 이 사건에 관련된 인물들은 조선총독부의 감시대상에서 벗어난

인물들이었다는 특징이 있다. 이는 민족운동에 대한 광범위한 합의가 당시 사회에 전파되었다는 것을 보여준다고 할 수 있다.

결론적으로 우가키총독처단미수사건은 일제가 대륙 침략을 본격화하던 당시 일제의 침략정책에 대한 민족적 저항이라는 점에서 매우 의미가 큰 사건이라 할 수 있다.

제2부

증 언

〈공○택 증언〉

: 공석정 선생이 이 오산 사람이죠?

그 육관리

: 육관리

에

: 예, 지금 거기 생가가 있나요?

없어요.

: 아, 터는요?

터는 뭐 촌이고 뭐 갖춘 게 없습니다.

: 음.

그 공석정씨가 그 양반이 그 아버지가 그 한문, 서당 선생이었어요.

: 수원서 오산에서요?

에, 초동에서

: 아, 입구에 들어갔다 나온 게 볼펜이죠?

볼펜이... 그래서 뭐이야

: 그럼 대대로 한학을 하신 집안인가 보죠?

네?

: 대대로 한학을 하신 집안인가 봐요.

　대대로 뭐요?

: 한학이요

　그러면은. 할아버지가…

: 동국대학에서 박사학위를 하구요.

　네?

: 동국대학교에서 박사학위를 하구서는

　네.

: 그 원래는 수원지역 공부한 게 아니고 강원도 영동이요.

　에, 영동.

: 네, 거기 농민운동으로 박사학위를 했어요.

　네.

: 그런데 끝나고 나서 인제 수원지역을 하거든요. 이 옛날이면 수원, 오산 뭐 화성 다 한데니까.

　그렇지.

: 그러니까 그건 내년에 책을 한 권 낼려구요. 어떤…

　그런데 공석정씨에 대한 건 어서 아셨어요?

: 아우, 수원 공부하는 사람이 공석정씨 모르면 안 되죠.

　그 양반이 그 공재헌씨라고 그 양반이 아버진데

: 재헌

　재흔이

: 흔?

　흔, 저… 저 헌법의 憲자

: 예, 헌.

　있을 在자 재헌

: 예.

그 양반이 그 아들이 없었어요.

: 예.

그래서 양자가 있어.

: 아.

그 양자를 했는데 이 그후에 그 양반이 마누래를 얻었어요.

: 음.

그래 가지고 공석정씨를 난 거야.

: 아, 두 번째 부인의...

네.

: 네.

그런데 공석정씨가 아주 인물이 잘났어요. 인물도 잘나서...

: 음.

키가 6척이나 되고

: 아유, 이제 상당히...

기운이 장사거든.

: 예, 키가 크고 자는 6척간...

그리고 그 양반이 그 원주 거에 무슨 학교 선생으로 갔었어요. 그걸 내
가 아는 중핵교...

: 원주 어느 학굔지는 모르시구요?

예, 그래서 모두들 선생노릇을 하는데

: 언제? 언제 간 거예요?

왜정 때지요.

: 왜정 때면 그래도 시대가, 연도가 있을 거 아닙니까?

뭐 그때 이제 소화 頃때 아마 아 중위 때 한 15년 됐을 거야. 왜정때.

: 그러니까 20년 초

그때 20년대 초지.

: 그럼 20년대 초반에

　에, 초반에 그 양반이 그 선생이었는데 그 학생이 핵교를 댕기는데 그 일본 놈 과수원에서 과일 하나를 땄어.

: 그 학교 학생이요?

　학생이

　그런데 …는데 일본 놈들이 그 센떼이 가위로다가 허벅지를 짤르는 거야.

: 학생 허벅지를 이렇게 가위로

　그렇지 센떼이 가위루다가

: 예.

　그러니까 이제 그걸 학생이 인저 그… 그 얘기를 선생한테 했지. 그 공석정씨가 인자 선생한테 와서 그 얘기를 한거야. 그… 그 사실 얘기를 하니까 그 양반이 인제 그때 서울 가 있다가 거시기하고 동아일보에 들어가서 강의하고 그 기고… 낸거야.

: 동아일보에다가

　에. 그래 이제 동아일보에다가 내서 그걸 일본 놈이 내선일체라고 해면서 그 사람을 짐승 취급해는거야. 학생이 과일나무 가다가 하나 따먹을 수도 있는 것 아니냐. 그게 애들 동심인데 세상에 그걸, 그걸 땄다구 센떼이 가위로 짜르는게 어디 있냐.

: 센떼이 가위가, 가위가 뭐예요?

　그 저 가위 있잖아요. 그 나무 짜르고

: 아, 그 나무 자르는 가위

　에.

: 예.

　그걸루다가 잘라서 그 생채기를 내 놓니까? 그 양반이 대변을 한 거야. 그래서 YWCA에 가서 강의도 해고 동아일보에도 내고 그냥 그래 가지고 시끄러웠지 그 당시에.

: 네.

그래서 이제 총독부에다가 이제 항의도 하고 그러니까 그 일본사람을 일본으로 쫓아 버렸어요. 일본 저 총독부에서.

: 음.

그 시끄럽고 자꾸만 신문에 내고 그러니까

: 네.

그래 가지고 인제 그 양반을 달래기 위해서, 어 경기도 경찰국장을 하라고 그랬어요 총독부에서.

: 경기도 경찰국장이요?

그렇지. 시방으로 하면 경기도 경찰청장이지. 그 전에는 그 도 경찰부장이라 그랬어요.

: 예, 네.

그랬는데 그 양반이 그걸 들어요? 듣질 않지.

: 예. 그 양반이 얼마나 머리가 좋은지 이 논어 책이나 이주영을 엎어놓고 다 외는 양반이었어요.

: 음.

그렇게 머리가 좋았지. 그래 가지고 그 양반이 그 본 마나님이 있었어요 여기에.

: 음.

그 여기에 살았었지. 그 살았는데 그 본 마나님에게서 딸 둘 형젠가 그 큰딸이 나하곤 나이가 비슷하니까 시방 아마 한 80은 됐을 거야. 그리고 그 양반은 시방 살았으면 아마 백 살이 넘지.

: 예.

그래 가지고 인제 여기서 뭐 거 저 권사에 와서 자면은 그 여기 주재소에서 순경이 막 밤마다 지켜요.

: 예.

그 양반을

: 예.

그러면 그 양반이 여기에서 차 타도 수원 가면 전화로 경찰에 인계하고 그렇게 감시를 했어요 그 양반을.

: 예.

그리고 그때가 인자 한 열 몇 살 먹었나 그런 때 인제 그 여기 권사가 어딨냐면, 그 운동을 직접 잘했어요 이 양반이. 그래서 이 지붕이나 서까래만 붙잡으면 그 지붕을 넘어갈 정도로다가 그 운동을 열심히 했어요. 그 장날이 들어오면 촌에서 어디선 장날이 되면 강의도 하고 그 양반이 그럴래니까 경찰에서 기운으로선 잡을 수가 있어야지. 그렇다고 총을 쏠 수도 없고 그런데 이자 새끼루다 망을, 망을 뒤집어 씌워서 붙잡고 그랬어요 이 양반을.

: 음.

그 경찰들이 다음에 헌병하고 그런데 가 가지구

: 그러니 뭐 그 양반이 잘못한 게 있어야지요.

너무 발그러대니까 그래서 그 당시에 이 저 안재홍씨니, 여운형씨니 그거 다 저 연줄, 연배죠.

: 아 그 연배세요?

에. 그런데 그 강의를 엄청 잘했대요. 그거 난 저 별루 들어, 많이 들어 보진 못했는데, 그렇게 머리가 좋구, 기운이 천하장사고 아주 얼굴도 잘 생겼어요. 우리가 봐도 아주 미끈하게 아주.

: 음

참 남자답게 생겼어요.

: 그런데 원주에서 생활하시던 분이 어떻게 수원에 와서 그런 일을 하시죠?

그래 그 소문만 그만 들었지요. 그 양반 친구들간에

: 언제 그 그만 두신 거예요. 대강

그 그때 그 사건 나고 나서 얼만 안 있다 그만뒀어요.

: 그러니까 거의 1,2년 계셨겠네요. 그 원주에

　에?

: 원주에는 1,2년 정도밖에 안 계셨을까요?

　그렇죠. 그 정도 돼 있었죠.

: 네

　그래 가지구 여기 와서 인제 사시고 그 양반이 그 마내님을 수원의 차 모씨 딸로다, 그, 그 수원서 그 때 한 오천석 했지. 왜정 때. 그 집 딸이 일본에 유학 갔다온 딸인데, 그 양반하고 연애를 해서 결혼을 했으니

: 음 그 차 누군데요?

　그 이름을 원체… 잊어버렸네. 차 무엇인가 그 이름을 내 잊어버렸네. 차모씨의 딸인데

: 차유순?

　차유순인가. 그 때 그 사람 딸인, 딸인가 될거에요. 그래서

: 어어

　그 일본 유학 갔다온 사람하고 그 양반하고 그 아이가 들어서 결혼을 했어요. 그 마누라 두고서. 여기 저 큰 마느님 있는데요.

: 음

　그러니까 그냥 둘째 마누라지

: 음

　그래 가지고 그 후에 이저 만주로 간거에요.

: 음, 그럼 이게 한 만주로 간 게 한 30년대 쯤 될꺼니까

　만주로 갔으면 왜정 때 갔으니까

: 제가 본 기억으로는 30, 35년도 기록에 보면은 그 조선지방이라는 잡지가 있는데, 그 박승옥씨가 썼는데, 그 행방불명됐다고 썼거든요.

　그 만주로 갔으니 행방불명이지

: 그런데 그게 35년도예요. 그러면은 최소한 그 이전에 갔을테니까 이 양반이 수원
에 계실 때가 30, 31년 요때 수원에 계셨을 거 아니예요?

　그렇지요. 그때쯤 되지요

: 그러니까 32, 33년

　네

: 33년이나 34년 요때에

　우리 그 양반은 지금 저 여기와서 저기 하고 그럴 때가 열 몇살이었으
니까 그 때 열두살이나 열 서너살 밖에 안됐어. 그 당시에.

: 그럼 그 때에, 선생님, 지금 몇 년생이신대요?

　20년생이야

: 20년

　그래 80이야

: 그러면은 32년, 32년도에는 보셨다는 말씀이시네요

　그렇지. 봤지요.

: 네 그러면은 33년이나 34년쯤에 안 계신, 넘어가신거겠네요.

　그래 가지구 그 때 저분이 그 가족, 가족을 데리구 그 넘어간거여. 그
이유는 감시는 심한데 …

: 만주를 가족하고 같이 갔어요?

　마누라 데리고 갔어. 저 말고

: 그럼 두 분 다

　아니 큰 마누라는 안 가고

: 아아

　그래서 그양반이 거기 가서 돌아간게 그 원인이 큰 마누라가 낭중에 찾
아 갔어요. 거기를

: 예

　애들 딸들 데리구

: 예

그러니까 이제 작은 마누라하고 가정불화가 생길게 아닙니까

: 예

그래서 그 얘기 듣기론, 술을 여, 화 나니까 술을 많이 자시고 어떻게
하다 거기서 돌아간 모양이야

: 제가 듣기로는 만주에서 총살당했다는 말씀을 들었거든요.

총살당했거나 무슨 뭐 고거를, 학교를 설립을 했어요. 만주에다가

: 예

그래서 그 연변, 내가 한 6,7년 전에 한번 갔었어요. 가서 그 연변에 가
니까 거기 학교가 없대요. 그런데 가니까. 그 때에 그 근처에 6개 그 핵
교가 한데 통합을 했다 그러드라구. 그래 종합고등학교로다가. 그래서
물어보니까 여기 옛날에 있는 선생이나 만내야 알지 자기네는 모르겠다
그러더라구. 그래서 어 자 그 양반의 내력을 다가 족보에도 좀 올리고
그 양반의 그 저기를 알라고 상당히 저 내가 했는데 거기서 해면은 그
건 늦구. 참 내가 가서 한 일주일, 열흘은 묵어 가면서 재료를 그 알 수
가 있는데 그래서 그 때 몇 사람 단체 해 갔었는데 그래서 그냥 왔어요.
그래 그 양반이 아주 강의를 하면 천상유수예요. 그냥 그 청중이 그 양
반이 강단에 앉았으면 조용해니까 하여간 그, 그 일본놈들이 그냥 그
양반 보면 늘 순사 둘씩 셋씩 따라 댕겼어요.

: 그러면 이 양반이 그렇게 공부를 하셨으면요. 신식교육을 받으셨나요?

신식교육은 별로 못 받았을거야. 한문만 그렇게 많이 배웠지.

: 음, 그런데 어떻게 사회주의를 아시게 되셨죠?

저 중핵교나 무슨 저 대학교 같은 거 간 적이 없으니까

: 그 사람 저

대학교 저기에 진짜 일본놈들 참, 경성제국대학 고 밖에 더 있었어요?

: 예

그래서 대학교 댕겼다 소리는 못 들었습니다.

: 신식교육 안 받으신 분이 그 분이 분명 사회주의 활동하신 분인데

그 사회주의 했어요. 했지.

: 예. 그래 사회주의, 어떻게 받아들이셨을까요?

그때 그 머리가 좋고, 공부를 한문을 원체 많이 배웠으니까. 아 머리가
좋고 그러니깐 당체 뭐 그 양반이 그 일본 놈들이고 뭐 경찰이고 그 양
반한테는 쪽을 못 쓰는 거요. 말을, 저 해도 원체 입이 다시 하고, 경우
에 따라서 해니까. 그래서 뭐 그 운동에서도 큰 인물 났다고 …

: 네

그 당시에 그랬는데, 이거 뭐 그 양반이 뭐 동에 가 섬찍 번쩍, 서에 가
번쩍 번쩍 했었으니. 그 양반이 와서 잠깐 있다가 서울도 가구, 수원 내
려 가구

: 서울로도 많이 다니셨어요?

그럼 많이 댕겼죠. 그저 동아일보에도 그저, YWCA 가서 강의 같은 것
도 해주고

: YWCA 강의는 무슨 말씀하시는 거예요. 저는…

그 일본 놈들이 그 저 한자는 그 내선일체라고 해면서 사람취급 안 한
단 말이지. 차별대우…

: YWCA에 가서 강의를 하셨다는 얘기는 1920년대 얘기예요? 30년대 얘기예요?

글쎄 고거는 잘 모르겠구. 그때 이제 연대 수는 모르는데 그때 당시에
그런 얘기를 하더라구.

: 에, YMCA가 아니고 YWCA다.

그것은 저 종로에 그 저 기 있잖아요. 저것이…

: YMCA죠 종로는.

YMCA

: YMCA

거기 가서 강의도 하고 그 양반이...

: 아. 그래서 저 동아일보에 그 기록을 찾아볼라구 이 오산시 시편찬위원회에서 갔었
는데 그 원체 오래 된 거라 찾기가 힘들다구. 그래서 그 찾질 못했어. 그래서 동아
일보에 그 며칠 연잴했어. 해방되고 나서 또 동아일보에 그 얼마나 된 그 연재가
있었어요. 계속 며칠동안 잠깐 동안만요.

: 일제 때 연재한 것도 있고

　　에.

: 해방 이후에 동아일보에 나온 것도 있다.

　　에.

: 그 양반 쓰신 글이 조선일보엔 왜 없지.

　　저 동아일보에 있었다구요. 그래서 이제 그 얘기를 들었지. 동아일보는
　　모르겠데요.

: 그럼 제가 찾아 봐야겠네요.

　　그래서 그냥 저 여기서두 그, 그 양반이 여기서 무슨... 무얼... 저 무
　　언가 무슨 회를 조직했었어요.

: 그 양반이 하신 게요. 오산 청년동맹이라는 걸 하셨구요.

　　네.

: 그리고 신간회 수원지회 하셨고 그 다음에 무슨 야학원

　　에.

: 오산 노동 야학원인가 그럴 거예요. 그 고런 걸 하셨는데 그러한 사회주의 운동을
같이 하신 분들 뭐 조명재 들어 보셨나요?

　　잘 몰라요.

: 변기재

　　그, 그 저기 있을 거예요. 그 양반 동지들이

: 예, 그 분들에 관해서는 전혀 모르시고요. 그 동지들에 관해서는...

　　몰라요. 그래두 마 거두절미하고서 그 핵교 나오고서 바로 서울로 가서

있었으니까 잘 몰르지.

: 그 분들 아실만한 분들은 안 계시나요 요 주변에?

다 돌아가고 없지요. 우리들 그러면 12살이었으니까 시방 욱신 다 그 양반 잘 알고 그럴 정도면 적어도 시방 한 아흔 다섯이나 이렇게 됐어야지.

: 전에 전화로 말씀하실 때는 뭐 문서도 뭐 있다고 말씀하셨는데...

그렇죠. 사람들이 그 시사편찬위원회에 간단히 그 써둔 게 있어요.

: 아 그 정도는 뭐 제가 더 많이 아는 거고, 그 정도는 제가 더 많이 아는 건데.

그래서 그 양반에 대한 걸 알라구 오산시편찬위원회에서도 동아일보니 뭐니 저 전부 주무고 있습니다. 그러니 그 편찬위원회 그 사람 사무국장이었나. 그래서 그 사람들도 여기 여러 번 왔었어요 더러. 그래서 동아일보에도 찾아 갔었구.

: 음.

그래 그걸 할라면 전폐를 하구 며칠 두구 해야 되니까 바쁜 사람이 그럴 수 있어요? 그래서 못 찾았어요. 그거 해방되구두 그 양반에 대한 것이 연재가 됐었고 그 아들이 하나 있어요. 그 양반 아들이

: 예.

저 공근택이라구 그런데 그 사람도 여기 와서 그 해방되고 나가서 하여간 어디 행방불명됐어요.

: 음.

그래서 찾질 못해요. 그래서 그 공석정씨의 큰딸은 어디 살아 있다는데 나이가 들어도 한 80, 우리 나이살 되니 한 80까진 됐을 거예요. 그 둘째딸하고 그 사위하고는 어디 서울 어딘가 있으면서 그 음력, 추석으로는 왔었어요.

: 신간회 관계되는 얘기는 못 들어 보셨어요?

예?

: 신간회.

그 무슨 그 저기에 그 저기 그 오산 그 시편찬위원회, 그 무슨 명칭, 무슨 회인가 해 가지고 어디 뭐 운동하고 그런 거 보면 잔뜩 기록이 있어요.

: 아 그 신간회 같은데 그게 그 거기에 관계돼서 들어보신 말씀 없으시구요.

들어 본 거 없어요. 그 양반이 우리보다 한 20여살 위니까

: 그럼 공석정 선생이 20여 살 위라고 그러시면은

지금 한 백 살 넘었을 거예요.

: 1900년 정도에 태어나셨다는 얘긴데

그렇죠. 그런 연배로 태어났지.

: 그 같이 활동하신 분 가운데 그 변기재라는 분이 제 기억으로 1903년, 4년 요 무렵에 태어나신 분이거든요. 2,3,4 요쯤에. 그러면 고 연배라는 말씀이신가요.

그 연배쯤 될 거예요.

: 아.

그래서 그 양반이 그 우리가 와서, 와서 그 저 뭔가 궐리사 강당에 인제 와서 그 얘기를 한 거를 들었어요 어려서. 그 우리가 그 서당에 있으니까.

: 아, 궐리사에 서당이 있었나요?

에.

: 그럼 그 재헌씨라는 어버님두 거기서 서당하셨구요.

에, 한문선생이요. 그래서 그 자기 아버지한테 배운 거요. 그 공선생이 논어니 뭐 주역이니 전부다 배웠고 그 재헌씨라는 양반이 그때 왜정 때 중국에 가서 그 궐리사에 승적들이란 걸 모셔오고 그랬어요.

: 음.

그 양반도 아주 그 당시에 활동 많이 하신 분이지.

: 공재헌

그 궐리사에 그 승적도 하고 유적에 쓴 거 보면 그 공재헌씨가 곡부에 가서 그 승적도 모셔오고 그런 기록이 있어요.

: 뭐 몇 사람이 누구야 그 공석정 선생을 둘러 싼 그 주변의 신상이라든지 뭐 신변잡기라든지 이런 걸 아시는 분이 지금 선생님 외에는 안 계신 거예요?

음, 우리만 해도 나이가 80이니까 우리보다 연배인 영감이 내 돌아가고 있어요? 어디. 그저 요 몇해 전에 돌아가신 상식이라고 그 양반이 지금 살았으면 아흔... 여섯인가. 그러니까 그 양반이 그 잘 알아요. 그 서당에 댕겼으니까.

: 음.

그러니 그 양반 돌아가고 그런데 그 양반한테 얘기를 많이 들었지.

: 음.

그 양반 돌아간 제가 얼마 한 10년 한 됐을 거야. 그래서

: 그럼 궐리라는 데는 그러면 언제 만들어진 거예요?

권리사요?

: 아, 궐리

권리는...

: 궐리사가 만들어지고 공씨들이 내려온 겁니까? 아니면은

아니죠.

: 뭐 살던 곳에 만든 겁니까?

원래가 궐리사, 궐리에 그 의제가 살았죠.

: 아.

거기서 궐리사에 내가 18대째 사는 거예요.

: 아.

그래서 그 저 이 우리가 그 한의대 처음 나온 양반이 소자라고 그 양반이 그 마흔에 그 창원들을 했어요.

: 아.

그 다음에 그 평창사를 지내고 거 창원, 백원쯤 해서 순 산소가 많다구. 마산에 있지. 그래 그 양반의 에... 손자가 어촌부인하고 그 광도 약해서 평택

: 에.

그래 산소가 거기 있지요. 거기서 그 양반의 5대조가 ...

; 음.

그 양반이...

: 궐리사는 정조 때 세워진 걸로 알고 있는데 제가.

아, 정조 때 세워졌지.

: 에.

그래서 그 정조 때 세우기 전에는 그 공술이라는 양반이 거기서 저 관직을 그만 두고 서운암으로 갔어요. 그래서 서운에서 그 양반 돌아가고 다가 서운도 없어지고 했는데 그 정조대왕이 여기 사도세자 묘를 쓰지 않아요?

: 예.

거기에 있었다가 거기에 왜냐하면 그게 조류가 수 만 마리가 알을 깨 가지고 다가 거기다가 어딨냐 그래서 공자선생이 그 유명했는데 그 양반이 선학을 했다. 그래서 거기다가 공자님 사당을 짓자. 그래서 거기 사 지은 거예요. 그래서 지금 한 200년 됐지.

: 그럼, 그러면은 이 궐리사에 관해서 뭐 자료가 나온 게 있나요? 이 수원 내에 그 궐리사 내에...

있어야. 그 궐리지가 있구 저거 있지. 먼저 저 궐리지에 그 궐리지가 궐리사에 대한 것이 그 책자가 있지요.

: 예, 그 책자는 공개가 되나요?

에?

: 책자가 공개가 돼요?

책자가 안 될 것두 없지요. 그래서 인제 그것이 인제 제가 인제 그 중국엘 여러 번 갔었지요. 그래서 거기에 중국서 그 석공대니 석상을 모셔온 거예요. 석상을. 석상 공자를 거기다 모셨지요.

: 음.

그래서 그 중국 곡부시장이 그 석상을 가지고 나와서 제가 시방 건사를 하고 있어요.

: 공석정 선생이 남기신 그 유품이라는 거 갖고 계신 거 없으신 거죠.

없어요. 없어요.

: 전혀 없는 거죠.

그래 죄 가족들이 전부 만주로 가셨으니까

: 음.

아까 얘기한 것과 같이 그 마누라하고 가서 그 근택이라는 애두 낳고 거기서 사는데 거기서 독립운동하고 그 후배들 가르키구 그럴라고 거기 가서 활동한 건데 여기서 큰 마누라니 딸이니 전부 데리구 갔지 뭐야. 그래선 가정불화로 해서 어떻게 죽었다고 하는 말이 있어요.

: 그런데 수원에서 차 누구라 하면은 오천 석 지기 정도면은 수원사람들은 다 알텐데.

그럼 알죠. 그거 저 수원에서는 그 전에는 양성관이하고 그 차모씨하고 두 집이지 뭐.

: 아, 그럼 차유순 맞는데

그래 저 양성관

: 양성관, 차유순, 홍사훈

네.

: 맞지요. 그래 선생님.

차유순 그 사람이에요.

: 그 사람이에요? 아, 차유순 딸과 결혼했구나. 음.

그 당시에 그 일본에 유학 갔다 와 갔구 그랬다 그래데요 듣는 소문에는. 그래 가지구 그 양반이 거길에 가 와서 저걸 했는데 그 딸 큰 딸이니 뭐 저기니 그 저 마누.. 큰마누라 전부 다 가 가지고 그냥 가정불화가 생길 게 아니겠어요?

: 예.

아무리 정치니 뭐 한데두. 그래 가지고선 거기서 돌아 가셨지. 가족들 다 나왔지. 나와서 뿔뿔이 죄 헤어져 사는데 뭐...

: 음. 그거 재미있다. 그럼 안재홍씨도 여기 왔었나요 일제 때?

에?

: 안재홍씨도 여기 자주 왔나요?

안재홍씨는 평택

: 평택사람이니까 네, 자주 왔어요?

자주 오지는 않았어두 그 양반 뭐 그 강의한 경우는 더러 있으니까

: 여기에서두요?

네.

아까 말씀하신 여운형선생도 여기 내려 왔나요?

여운형씨는 그 혹시 근자에 강의를 한 거 밖에 없어요. 그 양반이

: 여기서

여기서 한 게 아니라 이제 뭐 그런 얘기를 들었지.

: 아, 그럼 안재홍씨는 오셨었구요.

네, 여기서 그 가차우니까

: 예.

그래서 이제 그때에 그 공석정씨가 그 살아 있으면은 참 해방이 됐으면 큰일을 하실 건데

: 예, 제가 볼 때는 이 양감의 박승국이라구 아세요?

몰라요.

: 이 박승극하구 이 공석정 이 두 양반이 사실상 요 수원지역을 이끌었던 분들이거든
요. 그 두 분이. 이 박승국은 1909년생이니까 공석정선생보다 뭐 7,8년 정도 후배
인 거 같고 그런데 이 두 분 이렇게 만나서 일을 할 정도면은 상당히 친분이 있고
또 오산에서 오산 양감면의 정문리거든요 이 양반이.

  에.

: 그럼 정문리면 가깝잖아요 여기하고.

  가찹죠.

: 네, 그러니까 상당히 왕래가 있었을 것 같은데

  그런데 그 왜 가족이 여기 싹 없어졌으니까 알 수가 없죠. 우리 그때만
  도 어렸고

: 그 박승극의 생가는 지금도 있어요 정문에. 정문리에 있고 제수씨하고 조카하고 살
고 있는데 그 집에는 또...

  싹 없어요. 하여튼 그 아들이 에 시방 살아있으면 한 만 60 넘었을 텐데.
  예순 대여섯 됐을 텐데. 해방되고 나와 가지고 그때 고등학교 졸업을
  했으니까 근 20 됐었지. 그러더니 없어졌어. 어데 갔는지 행방불명...

: 20이면 지금 50이니 70 넘었네요.

  그렇지. 한 70 됐을 거야.

:음. 어 그래 돌아가셨을 가능성도 있고...

  그러니까 어떻게 된 건지 모르는 거야. 그래서 딸 하나는 그 연락이 시
  방 찾아보면은 그 사위하고 한 머시기하고 사는데 그, 그 사람은 서울
  어디 사니까 연락을 할 수가 있어야지.

: 음.

  그, 그러니까 막내딸이지.

: 막내딸은 잘 모를 거 아니에요. 어릴 때니까

  그래두 중국에 갔었으니까

: 네.

그 저 거기서 어떻게 돼서 왔다는 건 알겠지.

: 음.

나이가 우리보다도 많으니까 한 몇이 한 70 좀 넘었을 거야.

: 아, 환장하겠다.

그래서 그 나두 이제 그 여기서 족보를 복고 공씨가 시방 남한에 있는 사람이 한 8만 명 돼요.

: 네.

8만 명 되는데 족보를 여기서 대조를 해 보구 해서 여기서 제가 주관해 가지구 족보도 여기서 발간했구, 그 궐리사에 그 성상 모시는데두 주로 내가 주동이 돼서 그 문화재로 다 맹글어 가지고 시방 내 경기도나 오 산시에서 그 지원을 받아 가지고 해마다 몇 억씩 지원받아 그 공사하구 있지요…

: 지금도 보이는 거 같던데요. 공사하는 거

예?

: 지금도 공사를 하는 것 같더라구요.

예. 뭐 저 유물전시관을 요새 꾸미고 있어요.

: 네.

그 물건 때문에 내가 중국에 여러 번 갔었는데 뭐 그 2500년 전에 만들 어진 뭐 유물이 있어요? 전부 거 있다고 그러면 그 중국의 국보급이니 까. 줘요? 전부 그 모조품이지 맹그는 사람이…

: 그럼 공석정선생 댁이 부자였어요?

그 부자지 아니요? 선생질했으니까 뭐…

: 땅도 많고

저 아버지가 그 저 핵교선생, 서원, 그저 서원, 뭐냥 서원, 그 서당 선 생을 했으니까무슨 그 넉넉했겠어요?

: 그럼…

그래 겨우서 먹고 살았지.

: 아, 대개 부자는 아니었다.

네.

: 거 뭐 땅이 있는 것도 아니고...

땅이야 논농사 좀 짓겠지. 뭐.

: 음, 넓은 땅은 아니고

에, 그렇게 넓은...

: 예를 들면 부농이냐. 중농이냐. 그럴 때

중농이죠. 뭐.

: 중농 정도

밭이 있고

: 그러니까 남의 빚은 안 졌다. 그 말씀이시죠?

네. 그 양반이 그 애들 가르치구 그러면 거 어디서 몇 말, 쌀 몇 말, 그
걷어주고

: 음.

그러는 거 옛날 서당이라

: 예.

그냥 그렇게 살았지. 뭐.

: 음.

그 양반이 중국두 갔다오구 왜정 때 그 저 복구에도 갔다 그랬으면 그
때만 해도 대단한 양반이지. 왜정 때 중국 갔다가 오는 게 그게 쉬운 일
이에요?

: 음.

그래 저두 뭐 객지에 나갔다가 이제 서울서 사업을 하다가 이렇게 내려
온 재가 한 20년 됐어요. 근 20년 돼서 종친회 일도 보고 시방 그래 하
고 있는 거야. 그래서 이 저 그 대동보도 내가 주관해서 맹글었구. 그

퀄리사도 그 위패 다가 성금을 우리가 걷어다가 짓구서 성큼 모시고. 뭐
도에서 이제 예산 끊구 할래니까 그 대동회장을 내 작년에 맡은 거야.
그래 인제 내가 서울 종친회약관을 갖다가 내가 서울 종친회장을 이 10
월 달에 내가 그만 뒀고 그래 지방대학 부산공업이라고 공문엽이라고
그 양반 이제 새로 쓰는 게지.

: 아, 안타깝네요.

에, 그 공석정씨에 대한 것을 족보헐 적에 올릴라고 무진 애를 썼는데
요. 그 길이 찾을 길이 없어요. 다 묻혔어요. 그래 얘길 들으니 동아일
보에도 났었다. 연재가 매일 됐었다 하는 것도 얘길 들었지. 내 보질 못
했거든.

: 동아일보에 색인집이 있어요.

예.

그 색인집에서 공석정 찾으면 아마 만약에 그 분 쓰신 게 있으면 나올
겁니다.

그 외 것두 며칠 가서 저거 해서 찾을래믄 며칠 쫓아다니면 찾겠죠.

: 음.

동아일보 보면 다 없어지진 않았을 테니까

: 당연히 남아 있죠 동아일보에.

그래 또 그 저 왜정 때 그 강의를 그 양반이 하구 이거 저기 떠들구 하
여튼 그 일본 놈이 그 공선생 달래느라구 애두 많이 썼지.

: 경찰국장이면은 이게 말이 안 되는 게 제 생각엔 아무리 그 양반이 그래두 그 양반
보다 거물들이 있는데 어떻게 경찰국장직을 제의를 하죠?

그래 뭐 하두 떠들고 댕기니까 그 저 입을 틀어막을라 그랬지.

: 음.

하여튼 그 사람이 키도 크니까 그 사람이야 그 양반이 원체 인물이 잘
났고 머리가 좋고 아주 기운이 천하장사거든.

: 음.

하여튼 저 그때 들어와서 이제 그 시험을 하는데 그 머리 길르지 않았어요? 그 긴 뭉친 손을 이렇게 하면 또르르 쥐면 다 풀려요. 그 양반이 어떻게 기운이 센지.

: 음.

그 운동해서도 보니까 그 사람 저기도 하고 그랬는데 하여튼 사람은 그 큰 인물이었으만도 그때 그렇게 사회주의... 왜정 때는 사회주의밖에 헬 수가 없잖았어요?

: 예.

남정들은 할 수가 없잖아.

: 사회주의 했다는 거 나중에 아신 거죠? 저 크신 다음에

에, 그런데 그때두 에... 그 양반이 그 조금 전에 얘길 했는데 고때 당시 몇 해동안에 이... 했어요 사회주의를.

: 아, 안타깝네.

이건 이 무엇이고 저건 이래 재료를 드려야 하는데 재료를 못 드려서 미안합니다.

: 제가 공석정, 공석정, 공석정 선생님 것두 저두 정리를 해야 되는데 정리가 안돼 있어서...

그래도 선생님 이직 젊은 양반이 그 대단하십니다.

: 하하. 아, 공석정. 여기 보시면은 오산 대성학원을 설립했고 사회 청년회, 사회청년 동맹이네, 전국... 수원청년회 전부 이런델 가입을 하셨네요.

에. 그래 했으면 그렇구 또...

: 예. 그래 신간회쪽 하는 거구. 총무간사를 하고

그래구 있다가 그 저 해다간 그 선생으로 갔던 거 그믈을 선생두 가서 오래 못 했을 거야. 아마 잘해야 한 1, 2년 했겠지.

: 그러면은 저기 세교도, 세교리에

　네.

: 홍종각선생에 대해선 들어보신 적이 있으시겠죠?

　별루얘기 들은 거 없어요.

: 그 양반 연세가 손자가 80이 됐으니까 그 위에 공석정선생보다 위일 거 같은데

　위엘 거죠. 우리들은 뭐인지 모르지요.

: 예, 지금 저기 손자 분이 살아 계시거든요. 세교동에 지금두 살아 계신데 뭐 뵙진
못 했고 그래 그 분도 만나 뵙고 싶은데. 여기 천도교 믿는 마을은 없나요?

　없어요.

: 그 홍종각씨가 이 천도교 믿는 양반인데

　음.

: 여기 뭐 교구장도 하고 계셨거든요. 그래 세교동에 혹시 천도교 마을이 아니었
을... 아니었나 하는 생각이 들고

　그건 모르겠어요.

: 음, 그런 내용을 알려면은 그 오산에서 어느 분을 찾아가면 알 수 있을까요?

　오산엔 아무도 없어요. 그래서 오산에서두 그 시사편찬위원회 헬 적에
그 몇 번 그 시사편찬위원회에서두 여기 왔었는데 아는 사람이 없어요.
그 했는 사람들두 전부 시방은 그 60대, 70대 사람들이니까 몰르지. 그
래서 그 시사편찬위원회에도 그 양반이 그 무슨 수원에 무어 했던 거
조직했던 거 고거 몇 가지 들어 있지. 딴 게 없어요.

: 아, 답답하네 진짜.

　그 저 동아일보에 가서 그 양반이 그... 그 연재해고 한 일주일 전에 일
본말 연재를 했다는데 해방 되구 나서 동아일보에서 그 양반에 대한 기
사가 있었대요. 그런데 우리는 얘긴 들군 했지. 몰라. 못 봤지.

: 요번 주일날 거기 가서 또... 약속이 있는데 갈 시간이 있나. 아이 참.

　그래 교직에 있으면서 거 갈 시간이 시간 내시기가 어려울 거요.

: 하하.

　동아일보 같은데 뭐 낮에 가서 찾아 봐야지.

: 아, 국립중앙도서관 가면 다 있거든요.

　아, 있어요?

: 중앙도서관 가면 서초동에 가면은 3층인가. 4층에 신문자료실이 있어요. 거기 가
　서 달래면 줍니다. 거기서 볼 수 있어요.

　가면 꼭 찾아보세요. 찾아보시면 이제 저희두 좀 알려 주세요. 그래서
　그 양반에 대한 것을 좀 뭐를 기록으로 남길라고 애를 쓰는데 괜히 해
　는 거 없이 바빠 가지구.

: 제가 박승극에 관해서는 글을 쓴 게 있거든요 한 130매.

　에.

: 200자 원고지로 한 130매 쓴 게 있고 그래 그 공석정 선생 같은 경우에는 남기신
　글이 없어요. 박승극 선생은 참 글을 많이 남겼어요 여기 저기에. 그런데 이 양반
　이름이 그렇게 많이 나오는데 이 양반 이름으루 된 글이 한 편도 제가 못 찾아 봤
　어요 지금까지.

　저두 못 봤어요.

: 그, 그 정도 활동하신 분이면 글을 남겼을 거 같거든요.

　분명히 남겼지. 그 양반이 그 저 옛날, 옛날 …. 배우고 논어 같은 거
　엎어놓고 다 욀 정도로 머리가 좋았데니까

: 그러니 그런 분이 왜 이상하네. 어딘가 찾으면 나올 것 같은데

　그래서 그 해방되구서 그 동아일보에 그 며칠 그, 그 양반에 대한 저기
　가 나왔다구 해. 연재가 됐다구.

: 그 양반의 글이 연재 된 거죠. 그 양반에 대해서 연재 된 게 아니고

　그 양반이 그 저 중국서 활동한 거, 활동한 거 연재가 됐었다 그래.

: 아, 그 양반의 활동에 대해서 연재가 됐다.

　그러면서 글도 많이 저 썼겠지. 써서 기록했겠지.

: 예, 그럼 해방 직훈가요?

에?

: 해방 직후?

예, 해방 직후 얼마 안돼서

: 그럼 기사 제목에는 공석정이란 말이 안 들어 갈 수도 있겠네요.

글쎄, 그건 몰르죠. 그 공석정씨에 관해서 신문에 연재가...

: 이분의 호는 있을 거 아닙니까? 그러면

응?

: 호

호두 몰라요. 그 양반의 호는 모르지. 공석정이라는 거만 알지. 그래 저 석자는 주석 석자 돌림자거든요 그 양반이.

: 그래 그런 거 같더라구요.

예, 그 양반이 내가 돌림자가 택잔데, 택자는 여기서가 그 천상 나보다 한 항렬 위지. 그러니까 아저씨지. 그러니까 영감, 그 아버지가 재자 그 재자 돌림은 내 할아버지 돌림자니까.

: 아, 참 안타깝네.

그런데 그 집안이 여기서 뭐, 뭐 살아있다던지 계속 살았으면 무언가 좀 남아있는데 뭐 싹 갔으니까 뭐 중국으루다가

: 그럼 궐리에는 지금 이분을 기억할만한 분이 안 사세요?

없어요, 다 죽구.

: 그러지 않아도 저희 궐리에 갔었거든요. 그랬더니 뭐 거기에 4층인지 5층집이 있드라구요.

에.

: 그 집에 한 번 가 보라구 누가. 연세가 많다구 거기.

없어요. 그 내가 저두 거기서 거기 태생이거든요. 그 동네

: 예.

시방 이 시내에 나와 살지만 거기서 태어났으니까 나보담 연상된 사람

이 그 아주 무식한 양반들이나 한 둘 있지. 없어요.

: 음, 그 분들은 전혀 모르시겠네요 그럼.

거기는 그, 그 전에도 그 저 그 왜정 때 보통핵교 댕기던 놈이 동네에서 그 두 세 사람밖에 없었어요. 그것두 또 맨 나가 가지고 댕기는 거지. 그 저 보통핵교 댕길 적에 그 연배에 거기 해서두 그때 댕기는 사람이 그저 그 한 서너 너덧 됐는데 전부 다 객지에 나가 있구. 이직 죽지는 않았지만 .

: 음, 공석정 선생이 누구랑 친한 지도 모르시는 거고

예.

: 교우관계도 모르시는 거구.

모르죠. 우린 어렸으니까. 하여간 동아일보에 한 번 찾아가 보셔. 가면서 도서관에 가서는 찾을 수 있으면 찾을 거예요.

: 아.

그래서 난 이 연변 갔을 적에 그 핵교 거기서 건립했다 그래서, 그래서 연변에 가서 찾으니까는 지금 잠깐 가선 못 찾겠대.

: 예, 그래 잘 알았습니다.

아니

: 말씀해 주셔서 감사합니다. 선생님.

〈김○형 증언〉

: 먼저 여쭐 것은 그 선생님 약력

아, 지금, 지금.

: 예, 선생님.

지금?

: 예.

지금?

: 그러니까 질문하는 분에 대해서 알아야 되니까… 말씀해 주시죠.

예. 제가 약력이, 아 건국대학교 문리대 영어영문과 졸업, 원 내가 이제 공명심에서 … 2부에서 그래서 여기서부터는 어, 교직과 이수해서 교사 자격증을 취득했고, 다음에 이 저 고려대학교 교육대학원 영어영문과 졸업, 고 다음 외대 대학원 영어과 박사과정 수료, 그리구 드 다음에 해군본부 군무관, 지금으로 치면, 이제 서울에 고 다음에 이제 거기있던 걸로선 보통 이제 … 국제 및 IOA측의 담당, IOA측이라는데 수로 … 이게 수돗물 수로가 아니라 항만관리, 그 다음에 핸 것이 이제 수원고등학교 영어 교사. 요게가 제가 69년도에 들어왔어요. 야이 저 사무관으로 발령을 받으니까 지방에 또 나가라 그래 가지구 아이 그 그거 없어가지구 또 소질이 없어요. 재질이 없어 가지구 스피킹을 잘 못해. 그 본부에서는 그래 밀리진 않구 그러다가 아이구 모두 해서 아이 영어학교 좀 대학이 귀하고 그러니까 지금은 현재 영어 수학이 진짜 전공한 사람이 별루 없다. 그래 영어는 어떡해느냐 이렇게 왔어요. 그런데 그럼 저 대리처 가지고 왔고, 그래서 인전 아 실무, 영어실무는 해군본부와 그 본부에서 국제관계를 맡다보니까 거기서 좀 이수가 돼 있었어여. 그래서 인제 그거를 계기로 학교를, 그때가 서울 문리대 우리 중퇴상태거든. 어려워서

: 예

그랬다가 먼저 공무원을 에 들어갔습니다. 그래서 인제 제일 먼저 들어간 것이 에 그때 이저 군대 갔다와서 해군본부 어 지금 수로에서 국제어 수로와 통역 같은 걸 좀 담당하고 그래 인제 보통직으로 이관 돼 가지고 역시 인제 국제관계, 에 검무관실, 이런데 있었습니다. 그래서 그 걸 연으로 해서 학교를 이제 안되겠어요. 그만 중퇴자는 경력이 이제 좀 빠져. 그래 이제 포기하구 늦게 에 건국대학을 나가, 문리대는 못 가고, 가 봤자 늦게 가봤더니 좀체--그래 이부 과가 직장을 가지고 있어야 되니까 공동생활을 하면서 그때가 이제 4급이라니까 에 지금에 주사지요. 내 4급 시험을 치러 가지고 들어갔으니 그 일반 공무원이기 때문에 그래서 인제 하면서 에 건국대학에서 영문과를 마쳤어요. 그런데 고려대학교 졸업하고 그래 학교, 수원고등학교에 영어교사, 그 때 인제 같이 했던 분이 정명환 선생 계시고…

: 음 그분 교산데

에 또 저기 저 중국으로 간 사람 있잖아. 저기 내 후배 기업이 그 사람들도 있었고, 다음에 그 저 그 다음엔 또 누구라고. 김준엽이, 내 중학교엔 김준엽이 있었고, 내 중학교에 쪼끔 있었어요. 그래 내가 지금 고등학교에 들어오니까 그 사람이 나가지 않구 사표가 제출이 안돼. 그

사람이 나간다 해서 왔는데 그래서 왔는데, 쪼끔, 쪼끔만 대기하라라고 해서 그 사람 대기하는 동안에 수원중학교도 있었어요. 그 수원고등학교에서 그랬는데, 에 영어교사를 했고, 고 다음에 이젠 하 암만해도 이게 안되겠어. 이게 여 여기서 선생을 지낼라 하니께 공부를 자꾸 하다 보니까 저기 보통학교 박사과정이라는 거 하게 되기 때문에 이게 이제 대학교 강의를 하는 말 해달래니께 쫓아가느라구 우선 서울루 왔어요. 그런데 바루 그 어 대학교래는거 아시다시피 뭐 에 다시 할래면은 이 강사드로부터 시작되는 거기 때문에 하! 나 그거 아이 아주 오던지 해야지 그렇게 되면 안된다 하니께는 그래 나이가 이제 상당히 젊은 줄 알았던 모양이야. 내가 그래서 나이가 이렇게 돼 가지구 사정도 있구 그런데 애들두 있구 그런데 그래 어떻게 강사를 쫓아냅니까. 그래 인제 부산 갔더니 못 가구 있다가 그 다음에 인제 강원대학에두 갔다가 거기서 인저 에 고등핵교 있으면서 강사를 뛰었어요. 그러자 저 어 강원대학교 사범대학 경영, 어 경영대학 인제 중등교사 교양과목까지 하구 그 다음에 교원연구원 뭐 거기서 있다가 그 다음에 인저 아우 도저히 안되겠어. 그러면서 계속 그 공부는 자꾸 하는거지요. 그래 인제 그때 자리가 나는데 에 저기 정규동씨 그 사람이 에 좀 여기 저 저 여 동원고등학교 있잖아요. 여기

: 예

이제 거기가 큰 학교계획을 세워 가지고 있었는데, 지금은 그렇게 빨리 육성, 저 발전되지 못하고 이제 4년제가 생겼으니까 그래 거기가 창설이 되 가지구 거기를 가니까 전부 중등교사하는데 아 강사생활을 많이 했고, 인제 내쪽 거기에 인제 큰 도움이 됐어요. 그 지금도 어려워요. 고등학교는 70프로를 따져주니까 또 중학교 같은 경우는 제로. 어떻게 돼 따져보니까 조교수가 되더군요. 아이구 모르겠다. 저기에서 들어가서 그 다음에 부교수, 그 다음에 교수해서 종신해서 인제 65세 해서 작

년에 --- 했는데, 벌써 70이 가까워져. 예 그렇게 됐습니다. 그래 인
저 아 대학교는 그래 가지구 강원대학교 사범- 서울대 음대 교육대학
원 교육연구원측에 있다가 동의대학교에 게 81년서부터 동의대학교를
강의해 가지구 한군데 있어 가지구 계속 있었어요. 그냥 하하! 그래 지
금은 이제 아 저 나올 무렵에는 학교가 커지니까 이제들 경영대학 생기
구 여기 학교 생기고 그렇게 맞이하였습니다. 그 다음에 논문은 한 여
기 전부 이걸루. 여기에서는 음 뭐 모르죠. 그래서 그냥 이력서 쓰기를
현재 이렇게 나옵니다. 서울대 문리대 이수 그 다음 건국대학교

: 건국

영어영문학과, 서울대 이수, 고려대 영어영문학과 전공, 또 외대 박사과
정

: 예

그렇게 나왔구. 하하! 별거 없어요. 그리구 저 미국갈 때 그런 소리 많
이 했지요. 실물경험은 여기서 했고, 전공에서 했고

: 아 고등학교는 상업, 수원상업강습소를 나오셨나요?

누가요?

: 수원상업학교 나오셨나요?

제가요?

: 예

아니지요. 수원고등학교 인문계

: 상업학교 시절에

아니. 건국대학교 이후

: 아 고등학교 이후에. 예

뭐 홍교장 보담 동기고, 그리고 최봉규 동기고

: 음

그래 같이 있던 최봉규, 그래 하하! 이연군, 이는 입학은 같은데 몰라,

사변 때 엉망이야. 4학년에 졸업한 애들도 있고 그래요. 아 그래서 그 이원근이 4년제 고등학교 입학을 못했어. 연구자료로 …

: 예

에, 그 양반은 그 나중에 만났어요. 4학년 후에 또 봐요. 군대에서 아주 뭐 미군부대에 있었다나 하면서 그런데 늦어졌다고. 하하. 그래. 입학은 동문들이지요.

: 예.

하하. 우리하고 동긴데

: 그럼 인제 아버님께서 김노적 선생님이신데

예, 예. 음.

: 그 김노적 선생님에 대해서 이제 사회에서는 많이 알려진 분이긴 하지만

네.

; 국가적으로 볼 때에는 독립유공자에 포상되지 못하신

네.

: 불행한 측면이 있고

그렇지요. 예.

: 제가 알기로는 김노적 선생님이 그 화성학원에서

음.

: 인제 화성학원을 졸업하셨고

음.

: 또, 또 화성학원에서 가르치셨고 또 나중에 삼일학교를 가르치시… 삼일학교에서 가르치시고

예.

구국민단이나 그 신간회같은

신간회, 소년단… 저 3·1운동 만세사건

: 예.

그거야...

: 뭐 이러한 그 사회활동에

예.

: 이제 참여를 하셨고

네.

또 나중에는 30년대 중반 이후로 기억이 되는데 그때는 이제 어디야.
중국에 망명하셔서

네, 예.

: 독립운동도 하셨다고 저는 들었거든요.

네, 네. 그런데...

: 그러한 활동들에 대해서

음.

: 뭐 아시는 대로 말씀해주시면

그리 너무 어려 가지고 그 소식을 그때 그 양반이 무슨 전연 집에서 그
전 옛날두 우리 어렸을 때 기억이 하여튼 밤에두 안 계시구 한 번 용히
오시면 며칠씩 또 안 들고 방학 때 같은데 어디 가셨는지 전무하고 또 그
만년에 그 외간 간다구 하서 가지구 그때는 무려 한, 한 2,3년쯤 내가
소식을 모르고 그랬었어요. 나두 이젠 1년 반 될 때 소식을 좀 알았는데
그땐 뭐 별루 이 양반에는 뭐 그땐 그랬겠죠. 전연 기색을 안 하세요.

: 음.

그래서 어렸고 그래서 모르겠어요.

: 음.

어려서 그때가 마지막에 아버지가 여기 같이 계셨던 것이 음 해방되고
나오셔 가지고 그 다음에 충천에 아까 끌려간 그걸루 죄해 가지구 결국
은 그때가 그 일정때니까 아직들 해방될 무렵에 그때까지두 집에 없었
어요. 하하. 그래 모르겠어요.

: 그러면 가족분들께서는 전혀 모르셨다는 말씀이시죠.

　그렇지 전혀 모르죠.

: 망명했다는 사실조차

　예, 예. 나중에 저기에 저 기사 좀보고 이 양반들에 대한 거 나오게 돼
서 그 기록이 좀 나두 보구 그걸 아는 거지. 전혀 그거는 어 후에 이게
알은 거지. 에 좀

: 그러면 아버님 생존당시에 가정형편이 어떠셨나요? 그러니까 할아버지 때 아버지
가

　음.

: 화성학원 다니시고

　음.

: 그 뭐 배재... 배재학교까지 유학을 가실 정도면

　아, 다 그 저 고학으로 와 가지고 다니는 거고

: 아, 고학으로

　그때만 해도 유지들이 선생님들이 그래 대 주시고 그랬고 그때만 해도
그저 집안이 옛날엔 중농

: 중농

　중농이었다 그래요. 내가 들은 비에 의하면 그래서 인제 아버지가 살았
는데 집이 뭐 아버지도 뭐 이젠 난장판이지.

: 산루리면은 그 당시에

　네.

　성문 안인데

　네.

　성문 안에서

　음, 그런데 우리들 뭐 아나.

: 부농이라면 그래도 부자 아닙니까?

부농은 그 전에 거고 거기서는 벌써 아버지 때문에 자꾸 그러니까 매일 그거 가택수사 맞고 이래 갖구 돌아댕기구 여북해 아버지가 이걸 피해서, 피하는데 빈집으루다 호적을 올리시구 그냥. 하하.

: 아니 그러니까 제가 드리구 싶은 말씀 여쭤 보고 싶은 말씀은

음.

그, 그 부농쯤 되기 때문에

음.

: 서울까지, 배재학교까지 갔다는 거지요.

아니, 그건 전혀 아니야.

: 그건 아니고 이미 그전에 가세가 기울었구요.

그래서 자기 힘으루다가

: 아.

화성학원을 자기 힘으루

: 아.

여기 고학하며 댕기구 다 그래 가지구

: 그 성공회 신자가 되신 건 언제부터지요?

성공회 신... 아, 그거는 언젠고 허니 아 어머니허고 결혼하기 전 그 저 성공회 신부님들의 은혜를 입자 그 나가 가지구... 고문 한 뒤에 인제 그 성공회 신부님 거기 갔대잖아요. 그때선부턴 거기에 성공회를

: 제가 알기론 그 이전에도 성공회에 드나든 거로 아신.. 아 기억나는데

아니야. 그것이 그 그렇지 않을 거예요. 그게 이자 어머니는 그 이전서부터

: 아.

어머니는 최병찬씨라구 충주에서 라마땅떼 최병찬씨라구 그러니까 저 충주가 옛날엔 그 주도였습니다. 그 충청감사하니께 지금 저 도지사 같은거 암행어사 하시다가 이제 마지막으로 그 양반이 주리틀어서 돌아가

셨거든요. 합병되는 날 거기서 마지막 어 평양에서 이제 암행어사되고
저 경찰총감이라는게 그게 보니께 사진두 있었는데 그게 옛날에 경찰총
장이면 군대와 지금 경찰이랑 같은 도매였다 그래요. 그래서 나중에 귀
밑을 터져 돌아가셨데요. 그 말은 무슨 말인고 모르지만은 그래 가지고
아마 피를 흘리고 아마 이러니까 화가 나니까 돌아가신 거야. 그 따님
이 아버지 피 흘리니까 성공회 수녀님이 드랬대. 거기 교인이니까 보고
돼 있었거든. 그래서 거기서 수원에 있으면서 친구들이 소개해서 만난
거예요.

: 이제 연애 결혼하셨네요.

연애는 아니지요. 허허.

: 하하,

만나보고 늦게 그러면은 이제 다 상하고 그러니까 결국은 인저

: 아, 그러니까 다치신 연후에

그렇진 않구 그거는 나이가 많아 가지구 저 그래선 겨우 나를 늦게 두
었었죠. 그리고 인제 친구 그것두 친구의 권유루다가 이 정도루다 안
한다. 그래 가만히 보니까 다 일본애들이 쫓아댕겨 암암리에 쫓아댕기
니까 도저히 할래야 할 수도 없고 차라리 한군델 가서 학교에 가서 아
이들 가르켜서 어 어 국민사상 고취시키면서 그 길밲엔 없겠다. 응, 지
금 조직적인 활동은 이미 이젠 거의 틀렸다. 그래 결단한 거지요. 돌아
댕기며 그래서 친구들의 어 그 권유 신성한 국민교육도 마찬가지다. …
그 권유루 다가 결혼하지요. 그 저 따님도 이전 그 그런 가족이고 그러
기 때문에 그래서 이제 어머니가 고생을 무척 많이 하셨다 돌아가셨죠.

: 음, 지금 이제 말씀하신 그 녹음하기 전에 그 말씀해 주셨던건데

음.

: 그 3·1운동 때 잡혀 들어가시고

음.

: 그 여기저기 다치셨잖아요.

　네, 네.

: 이제 고 얘기 좀 해주세요.

　아, 고거는 내가 뭐 다친 걸 내가 본 건 아니지요. 그때에 연령이 그런
　데 뭐 그게 살아계실제 여기 보면은 여기 머리 한 부분이 움푹 파이시
　구 그건 뭐 누구나 한 번씩 사람들이 다 아니까...

: 두개골이 움푹 파지고

　두개골이 총대에 맞어서 그래 가지구 개머리판

: 아, 개머리판으로 맞어서

　그래 이제 어디로 거니 그 나오지만 이제 형사 저기 저 화엄문 꼭대기
　산꼭대기 있는데 거기 저 해방돼구 왜 청년대라구 있지요. 그놈한테 헤
　헤 끌려 가지고 거 아주 끌려가서 돌에 맞아 죽었잖아요. 왜

: 전 모릅니다.

　에, 그 기록이 거기 지금 그런데 내 어려서부터 내 얘기를 들었거든 항
　상 그 얘길... 그런데 이제 기록에도 있습니다. 그게 그래서 인제 에 그
　걸 르두구 보면 머리가 뭐 맨 상했어요. 전부 머리카락이 여기 자주...
　나가요. 처지고

: 음.

　그래서

: 아까 그 손목 말씀을 하셨잖아요.

　이거는 뭐 그냥 이렇게 완전히 그냥 전 그냥 짓찧으니깐

: 아, 왼쪽이죠.

　왼쪽이지.

: 왼쪽 손목이 완전히

　예, 예.

: 으깨져 가지고

으깨진 거지요.
: 음.
완전히 으깨져 가지고 그게 짤라진 게 아니구 으깨져…
에. 잘라진 게 아니고
그냥 그렇게
: 그러니까 아예 못 쓰셨나보지요?
그렇지요. 뭐. 이렇게 해 가지고 한…
: 주머니에 손 넣어 갖고 꽂구 계시구
그렇지요. 이 한 손으로 모든 걸 다해요.
: 음.
그럭허구 그 다음에 저 제일 저 딱한 게 여기 여긴 완전히 그냥 개머리
판짝으루 뭐 이렇게…
: 아가 말씀하실 때에는 그 이장할 때
네, 이장했을 때 예.
: 그걸 보셨다고 그랬잖아요.
네, 그건 봤습니다. 지금두 아마 파면 지금도 뼈다구가 성해도 뭐 이렇
게 있지 않습니까? 여기두 떨어져 가지고 여기가 이렇게…
: 둥그렇게 구멍이 나 있으…
예, 예. 아주 구멍이… 있었고 그런데 그것 하면 제가 있을 때 그냥 아
주 쪼그마할 때 이렇게 보면 아버지 머리두 이렇게 만져 아버지 머리두
만지구 그러잖아요? 그래 머리가 이상하다 하구 그냥 저 음
: 푹푹 들어가고
네, 빠지고
: 아.
그래서 인제 그걸 그냥… 그게 생각이 딱 나서 이장할 때 보니까 그럼
거기가 그래서 그런지 그래 거기가 떨어지지 않을텐데 이렇게 떨어져

있어요. 아마 그 완전히 부러진 거 같애요...

: 그런데 이제 아까 성공회에

　음.

: 그 입교하신 것은 인제 3·1운동 이후라고 말씀을 하셨는데

　음.

: 제가 듣기로는

　음.

: 그 김노적 선생님이 그 거의 그게 초... 반죽음된

　네, 그 이후

: 그 시체를 반죽음된 시체를

　예, 예. 복음동굴회에서 성공회에서

: 그거를 성공회 신부님이 수습하셨다는 말씀이신가요?

　예, 예. 성공회신부님이

: 어떤 인연으로 그랬을까요?

　그것은 뭐 그때까지 그런 인연은 아니고 그건 아니고 그 다음에 그게
　그 성공회 뭐 이저 이건 뭐 그건 뭐야. 전도사 들어오니까 그 이후 문제
　가 되겠는데 그래서 그 전에는

: 아, 그러니까

　음.

: 어떻게 성공회 신부님이

　음.

: 그렇게 경찰서에 버려진

　뭐

: 반 죽어 가지고 버려진 사람을

　그때 뭐 감시단이 댕기다가 그래 본거야.

: 그 감시단이라는 건 뭐지요

그때 뭐 그제 지금 말하면 영월 그 당시에 내가 알기로선 그 성공회에
에 저 그 뭐야. 그 일본의 만행을 갖다 취재하구 막 그랬잖아요. 이제
그 신부님들이 아마 그 이간데 그 이름이 지금 안나와 있어 가지구요.
그 기록을... 그런 거예요. 그 다음에

: 그 일본의 식민통치를 감시하는 사람들이

　아 에 아니 그 3 · 1운동 때 그

: 아. 3·1... 아.

　예, 예. 저게 여기서 촉발한 건 3 · 1운동이 3월 1일이 아니거든.

: 그렇지요.

　그건... 중순 거의 저 달이 가두룩 계속 됐으니까

: 예.

　그때 체포된 거니까 이게 저 불란서 이런데서두 전부 와서 영국 같은데
　신부들 도착했거든.

: 아, 그러니까 종교집단에서

　아. 그렇지요.

: 그렇지요? 종교집단에서

　종교집단에서. 예.

: 어, 종교인들을 그 신부나 목사를 파견해서

　예, 예.

: 그 일본의 그 만행을

　예.

: 감시했다.

　네.

: 아.

　그렇게

: 그런 인연으루

그런 인연으루

: 성공회에서 인제 수습했다.

그렇게 수습해서... 도움이 되죠.

: 음.

그래 성공회 댕기다가 나중에 진리를 깨달아 보니까 거기 교리에 주에선 아 천주교가 뭐건 음 진리로구나. 그걸 자기 스스로 느껴 가지고 천주교로 바꾸셨잖아요 나중에.

: 아, 나중에 천주교로 개종하셨어요?

천주교 댕긴거예요. 지금껏 돌아가실 때까지 돌아가실때게도 임종을 그 뭐야 천주교에서 분향해서 하셨으니까

: 음.

천주, 마지막에 천주교예요. 어머니도 천주교에 귀의하셨고

: 어.

그렇게 됐어요. 천도교가 아니구 천주교. 잘못 들으면 천도교라 그러는데 아니에요. 천주교예요. 음, 그렇게 된 거예요.

: 그리구 또 하나는 이제 그 성공회에서 운영하던 이제 진명유치원이라든지

네.

: 진명구락부라든지.

네, 예.

: 요쪽에 인제 같이 활동하시던 분이 박선태 선생님 계시잖아요.

박선태 선생님

: 이분이 제가 알기론

에. 김도훈 선생

: 김도훈 선생의 1년이나 3년후배쯤으로 알고 있는데

네. 예, 예. 맞어. 맞어.

: 그지요?

예, 그렇게 얘기 들었고 그 다음에 이제 그분도 서울로 통학하셨고 그 다음에 그 당시에 운동하시던 그 양반두 그 양반이 신흥 여기 있었지. 아마. 네...

: 저는 기억이 잘 안납니다.

예, 그런데 학교는 달라요.

: 예, 다릅니다.

네, 달라서 그 운동 때 그 양반은 학교를 완전히 어 뭐야. 중퇴를 아니 고 그 뭡니까? 휴업, 휴교, 휴학

: 휴학

휴학 중에 계셨고 그래서 고 동안에 화성학원 임시교사루다. 아버지를 갖다 쓰셨고... 그래서 거기서 친구 분도 되고 같은 통학생들 통학계통 아닙니까? 그게 인제 아주 두터웠지요. 허허.

: 김노적 선생님도 그러면 수원서 서울까지 통학하셨어요?

그렇지.

: 아.

야밤일 하면서 사실은 여기 집이 있으니까 댕기면서 수원서 이제 통학 하면서 배재에 있었지.

: 제가 알기로는 이 통학생들끼리

음.

수원서 서울로 통학하는 학생들끼리 수원의 힘인가 뭔가 조직했어요. 에. 에. 그렇게 됐다 합디다.

: 그거 기억나십니까?

네, 네.

: 알고 계세요?

네, 그런 게 있대요. 예.

그 학생회에 관해서는 뭐 아버지 평소에 말씀하신 게 없나요? 네, 그거

에 관해선 말한 게 없구. 그 통학생들을 나름대로에 어떤 조직을 두었다 그래요. 전부.

: 그거 누구한테 들으신 거예요?

그것이 그 말씀을 하세요.

: 아, 그 말씀을 하셨어요?

통학생들 다 그러니까 금지를 하고 그러면서 그렇게 좀 있다 인자 이제 이때에는 수원에선 학교가 인제 최고라는 게 한 학교라는 게 이게 화성학원 그 신학교죠. 그 다음에 서울에 있어봐야 그때 뭐 대학이 있습니까? 무슨 배재고보 뭐 이런 저 중앙고보다.

: 그렇지요. 네.

그래 이젠 저 이 그땐 아무래도 인테리였어요. 하하. 저 그런데 그러니깐 인젠 음

: 그리구 인제 김세환 선생님과의 관계는?

음.

: 삼일학교 아 화성학원에

화성학원

: 입학하기 전부터 알고 계셨습니까?

아니에요. 아니에요.

: 음.

화성학원에서 와서 아 그 만나서 가지고

: 음.

그 자기와 이제 뜻이 아직까지 신학문에 그 가보니까 아 이 학생이 그 선생님들이 우리다 민족주의자시니까 한국민들의 사상을 찾구 그 거기에선 좀 아 그 뜻이 맞아 가지구 알구 계신 분이 에 그런데 연령은 별루 나중에 저 우리 집에도 자주 오고 친구 겸 스승 겸 친구는 쉬운 일이니까 옛날에는 연령이 있어 넘은 제자라 그러지만 그래서 그렇게 좋아했

어요. 그래 뜻을 같이 하구.

: 아, 어릴 때 보셨나요? 김선생님

　아, 그러면요. 친구죠. 친구면서 스승이구.

: 음.

　그래서 그 양반 돌아가실 때 서울에 그냥 눈물을 흘리시면서 갔다 오시구

: 김세환 선생이 이제 수원에 오시게 된 이유가 그, 그 설립자 홍사훈의

　네.

: 매젠가 그렇지요. 아마.

　네, 예. 그랜다 그래.

: 그치요.

　예, 그래서 또 단 내려 오니까 아 거근다나 여쭤보니까 이 청년이 사상이 … 해서 너두 이제 그 졸업하군 우리 학교 있어라. 그러니까 한문에 상당하셨던 모양이야. 아버지가 옛날 서당공부해서 말이야.

: 아, 옛날 분이니까 그럴 수도 있겠지요.

　예, 예. 하하.

: 누구한테 배우셨을까요? 한문을

　인제 그때 그 서당, 서당과 자습 저 서당, 글방이라 그러지.

: 그 서당이 지금 이름은 없었구. 그냥 서당

　그...

: 서당이름은 모르시구요.

　무슨 서당인지는 모르겠어요. 옛날에 뭐 서당이라구 무슨 서당이 아니구 유식한 분이 왜 그 저 그 영감님이나 할아버지들이 인제 시골에 가면 인제 서당 차려놓고 하지. 그런 서당이지. 없지. 참, 우리 아버지때 두 그게 있었는데

: 김노적 선생 그 수원서 활동하실 때

　음.

: 그 다음에 10년대

　아, 이것 좀 드시면서 해.

: 그쯤에

　어. 왜?

: 그쯤에 수원 각지에서

　예.

: 그 이른바 이제 수원 화성학원처럼 무슨 강습소니

　네.

: 야학이니.

　예.

: 이런 것들이 많이 있었다 말이에요. 그런데 제가 확인해 본바로는

　음.

: 김노적 선생은 화성학원하고 삼일학교 이외에 뭐 다른 그 학원에서는, 야학에서는 강의 안하셨드라구요.

　예, 예. 그거는 자세히 모르겠는데 하여튼 그 한문에 그 능통하셨다 소리를 지금 들리구 그리구 옛날에 지금... 아주 어릴 제 그 분은 내 기억이 아마 다섯 살서 부텀 나는 거 같애. 제가. 음. 저.

: 주로 인제 어떤 분들이 많이 오셨습니까?

　주로 이전 집에 오는 분은 처음엔 그 친구들이니까 그 동창이니까 홍길선씨. 그 다음에 우리 홍교장은 좀 막내기 때문에 옛날에 형님들한테 야단두 맞구 그냥. 그래 가지구 인제 그 우리가 군대 지원했었잖아요... 여기 또 금새 돌아가셨구.

: 홍사운

　홍사운

: 운

운은 옛날

: 훈이 설립하신 분이시구요.

어어.

: 운이 교장하셨구.

어, 그 어 홍사운, 운동할 적에 운자로

: 운

어, 운, 운

: 그 분도 오셨어요?

홍교장. 예.

: 예.

그분도 더러 가끔 오고 그 다음에 주로 또 잘 만나는 것이 홍사혁 선생

: 홍사석

성

: 홍사...

홍사혁

: 홍사혁?

예, 홍사혁씨는 배재 동창이면서 아버지는 중국으루 가구 그 양반은 일
본으로 가서 미대출신이지. 미대 나왔지.

: 예.

그런데 이제 아버지가 뭘 그 양반이면은 그 사상이 있어 가지구 돈을
저기 에 홍씨라는 게 늘 남양 홍씨 부자 아닙니까?

: 네.

그 돈만 자꾸 갖다 지불해니까 못 믿으니까 우리 작은이 그 홍식이한테
재산을 넘겨줬으니 그 이 저 사람은 재산이 없어요.

: 아, 그러니까 홍사혁과

어.

: 홍사훈은 사춘간

　아니. 사춘간 홍사혁과 홍사훈은 형제야.

: 아, 친형제예요?

　그렇지. 지 친형제지.

: 아, 그러면은 홍사혁은 장남이고

　어, 그렇지요. 장남이지.

: 홍사훈이 그 밑이구.

　밑이구.

: 운은 막내고.

　네, 네.

: 아, 그렇게 되는 거구나.

　예, 예.

: 그래서 홍사혁씨가 화성학원 이사를 했나보지요. 이사 명단 보니까 있던데 거기에

　그런데 지금에 그 자손 원 화성학원 이사했던 운 있지요. 운

: 예.

　그 양반이 지금 저기… 뒤에 가면은 저 수원고등학교라고 저 지금 선생
　하던

: 홍승복

　아 그 밑에 그… 그런데 그 당시는 하여간 에 이사간에도 청구 이 양반
　이 가장 그 아버지 없는 그…
　이 저 작은 사람 이거 훈이는 어디가서 그럭하구 그런 것도 안해구 그
　러니깐 그러니까 여기다 줬고 사혁이는 돈 갖다 자꾸 그런데 쓰니까

: 음.

　아이구 재산 날리겠다. 안되겠다. 안 했고 그리구 사춘들들이 이 양반
　이 그 재주군들 있는 사람들이 기억나는데 그 좀 뭐 들었을 제 홍달선
　이라고 있어요. 그 사춘

: 홍달선은 사촌이 아니고

　　예, 예. 응.

: 홍사훈의 아들이죠.

　　그렇죠. 네.

: 네.

　　그렇죠. 네. 그 사람들이 자주 들르죠. 일본...

: 예.

　　그 사람들하구두 옛날에 에... 그리군

: 같이 찾아오기도 했습니까? 홍달선씨가

　　에, 그 사람들두 아주 친구들이지요.

: 홍달선씨는 김노적 선생님한테 한참 후밴데

　　에? 아우 그래두 다 그 친구니 이런 건 다 챙겼다구요. 달선이라고 그
　　래서 아주 또 그런 친구라구. 그리구

: 음.

　　그리구는 적산 여기 저 일본 있을때게 적산처장했던 사람이 그 나이인
　　데 또 있었어요.

: 음.

　　거 지금 집은 그대로 있던데 도청 들어가는데 거 사거리 그 늪 있는데
　　한 구쩍 구텡이 한국전력 있는데 거기 구텡이 예 여기 그런데 기억나는
　　데 거기들은 그 양반들도 왕래가 있었고 그 다음에 홍길선씨하고 사혁
　　이는 또 친구, 친구면서 또 배재도 같이 나왔구.

: 음.

　　음. 홍길선이 그래서 자주 왔어요. 홍길선하구

: 그러니까 홍길선씨하구

　　국회의원하던

: 김노적 선생하구는 좀

아.

: 안 맞을 것 같애요.

하하. 그래 그 양반은 우리 운동 그런 걸 안 하지.

: 예.

그럼 그 사람들은 아주 귀족이 돼 가지구 옛날엔... 부자들이거던.

: 예.

아이 그런 건 피했지. 그 저 일본 항의하는 건 따라 안 해. 그래 능청부리구 그래서

: 그리구 제가 듣기룬 뭐 친일 혐의도 있는 것 같기두 하고

에. 그래 그래 그런 것 있었어요.

: 그런 소리두 들리는데

이런 거 자금 조력한 그런 것도 있고 그 다음에 인저 그 이거 막내 홍경민도 그런 거 안하고

: 그지요. 안 하셨지요?

예. 안하구

: 예.

문제는 홍사혁이하구 그 집안엔 달선이지. 이게 정치적인 저기루 자꾸 흥

: 홍사혁이란 분두 정치성이 있었습니까?

어 그렇지. 이 저기 에 저기 그 민족주의자지.

: 어, 그분두

네, 그 민족주의자지. 그러니까 중국으루 아버지하구 같이 갔다가 나중엔 거기서 나는 일본에 가서 미술을 해야겠다고 그래 미술을 했다구 여기서 그래 미술대학 나왔잖아...

: 음.

그 배재 그리구서 살기가 힘들었어요. 그래서 사변 이후에두 배재고등

학교 선생을 하구 있잖아요.

: 누가요?

사혁이가.

: 아, 홍사혁 선생이

예. 그랬다가 그것두 여의치 않아 가지구 이 수원고등학교에도 배재 들어가기 전이구나. 여기서 수원고등학교 동창회때 한 1년간 반 있었어요. .여기 사변 전 그 저 가르킨 나머지

: 아, 전쟁직후에

어어 그리구 돌아가셨잖아요. 왜 그래 지금 그 자손이 어디가 그 아들들이 어디가 있는지 지금 모르겠구 나두. 거기 인제 그냥 자손두 없을 거예요. 그냥 위험헌데 댕기구 그래서. 그래서 이제 그 사람하구 하나 그렇구 아주 절친했고

: 홍사혁씨하고 절친하셨고

네, 홍사혁씨하고는 아주 절친해. 그래 윤구섭 선생이라구 있어요. 윤구섭

: 구섭

예.

: 예.

에 그게 옛날 저기 평양에 숭실대학교 교수했었죠. 저 평양에

: 아.

아주 재주꾼이죠. 그런데 그 양반하곤 무슨 학문 때문에 같은 거 알어. 그게 여기 와서 동국대학 옛날에 불교학교였잖아요.

: 예.

거기 또 교수 생활했고 숭실대학에 오래 있었죠. 그랬다가 거기에 에음 삼일핵교 마지막 그 좀... 때문에 사표 제출하고 도망가던데 그 전해 돌아가셨어요. 서울에서 그때 마지막... 그때두 뭐 눈물 흘리면서 비 오

는 날 학교 안 가시면서 거기 갔던 기억이 나요. 그때 윤구섭씨가 그리구 얘길 딸 하나밖에 없다고 서울에 그래 걱정을 하시면서 갔다오신 기억이 나요. 그 윤구섭 선생하군 그냥 아주 그런데... 같은

: 언제?

그 다음에 인제 해방되구선 저기 저 조소앙씨 엄항섭씨가 왔다 가구

: 예.

그리구 저 김구선생이 그 다음 계시고 그 다음에 고재철인가 그 수원에서... 기억이 나요. 할아버진데 그 양반이 고 좀 기억이 나고 그 다음에 인제 김구선생 오신 거 오실 때

: 신익희 선생이랑 같이 오셨나요?

예. 신익희... 좀 잘 기억이 안나요.

: 네. 그때 항상 뭐 좀 김구회라고 있어요. 여기에 저 수원에 돌아가셨지만 그 양반이 거기 청년운동하고 그러기땜에 그 연락원을 고재철씨 그 뭐 재철이 그 양반하고 그 다음에 김두배라고 옛날에 국회의원두 출마할라구 뭐 그러구 그래던 분이 나이 젊은 양반이 있어요. 그런데 또 왔다 갔다 하고 또 조소앙씨는 한 번 들린 걸 내 장안동 집에서 보고

: 네.

내가 어릴 적인데 자세한 건 기록을 기억을 못해요. 지금 못해. 그래 조소앙씨는 나중에 보니까 조소앙씨야.

: 음.

그래서 그 사람... 다녔고 다음은 뭐 아는 사람은 엄청 많으셨는데

: 삼일학교 김병호 교장선생님은 안 오셨습니까?

김병호 교장선생님은 그때 좀 같이 일했지만서두 그렇게 좋아하질 않았어요.

: 왜 그랬을까요?

그래 내가 보기엔 그때만 해도 좀 에 이런 말하면 안됐지만은 참 저 뭐

일본에 기관총 헌납 뭐 헌납 뭐, 뭐 자꾸 그러고 그러니께 그러는데 그
때 할 수 없으니까 그래 그거 하니께 일본의 가마또 있잖아요. 그러니
까 좀 협조하는 식으루 나갔다 말이야.

: 아, 김병호 선생이

그런데 그건 이제 아주 싫어하죠.

: 아.

그렇지만서두 일반친구들처럼 얘기하면... 별루 적극적으로 이제 이야
길 서로 안하지.

: 아, 김병호 선생이 결국 나중에 그렇게 되셨네요. 그럼

음, 네. 그렇지.

: 신간회 이후에 그렇게 되신 거 같네요. 그럼

그 신간회두 그렇게 되지 않었는데 그 이후서부터 그 전서부텀 이제 그
렇게 참석을 안하구 그냥 저 아 잘 만나구 그때... 했어요. 그저 가끔가
다 의견충돌루다 싸우는 걸 많이 봤어요. 그 양반하구

: 내용은 기억 안 나시구요?

음?

: 어떤 내용인지.

기억은 안하구 으 그 말하자면 이제 그 아마 에 약간 저쪽으로 기울어
지는 것 같으니까 일본쪽으루 국내에서두

: 그게 신간회 할 땐가요? 신간회 할 무렵인가요?

그거는 모르겠어요.

: 신간회는 27년부터

음.

: 31년까지가

아, 그때는 내가 뭐 전연 난 33년생이니까 잘 모르...

: 아, 그럼 그 이후구나.

그럼 그 이후...
: 아.
그런 이후에 에 삼일핵교 쭉 해방되고서 김병호 선생님이 했거든요.
: 예
교장이 그런데 뭐 조금 그런 게 있어 가지구 그 좀... 뭐 다음에 인저
그 저 홍사운 선생하고는 이제 동기생이지만 다만 그런 게 있어. 인제
그 사람은 좀 그런 건 없지만은 이제 그런덴 잘 안 하기 때문에 그냥 그
아우 형제같이 이렇게
: 홍사운 선생하구요.
물론이지요. 홍교장.
: 아.
그래서 그렇게 지났어요. 다 그런데 그러나 극비 같은 이런 말은 좀 피
하고
: 안 하셨겠지요.
허허. 그래... 그만 좀 금하구.
: 아.
그쪽에는
: 네.
허허
: 그 홍사혁, 홍사훈
음.
: 홍사운 형제의 아버지가
음.
: 홍건섭인가요? 홍민섭인가요?
음. 글쎄 그게 몰르네.
섭자 돌림은 맞지요?

　　음. 맞는... 맞는 게 어 네 음. 그게 저길 쫓아가면은 좀 그런데 남의 걸
　　전부 알... 재목이

: 에.

　　음. 거기 보면 잘 알지.

: 여기 손자니까 잘 아시겠지요.

　　예, 예. 그런데 지금은 내가 저번에도 얘기 들었는데 여기서 불만이 ...

: 하하.

　　어떻게 된 건가 지금... 하하.

: ... 잘 알구 있는 사실이구요. 그 다음에 인제 그 수원상업강습소 그 윤윤희라구
　들어보셨나요?

　　윤윤희.

: 예. 이분두 유명하신 분인 거 같은데

　　네. 그런데 글쎄 너무 어릴 때라 잘 기억이 안 나는데

: 그럼 당시 교사로 상업강습소 교사로 있었던 분들에 관한 말씀은 안 하셨나요?

　　박선태 선생을 얘기하시는 건 들었고 내가 분명히 들어서 하여튼 여 조
　　기 저 성 뭐 그게 뭐야.

: 이선경

　　그 야... 그 양반 그 오빠가 아

: 이득순인가 뭐 그렇지요.

　　네, 네. 병원에 다니는 걸로 알고 그 다음에 그 사람하고 또 친했건 나경...
　　나경섭인가 뭔가.

: 나경석

　　나경석. 아하.

: 공민 나경석

　　예, 어딘고 허니 그때 집이

: 나혜석이 오빠

저기 저 어 그 절이 있지 않습니까? 남수, 남수, 남수원 저 절

: 남수원이요?

그 포교당 옆

: 예. 포교당

예, 그쪽이야. 내 거기 간 데리고 간걸 내가 기억이 나요 아버지랑.

: 나경석 선생

나경석 선생

: 아.

아, 그 양반 그때 또 저기 아유 나 이 기억이 안나나. 어릴 제 그 수원에
무슨 허스키 가수가 하나 있었지요. 누구?

: 저는 모릅니다. 그거는

아이구 있잖아요. 하하.

: 하하.

나두 잊어 버렸는데 그 허스키 옛날 가수 그 나이 들어선 모르지. 그 나
이대곤

: 그 나경석 선생과는 뭐 자주 왕래가

아, 친구죠. 거

: 아. 왕래가 자주 있었습니까?

아, 자주 있었지. 자주 있었어.

: 나경석의 형이 나홍석인데

음.

나홍석의, 결국은 그 여동생이 나혜석이고

네, 예.

: 나씨 집안이 유명한 집안인데

네, 네. 그렇다고 그러는데 그러는 건... 자세히는 뭐 기억이 안 나고
뭐 그때 그 우리 어릴 적이라 음 주로 그때만 해도 건강하고 그럴 때라

그래 지금은 좀 중국도 왔다갔다하고 첫 번에 갔다오셔서 가지구 날 낳구 그럴 때만 이제 요때가 이제 다섯 살 때면 기억이 나지.

: 네.

그 다음에 그전 거 하구 그 이후께 잘 인제 언뜻 기억이 안나요.

: 음.

그때만은 좀 우리 아버지가 그 도저히 안되겠다. 수원에서 인제 학교에 있으면서 애들 가르키면서 여기서 말하자면 에 전부지. 이 이 와해되겠다 말이야. 이래 가지고 마음을 먹고 다른데 안 가시고 수원에서 교편으로 정착하실 때에 일요일날이면 절 데리구선 절 그때 어 우리 어머니하구 인제 광교산 같은데 잘 가셨대요. 그때 얘기가 조금씩 나오는데 그때만 해도 일본시대기 때문에 그런 건 구체적으로 안 하구 그냥 친구 그런 얘기 허허 좀 중국 갔다오는 얘기 그런 얘기도 하셔요. 그런데 거기에는 뭐 정치적인 뭐는 어드메서두 그런 건 일절 아주 그냥, 그냥 거기 다녔다는 그런...

: 혹시 박승극이라는 이름은 못 들어 보셨어요?

저기 그런데 어디

: 박승극이라구

네, 이름은 뭔데 그런데 그때 기억이 안 나니까

: 당시 인제 박승극은 이제

음.

: 좌파 쪽에　대표적인 인물이거든요.

네, 예, 예, 예. 그런데 그때 이저 그 저두 인저 알구 있는 거는 뭐 어 수원의 청년들이 민족주의로 기우는 거 완전히 그 사회주의... 그 다음에 인제 지금과 같은 공산주의로 기울어지는 거 완전히 공산... 그 세파였었거든. 그런데 그 여파가 수원에두 그게 암암리에 이게 저기 됐어요. 6·25 전만 해두 그 수원에서두 저두 큰일 날뻔 했는데 하하. 여기 수원에서두 뭐 그 저 농민대회 사건두 나구 수원고등학교에서두 사건두 나고 수원고등학교 애들두 옛날에 그... 그 이제 사상관계루다 이래 가지구 수원고등학교에서 이북간 애들이 많거든요. 그런데 그 이런 사건들이 있지 않습니까? 가끔가다 그런데 그게 ... 수원에서 ... 수원에서 ... 완전히 그 좌파 , 그 다음에 민족주의파 그게 인저 그 다음에 사회주의라는 게 인제 에 게 소셜리즘이라구.

: 네.

조금 다르지요. 그리구 우린 그래서 저는 그래요. 젊은애들 그러는데 그게 이전 야 우리 여기서두 6 · 25전... 그 사회주의자는 공산주의자들이라는 생각을 저 했었고 그랬는데 그렇지 않거든 결과가 그 사람들도 민족사관이 상당히 강했어요, 지금 공산주의는 그게 아니야. 응. 그리고 이제 원 공산주의자가 있었어요. 그때두 그래 세파가 갈라져 있었으니까 그런데 아버지파는 이상적인 그 민족주의 이쪽의 청년들 그 사람들 그 사람들이구 그러니까 세파를 그때가 정국이 아주 거칠을 때야. 그러니까 그거를 그쪽 그 민족주의파에선 그 전권을 잡은 모양이에요. 그 통일하구부터 운동에서 그걸 애두 무지 쓰고 그걸 그놈들이 또 갈라지면 그거 안되니까. 하하. 음. 그렇게 됐어요.

: 홍달선씨 아까 말씀하셨는데

네. 홍달선 선생 그, 그, 그 이후로도 그 이후에 완전히 저쪽, 거기 계시면서 그건 완전히 공산주의

: 월북했잖아요.

음, 월북했었지요.

: 예.

그런데 어떻게 또 그분하구 이렇게 사상적으로 다른데

어, 그분도 그 전서부터 그 전에 예 그 저 자기네들 그 형제 그러니깐 그 ...에서 놀고 그랬으니까 워낙에 애들이 똑똑하고 그러니까 또 정치

에도 관심이 있었거든. 그 마누라가 내가 알기론 일본마누라라는 것은…

: 네, 북해도대학의 예 게 총장까지…

그 사람은 그 일본마누라야. 그 사람 이제… 있지요. 그때 가장 똑똑한 사람이라 그러더니 이북에 들어가고 없지요. 허허.

: 음.

그런 얘기하는 거야 그때 분명히 들었어… 중국말하고 그래서 이젠 지금은 좀 부끄럽지요. 우리가 저 사람이 무슨 대학서 교수하고 그러냐고 아무리 전문강의지만 옛날엔 지금 한문을 갖다가 주로 지금, 지금 잘하시는 분이 이제 새기지 않습니까? 옛날 양반 그냥 두르르치던데요. 뭐 그냥 그렇게 요정도였으니까 옛날 양반들이

: 예.

그러다가 인제 에 저 양반의 책을 좀 많이 읽었지 않은데, 옛날에도 영어교육을 많이 했었어요. 중국이 그 여울에서 나오니까 북경대학 저 남경대학 같은데 암만 가 봐두 공부를 할래니까 중국 애들이 워낙 넓어서 저희들끼리도 밀이 통하지 않는… 저희 말 가지고두

: 예.

그래서 영어가 거기서 발달… 그래 전운택 이 그 외무부장관 사람이 그래서 중국출신 아니에요. 요기 그래 영어 잘해. 그래 중국이 영어를 하구. 영어를 하구. 그리구 인제 그 대핵이라구 대학에서 그때만 해두 말이 서로 안 통하니까 영어로 했다 그러거든.

: 아, 중국에서요.

에, 중국에서 워낙 넓으니까 중국말 가지고 통하지 않더래. 안 한다 그래. 그 얘길 하시더만 아버지가

: 그럼 보시던 책들이 인제 수학 책

수학이 몇이 있고 지금 저기 내가 싸둔 게 이만큼 있어요. 어디… 얘기

가

: 그 책 이렇게 한 장씩 넘겨보셨어요?

아유, 나 그저 그 시간이 어딨어요. 그런데 저 그 한문에 상당히 통달해야 되겠어요. 그런데 전부 한문이래서

: 일어 책은 없구요?

일어 책은 그 뭐 읽지도 않은 걸 보면 그런 건 뭐 어 문학서적 같은 건 뭐 그냥 일본 애들 하구두 똑같이 하구 얘기하구 그랬으니까

: 아 그러니까 신학문을 공부하셨다면은

네, 일어는

: 일어 책을 많이 보셨을텐데

네, 읽으셨을 텐데 그건 별루 없어요. 일본 책은 많이 없고 아라비안 나이트 뭐 이런 거니 옛날에... 좋은 책은 그래두 다 없어졌어요. 그때 그 밥을 굶어가면서 그 양반이 샀댓는데 음

지금 시리즈 같이 이런... 같이 있던 것이 다... 아마 없을 거예요. 그 일본글 그 문학서적들 종교서적들 기독교에 관한 일본어로 된 거 그런 서적들이 많았어요. 문학서적은 뭐 많았고 사상 같은 것두

: 그러니까 이제 결국은

음.

: 기독교관계책과

어 그것두...

: 문학 책

문학 책 같은 거

: 그런데 사상관계에 대해서는

사상은 아 사상을 이 양반이 아마 지금 논문으로 하면 사상에 동양사상, 동양철학 가르치시거든... 저 공부해서 저기 할제 동양사상에 대해서 이 사상, 사상 같은 걸 많이 다뤘어요. 그래 친구들도 매일 논하면

그 옛날엔 이 아마 …들 수원에서 말씀을 제일 잘 하신다는 거예요. 강의내용 보니께 아주 무진 있는데 내가 보니 저게 현대 전공하신, 현대에 계셨드라면 저 사상가 그런데 아마 능통하신…

: 혹시 공석정 선생과는 관계가 없었나요?

그건 잘 모르겠는데

: 음, 그 사상을 공부하셨으면 뭐 사회주의 쪽 관계도 많이 아셨을 텐데

그런데 그렇죠. 사회주의니 뭐 기독… 사상 책을 전부 뭐 통달했으니까 기독교, 종교사상들 그러니까 기독교만이 아니에요. 불교, 유교, 어 뭐… 이런데 나 전부 능통했으니까 그것만 아주 내가 보니까 지금의 종교… 그런데 그래 종교 및 동양철학이기 때문에 사상을 많이 공부했던 모양이야. 그래서 자기 혼자 깨달은 게 많고…

: 그 남경대학에서 공부하셨나요?

음. 남경대학교, 남경대학 건업대학, 남경대, 남경대학 건업대가 서문 달시에…

: 아.

지금가도 가 중국 가서 떼어 보니까 있어요.

: 아, 이름을 동양철학과

어, 동양철학 그리구 인저 평소 때 청년때게 책을 그런 걸 많이 봤대요. 그걸 철학 같은 거를 그 인저 철학에 달통하구 한문 달통하구 또 뭐 다른 사람들도 얘기하는데 그 다음에 역사, 역사 저 양반이 역사에 아주 대단한… 이었어요.

: 그래 화성학원에서 삼일학교에서 역사…

역사를 가르쳤죠. 예. 역사.

: 역사 가르치셨지요.

그 고등부에 삼일학교 고등부들 가르쳤을 때 역사 가르치구

: 그 역사 가르치실 때

　음.

: 그 뭐 나중에 들으신 말씀이라도

　음.

: 어떤 내용을 강조하셨는지

　그런데 내 들은 바에 의하면 그때는 그 어 아마 에 암암리에 그 학생들
에게 그 독립사상 그런 이야기하구 애들 허구 산엘 많이 다녀오셨드랬
지. 조만간에는 그리구 인저 어 보통 그 양반은 인제 어떤 그 지금으로
하면 뭐야. 그 어 이야기 같은 거 옛날이야기 허허 전부 전설 같은 걸
좋아하셨고 그런 소리를 해면 우리두 그냥 장난으루 이렇게 들었으니까
해 달라구. 어떻게 재미있게 하던지 말이야. 그래 이 화술에 능통하신
거 그런 거 같애. 말을 저기 아주 능란하셨고 그런 거 같은데

: 그럼 직접 쓰신 글은 남은 게 없나요?

　아유, 많았었죠. 많은데 그게 6 · 25때 다 없어졌죠. 그게 없어져서 지
금 그, 그, 그 아주 그 일기를 썼었는데 구섭 선생하고 일기 쓰기 해 가
지구 그게 몇 권이었는데 그거를 그냥 그때 놈들이 전부 휴지로 들어가
지구

: 음, 전쟁통에요.

　네.

: 아.

　그걸 노트북으로 그때 어떻게 가져갈 수 있어요. 그걸 무거운데 이렇게
들어갔어요. 이상하게 나오는데 자꾸 뒤졌는데 여기 와 가지고 가르쳤
는데 게 옛날엔 종이가 없어서 그땐 귀하니까 이걸 뒤집어 가지구 전부
엮은 게 내가 들은 한 50여 권, 70권이... 더 없어졌어. 그게 많았지요.
그때 전부 그냥

: 아, 참 아깝네요.

　그리구 그걸 옛날에두 그... 그러면서두 그걸 교환했다는데 그것이 지

금 있으면 참 나두 아까워라. 아이구 6·25참에 어리석었구나. 그게 어리석으면서두 그때는 정신을 못 차렸어요. 어 뭐 피난 가는데 에 강냉이 저기래두 지구 갈라 그러지. 그거 미구 가진 못 하니까

: 아.

그러니까 참 내 갔다오니깐 뭐 세간이구 뭐구 뭐 전부 바깥에 전부 흐트러지구 그랬었는데 그 다음에 인제 그 뭐 그런 일 그, 그 다음에 그 뭐야. 애들이 와 가지고 뭐 인제 가구니 찢겨 뜯겨지고 그랜 건 다 거 거기에서 불 질르고 그러잖아요. 여하간 에 전부 그, 그것두 타다 남은 것도 봤고 하여튼 일기책이 많았으니까. 일기를 많이 쓰신다구. 그런데 그게 아까와요.

: 당시 뭐 잡지라든지 신문에 글쓰신 건 없구요?

음, 그런 건 안 썼지. 신문 같은데 그건 기고 안 했지. 하하. 기고 안하고 그 다음에 그림을 자주 그렇게 많이 그리셨어요. 그림두 많았대요. 그림두 잘 그렸어요. 그림을 좋아하셨구. 그 다음에 갖다 오면은 화초 좋아하셔서 가지구 화초가 그때두 아마 수원에서는… 갔다 오기만 하면 그 화초를 가지구 그때 아마 번잡을 피해기 위해서 아마 산으로 들로 가면서 그때 이거 분재 맛을 아셨던 분이니까 그래서

: 아, 바르시네요.

하하. 그러니까 그 이후에 내가 보니까 이 분재하고 뭐 돌 그때 돌과 분재 나무를 전부 수집해 놓으셨어요.

: 그때면 언제 말씀하시는 거지요?

음. 그때가 좀 안정 됐을 때

: 아.

다른 거 피해구 수원에 들어와서 그때서부터

: 아. 해방 이후에

해방이후도 아니지요. 그 전에두 건강하셨지. 그전에 인저 저 분재 그

런데 공부하러 왔다가 실패해서 와 가지구 실패하니까 에 자꾸 인제 완전히 3·15때 그저 그냥 화성학원에 온 뒤에부터 안정이 됐거든.

: 음.

가정갖고

: 그러니까 삼일... 화성학원에 계신 거는 3·1운동 아 졸업하구 나서부터 계셔서 음.

: 3·1운동 직후까지 계셨고

그런데 아니지. 그 어 3·1운동 전에는 화성학원 안되지.

: 아, 3·1운동 전에는 화성학원 안하고

그러고 나서 화성학원만 맡구 화성학원 교살 했을 때

: 예.

그때 독립운동 하다가 그 다음에 인전 그 중국으로 할 수 없어가... 졸업하면 그 도저히 안 되니까 에 여 3·1운동까진 그렇게 채웠지 않습니까? 그러니깐 이전 배재 가서 공부하고 이전 완전히 거 자꾸 쫓구 또 자꾸 뒤 자꾸 탐문하구 조사하고 그러니까 이제 도저히 안되겠으니 여기선 이젠 도저히 뚝 이게 아마 이게 그 다시 그 이 저 ...다는 말 저 뭐야. 그러니까 다시 중국으로 갔다 다시 왔다가 다시 체포령이 나니까 다시 도망간 거지. 인자 저 해방 거의 다... 또 체포령이 나온 거지. 아마 그때 마지막 현장 끝나는데 죽었느니 뭐 이런 소문도 많이 들었어요. 거진 하하. 말하자면 이게 저 게 6·25때 보도연맹... 그런 소문이 남들한테 파이니까 도망가야지. 피난가야지... 그래 두 번을 드나든 거지. 아주 두 번 들어간 거지.

: 예.

그랬다간 여 홍광민 선생의 접촉을 갖구 그 다음에 다시 들어와서 자립해 가지구 친구들을 불러 가지구 가정사정이 이래니 뭐, 뭐 여러 가지 사정 얘기 물어봤대. 그래서 인저 너 인제 가정 가져라. 그래서 그렇게 하기루 했어요. 우리 참 묘한 일 용하다. 애들 가르치니까... 젊은 애들 그때 요때다. 그래서 그때 했다는 얘기를 들었어요. 그 후에 이전 이게 직접적인 독립운동은 인제는 안 되겠다. 애꿎은 사상피해만 죽는다. 이거지. 음. 그래서 나온 거지. 그랬다간 이전 잘 있다가 결국은 대동아전쟁 끝나니까 이젠 애들이 인제 음 체포해서 이 고문을 하고 고문을 하고 그러니까 점점 강화하니까 대동아전쟁 망할 무렵에 도저히 할 도리가 없으니까 그때만 해도 사표도 아니구 사직 당한 거예요 인제는 사직 꺼지거다 정말로 저희들이 사직을 시켰어요. 그럼 어떡해. 그래 또 도망간 거지요. 기억에

: 지금까지 말씀하시는데 다 이제연도가 안 들어갔거든요.

음, 연도가 그냥 나두 그 고기다 전부 기록이 돼있어요. 그래서 거 찾아서 맞춰 볼제 나와요. 연도는 거기에 썼어요.

: 음.

연도는 거기에 보면은 전부 있거든. 거기다 일치돼요. 또

: 음.

그리고 저 다음이 쪼금 틀린 것들을 모아서 구전되는 거와 이력서를 바로 찾음으로써 그걸 교정시켜드렸지요. 참, 그 이제재 선생님 어떻게 말씀드렸지. 그걸 네 그게 조금 틀립니다. 이게 아 딱딱 맞아야... 연도가 딱딱 맞아야 들어가야 할텐데. 그 이력서를 보니까, 아 그 양반도 아 이게 그 옛날에 그 귀중한 거예요. 연도가 그냥 맞아 들어가는 거예요.

: 이 보이스카웃 활동하실 때요.

음

: 그때 수원 경기 제 28호대 2대댄가

2대, 2대

: 그

2대에, 에 대장이야.

: 예 그거 하실 때 보이스카웃 활동과 관련해선 뭐 평소에 하신 말씀이 있으신지

아. 평소에 아 그래서 이 그분이 학생들에게 아 그 강... 국제, 국제의 평화와 그 강인한 정신을 길러주기 위해서 어... 민족정신과 에 부합시켜 가지고 응 그런데 아주... 운동했다.

: 그래서 구체적으로는 어떤 일을 하셨어요?

우선 어 국민들의 음악 또 체육 이를테면 아 또 그건, 그건 뭐야. 아 구제사업 또 양로원 방문 같은 거 이런 거 늘... 있지 않습니까? 그런 걸 함으로써 동시에 그 민족 어 사관을 많이 지키구 좋았다 그러는 거야. 음. 아주 좋은데 그건 일본 애들두 그거는 간섭을 안 했다. 아 그러면서 그거 하길 좋았다 그런 얘기를 해요. 그런 걸

: 1920년인가 21년도에 수원청년회가 조직될 때 거기 참가하시거든요.

네.

: 그 얘기는 들어보셨나요?

글쎄 그런 그거는 구체적으로 못 들어봤는데요. 아주 요즘해서 뭐 밤마다 뭐 하구 집에 여간해 집에 그 기회가 없으셨던 거 같애요. 어머니 얘기로는 전혀 뭐 이런 우리 집을 완전히 포기한 양반이라 따로 봉급도 가지고 들어오시는 거 못 봤어요. 여기 제자들이 전부 아마 몇 분 계시는 주변에 하여간 봉급 털어서 그 학비 해 주구 어머니가...

: 제자들이 지금 살아 계세요?

노인이 어디 몇이, 몇 있어요.

: 혹시 어디 계신진 아시구요?

지금, 지금 어디 있는지 모르겠지만 저번에 여기 오는데 아 저 이장선이라는 사람이 있고 또 현태, 김현태라고 수원고등학교에도 있었는데 현태 그 살았나... 살았다고. 어제께 소식이 왔어요...

: 김현태라는 분은 살아계시다구요.

네, 예. 있는데 그 분이... 이 저기 살아있는 중에 마지막이 아닌가 보

고 지금72센가 74세가 되셨지. 그래 날 찾었대요. 이래 찾아와 가지고 엊그제 만났지. 한 일주일 전에 그 내 친구라구. 어 걔가 배재 댕기던 앤데 결국수원고등학교에서 졸업을 했어. 사변 바람에 그 바람으루다 가... 내가 만났어요. 현태라는 사람하구.

〈김○모 증언〉

...저 시 역사편찬위원회에서 왔다 그래서 얘긴데. 금년에 했는데 두 살, 두 딸... 금년이로구나. 언제쯤 됐나. 작년일거야. 왔어 둘이.

: 네.

그런데 윤한흠이가 알았다 그러면서 와서...

: 예.

여리 대답을 해줬는데 그래 뭐 아는 거 뭐 있었나. 그때도 역시 그 정도 지 뭐.

: 일단 선생님 몇 년도에 입학을 하셨어요?

어디?

: 그 화성학원에

에 그게 몇 년도, 몇 년도, 몇 년도로 치면 되나?

: 선생님, 몇 년에서, 먼저 화성학원에 언제 입학하셨어요?

아 그걸 또 기억을 한참해야 하는데

: 연세를 생각하시면 될 거 같은데

글쎄 내가 이 여덟살 때거든

: 여덟살이면 25년생이라 그랬으니까 8을 더하면은 33년

　　마. 그렇게 됐겠지

: 입학을 하시니까 같은 반에는 나이 차이가 많았겠네요.

　　많았지, 애기 아버지도 있고 그랬는데

: 아 그럼 그 애기 아버지들 그 나이 많으신 분들은 뭐 서당이라든지 뭐 이런데 다니고 오신 분들인가요?

　　물론 다녔다가 온 사람도 있고, 그때만 해두 자전거에다 도시락을 뒤에 다 놓구 수지면서 많이 댕겼다구

: 아! 화성학원에

　　응

: 수지에서 다녔어요?

　　수지에서 많이들 댕겼어. 옛날 양종필이니 뭐니 했든 내 친구들 그 때 같이 댕긴 친구들이 있는데

: 음

　　그저 그래 예전에 엄청 애 아버지들 많이 댕겼어.

: 아 그분들이 근데 이 서당을 다니고 인제 한학을 좀…

　　그래 한학두 저 지금 죽었지만은 저 인계동 주유소 앞에 아 한… 무슨 한약방 하던 사람 있어

: 예

　　그래 나랑 한짝, 한반 댕겼다구. 한석… 한석… 올 죽었어. 저 자살해서… 글쎄 그 때만 해두 애 아바이가 아주 많았지 뭐

: 그런 분들이 지금 저 사서삼경을 읽으신 분들이다.

　　그럼, 다…

: 아 그 정도 수준이셨어요

　　그럼

: 그럼 제가 또 윤한흠 선생님한테 듣기로는 당시에는 신풍학교 학생들 보기가 부끄러워서 골목을 숨어다녔다, 학교까지

아이 뭐 그런거는 없고, 내 윤한흠이 나하고 학교 같이 댕겼지만은 나두 그 당시 남창동 살았었어. 그런데 신풍학교 하고 뭐 다를게 뭐 있어. 근데 그때는 화성군청자리

: 지금요?

지금 후생병원, 후생병원 자리

: 음

그 후생병원이 유남기가 지어서 팔은 집이야. 그래 거기가 이 청년학관 이거든 거여산 저쪽 저 학교가 있었어.

: 아

군청자리에 그래 거기엔 형편없는 애들, 하 많이 살았었지. 맨 농부도 있고 -- 메고. 그랬는데. 거기에 뭘 신풍학교가 어려워서, 무슨, 뭐, 그래 난 그런건 난 무에 안 받아봤어요.

: 그런데 왜 그 신풍학교라든지 뭐 다른 학교들이 있는데, 그 공립학교가 있지 않습니까? 당연히

그래… 공립이고 이건 사립이지

: 그런데 왜

왜 그리 갔느냐

: 화성학원에 입학하셨어요.

아 그래 난 저 내 매형도 거기 있다니까 오라 그래 가긴 갔는데, 거 갔다구 와서 부끄러와, 하등에 뭘 없어. 응 뭐 조금도 부끄러울 거 뭐 없어요.

: 음

응

: 그럼 당시에 그 그렇다면 윤한흠 선생님 말씀대로라면 그 신풍학교에 가고 싶었지만 당신은 아버지가 인제 글루 입학시켜서 갔다

하기사 어디로 학교 그때 어려서야 어딜 가래든 가는건데

: 예

나는 그냥 그냥 매부가 거기 잇으니가 그냥 갔어.

: 아 신풍학교로 가고 싶은 생각 없으시구요?

아니야. 그냥 난 뭐 거기에 친구들도 어려서 많잖어

: 예

그러니까 뭐 하등에 무슨 뭐 부끄러울 일이란 거 별로 없어

: 음 그럼 그 김웅배 선생님하고는 이제 당시 학교 입학하실 때

음

: 김웅배 선생님은 그 학교 교사였나요?

그렇지

: 그럼 연세 차이가 많이 나셨겠네요

그렇지. 지금 그 양반이 뭐 구십이 훨씬, 백 살 될 거야. 구십이 훨씬
넘었지.

: 그럼 김웅배 선생님은 몇 년생이세요?

모르겠네. 그건 기억나질 않네. 그래 그래 그 양반 아들이 벌써, 내 생
질애가 벌써 죽어버린지가 언젠데

: 아 그럼

걔가 지금 예순 일곱 살인데, 살았으믄

: 아!

그래 난, 우리 백남선씨는 매향동에 살았고

: 예

여 박동석씨는 요, 요앞, 요앞에 살았지만은

: 거기서 유명한

김도, 김도생 선생은, 이 선생은 매향리 학교 그 꼭대기 저 가다 길 옆
에 그래 이 양반 아들이 서이나 있나. 내 친구야

: 네

　　그래 그 박봉득씨 완선이 예 완기, 그래서 이 최철웅씨, 이 양반이라는
게 내 잘 몰르지만은 그 무슨 하등에 그래서 무슨 부끄럼이나 그런건
당치도 않아.

: 그럼 김웅배 선생님은 뭘 가르치셨습니까?

　　음. 그 때야 뭐 별루 과목이 따로 정해진 건 없어. 초등학교니까 말이야

: 그래 수신이라든지 수신 가르쳤을거고, 학교에서

　　그때 뭐 저 조선어. 그때만 해두 조선어 아니야?

: 예. 조선어 가르쳤구. 일본어, 국어라구 가르쳤을 거 아닙니까

　　그때 일본어는 거 수신에 들어가고

: 아

　　있었는데, 일본어는 그때만 해도 많이 안 썼다고. 음

: 학교에서는 이제 교육과정상

　　이 그 때 그랬지. 음

: 가르치게 돼 있는거죠

　　음

　　배우셨죠? 그래서

　　예. 백남선씨 이 양반이 또 뭐야. 국어 가르쳤지, 아마

: 국어면, 일본어요?

　　음, 거기 이 박봉득씨 있을 제는 난 잘 뭐 저거해서. 김도생이 이 사람
은 운동을 좋아했는데 뭘 가르쳤는지 기억 안 나네

: 음

　　이 양반이 비봉인가 어디서 선생하다 돌아갔지. 아마

: 예. 그렇다 그러더라구요.

　　음, 음. 그랬을게야.

; 아, 그리고 그러면 그 이 김웅배선생님은 학교는 어디 나오셨습니까?

　　글쎄, 그건 모르겠네. 그 양반, 이 양반이 매학교... 매향리 학교 그 맨

꼭대기 거기에 살았었거든. 그 당시. 그런데 그 양반들 늘 학력은 내가 다 몰라.

: 아.

그런데 에 김도생씨네 집 위에 살았었다고, 위에. 그러니까 지금 아 지금은 뭐 몰르지. 지금은 학교가 전부 집들이 지어서 모르는데 에…

: 그러면 학교 다니실 때에 이 화성학원이 어떻게 세워졌는가라는 얘기는 들어보신 적이 있나요?

몰라. 뭐 어떻게 세워진 건지. 전부 홍사훈씨…

: 그러니까 홍사훈씨가 세우셨다는 말씀밖에 못 들어 보셨어요?

예, 그렇지요.

: 그 이전에 상업회의소에서

응?

: 상업회의소, 수원 상업회의소에서 1909년에

그건 몰라.

: 그 부설로 세운 건, 세운 사실은 모르시구요?

그건 몰라요.

: 아.

거기에

: 그걸 인수해 가지고

아, 그거 그 내용은 전연 우리가 모르고

: 아, 아.

이제 홍사훈씨가 해다가 교장을 홍사운씨한테 인계했는데

: 윤준희라는 분은 못 들어 보셨습니까?

못 들었어요.

윤준희라는 분이 그 소장을 한 7, 8년 하시다가 그 다음에 넘긴 거거든요.

음, 지금 그건 내가 몰르겄고 홍사훈씨가 지금 종로예식장자리가 원 집이야.

: 예.

홍사훈씨 집이

: 예.

모네까다리가 그게 전부 했는데 그 뒤는 홍사훈씨 큰아드님이 홍달선인데

: 아, 달선이가 큰아들입니까?

음.

: 아.

어 거 뒤에다 살었고 홍달선이 동생이

: 범선이

범선이고

: 예.

이제 그 양반 형제로 동생을 배다른 동생들이 있는데 또 셋 있었어.

: 예.

홍길선이니 뭐 해서 그렇게 저거 했는데 음 거 지금 종로예식장자리가 그 양반 집이었거든.

: 음.

예전까지만 해도 그랬었는데 이러한 그 내용은 다 몰라. 내 그 그 나 낳기 전 얘긴 들은 일밲에, 들은 일도 별로 없는데

: 음. 그러면 그 아까 화성상업주식회사라는 데는

화성상업주식회사?

: 예, 예. 그건 못 들어 보셨습니까?

몰라요.

: 어.

이 양반이 포목장사 했다는 얘기만 내 어려서 들은 일이 있어.

: 음, 아 참 아까 제가 윤준희라 그랬잖아요. 윤준희가 아니고 신준희거든요. 신준희 선생.

　몰라요.

: 음.

　난 그거 모르겠어.

: 그 다음 그렇다면 이게 지금 학교에서는 화성학원이라고 이름을 바꾼 해가 1926년이라고도 하고 동아일보에는 1916년으로 나와있거든요.

　그래 그 당시두 모르지. 이게 그 당시만 해도 동아일보에는, 동아일보에 여기에 수원지국을 했던 사람이 박... 예순 몇이여. 그 사람이 여기 살아. 그런데 그 사람 돌아갔단 말이야. 그래 가지구 했는데 그 우리 낳기 전 해까지야 난 전연 모르지. 그런데 여기 지금 뭐 이게 양성관이 음 신준희이 어디 나왔는데 난 누군지 모르겠어. 수원상업회의소... 26년에 홍사훈씨가 단독으로 인수하여 이렇게.. 이건 모르지. 내가 내 25년생인데 26년이니껜 수원청년회 회장을...

: 그러면 아가 33년에 입학하셨다고 그랬잖아요.

　아마 그때 될 거야.

: 그러면 지금 윤한흠 선생님은 31년쯤에 입학하신 걸로 기억하시든데

　음. 나와 같이 댕겼는데 걔가

: 같이 입학하셨어요?

　네, 같이 댕겼어.

: 그런데 거기 보니까 38년도에 그 졸업한 사진이 있드라구요. 선생님두 갖구 계십니까?

　나는 그 사진은 없지만은 보면 알지.

: 그럼 당신이 38년도 뭐

　저

: 얘기를 써 놓으셨더라구요.

윤한흠이가 남창동 살제 나하고 참 코 흘릴 제 같이 놀았거든.

: 입학을 같이 하셨다구요? 분명히.

아, 그래. 같이 댕겼어 우리 학교.

: 같은 반에서요?

내 그런 줄로 아는데

: 음.

그게 아니라면 또 몰라. 난 나는 틀림없이 게 같이 댕겨서 우리 뭐 게

: 음.

안규철이? 한복선?

안규철이라는 사람은 내 친구 아버진데 이 양반이 이런 거 안 했을텐데. 요 밑에 또 뭐 홍사훈이, 이완선이가 이게 그게 뭘… 가만있어 봐.
이완선씨가 이게 병원이야. 운곡병원

: 의원이 운곡의원

그렇게 해서 오랫동안 거기 살았고

: 예.

차태익이. 이 안병기는 다 있긴 한데 안규철이라고 이 양반은 금은방을 했거든. 내 친구 아버지인데

: 무슨 상?

금은방을 했어요.

: 아, 금방이요. 음.

이게 지금 말해자면 저 냉면집 자리가 그 사람 집인데 그 ××중이두 의사지요. 그런데 이 뭐 내가 자세히 아는 게 있어야지. 뭐

: 그런데 제가 인제

이게

: 그 당시 학교에서 선생님들이 수업시간에 그 교과서 외에 다른 말씀하신 게 있나요?

그걸 기억하겠소? 그게 기억 못하지.

: 한국역사는 안 배우셨을 거 아니에요?

그래 역사야 이제 조선어를 배울... 그때두 조선어는 배웠거든.

: 한국역사 아니 우리 역사는요?

우리 역사래는 게 뭐 거 조선어에 더러 실겨서 나오는 거지. 무슨 역사
라구 따루

: 음.

저그 나오는 게 없었어.

: 그러니까 그 조선어시간에는 그러면 누구한테 배우셨습니까? 조선어는

내가 최철웅 선생한테 내가 배운 거로 아는데

: 아 최철웅 선생님이 인제 우리 한글을 가르치셨고, 그럼 그 분이 그 수업시간에
그냥 가나다라만 가르치셨습니까? 아니면

아니지. 이 저 뭐 그때, 그때 여러 가지 얘기가 났지. 그거 다 아나?

: 아, 그러니까 그 교과서는 어디에서 만든 교과서를 썼습니까?

그때 뭐 교과서 나왔는데

: 분명히 교과서가 있었죠?

음, 나왔는데 그거 그걸 기억을 난 못 하겠어.

: 아.

이제 최철웅 선생 이이하고 내 다른 건 몰라두 백남선씨하고 옛날 할
땐 내가 원래 이거 박봉득씨 아들두 나랑 같이 댕겼거든. 그런데 박봉
득씨 그 양반이 인제 벌써 돌아갔고 이제 백남선씨 아들두 완기라구 백
완기라구 있지. 그래 나보다 나이가 좀 아래지만은 자꾸만 집에 있으면
내 만나고, 만나고 하는데 이게 이제 무슨 저 사상적이니 뭐니 그 때 뭐
알어. 우리 정치 때 애들 적에

: 그때 당시는 너무 어리셨으니까

음.

: 어리셨으니까 모르신 건가요?

　그럼 뭐 그때는 그런 것 저런 것이 없었어.

: 학교에서 학생들이나 선생님들이 잡혀가는 거 보셨습니까?

　그거는 저 그때 이 당시에는 잽혀간 걸 모르고

: 예.

　수원상업학교 생겨서 또 저 선생 저 퇴학시켜 궐기를 해서 내 쫓는다고
　해 가지구 한 번 야단났는데 일이 있었지.

: 41년도에 상업학교가 생겼으니까 제가

　해방 후지.

; 아, 해방 후요?

　해방 직전이겠다. 애 그게 (윤한흠선생이 그려준 약도를 보면서)여기
　서, 여기서 그랬거든.

: 여기서 그랬으면 해방 전이지요.

　그런데 선생을 내쫓는데 스트라이크를 일으켜 가지구 한 번 그 걸려버
　린 일이 있었어.

: 그게 몇 년쯤 되는 겁니까?

　40, 40... 한 2,3년은 될거라.

: 그러면은 말씀이 안 맞는데 아까 일루 옮긴 게 그게 이제 공설운동장자리지 않습니
　까? 일루 옮긴 게 그 옮겨서 지금 저 자리로 간 게, 지금 현재의 학교 자리로 간
　게 한 37,8년 이쯤에 갔다고 말씀하셨으니까...

　아, 그런데 해방 직전까지 저 해방 직전이야. 여기 있을 적인데

: 예.

　그 체육선생을 내 쫓는다고 해서 스트라이크를 한 번 일으킨 일이 있
　어.

: 체육선생님이 어떤 분이신데요?

　그 사람은 지금 죽었지. 백삼출이라고 있어.

: 백?

　삼출이

: 백삼출

　날 출자, 석 삼자.

: 아.

　그래 김천사람인데

: 김천이요?

　음, 그래서 그 학교 뭐 대단한 일두 없으니 바루 수습한 뒤에 가 있다가

: 왜 스트라이크...

　선생이 너무 심하다 해 가지구

: 뭐가 심합니까?

　음, 뭐가 심한 건 학생하구 너무 들볶으니까

: 어떤... 들볶는다는 게 뭔데요? 선생님.

　뭐 들르긴 뭐 조금만 잘못해두 기합들을 받구 하니까는 인저 그때 하여
튼 백삼출이 이 사람이 교육을 그만 두고 해방 후에 경희대학교 체육선
생을 했어.

: 음. 교수.

　그래. 교수. 그래서 내가 서울루 내가 인제 사회에 나와 가지구 서울서
많이 만났어. 같이 그 저 있는데 백삼출이야. 그런데 그 양반 죽었어.
돌아갔어요.

: 음. 혹시 그 양반이 뭐...

　저 그 유도... 유도선수거든.

: 음.

　유도 4단이야. 그때 그래서

: 그런데 인제 그 양반이 그렇게 물의를 일으킨 것은 학생들 많이 때려선 가요?

　　막 기합해고 하여간 들볶아서 좋지 않게 하두 저걸 심하게 나가니까
　　애들이 그대루 안 있지.
: 당시 스트라이크는 이제 두 가지 종류가 있다고 제가 알고 있는데
　　어뜨게?
: 하나는 일본인 선생 쫓아내는 것
　　아니 이건 그게 아니야.
: 그.. 그러한 이제 사상문제하고 관계없는
　　음, 이거 일본인 뭐 여기 인제 사상문제로 한 적은 없어.
: 제가 알고 있기로는 선생님 33년도에 입학하셨다니까 인제 그 말씀을 못 들으셨을
　　수도 있는데 30년도에, 30년도에 그 수원 화성학원 선생님들이 인제 학교에서 잡
　　혀간 일이 있습니다. 못 들어 보셨어요?
　　30년대? 난 그 얘긴 못 들었는데
: 그럼 주봉출이라는 분 아세요?
　　몰라요.
: 이 분두 이제 학교에서 잡혀간 분인데. 그 학생인데 당시에
　　주봉... 몰라요.
: 당시 학생이었거든요. 수원소년동맹위원장이고
　　그래 몰르겠어.
: 그래서 아까 이제 말씀드렸던 박봉득 선생님 잡혀가시고
　　박봉득 선생은 오래 전 양반이거든. 그 아들이 나하고 동갑이니까. 그
　　런데 그 양반이 그 학교 그 운동장 끄트머리에 살았는데 그 양반이 축
　　구선수거든. 박봉득씨가 김형곤씨 이에 이 양반들하고 다 친구일거야.
　　그랬는데 그 양반 잽혀 간걸 내 몰라.
; 음.
　　그리고 그러면
: 운동회도 했을 거 아닙니까?

음.

: 운동회.

운동회 물론 있지.

: 그 운동회에서는 주로 어떠한, 그러니까 화성학원 운동회에서는 어떠한 종목들이 에 있었습니까?

그때 구기종목이라는 건 대개다 비슷비슷할 거요. 체조 갖다. 이제 릴 레이 뭐 육상 다 있으니까 거기에 인제 대개 운동회에는 육상이 많지.

: 만국기도 달구요.

그럼, 그런 건 꼭 달지.

: 음, 만국기에 태극기는 안 끼워 있습니까?

태극기가 그때 끼워 있을 리가 없겠지만, 자세히 그것까지 기억을 안 하는데

: 윤한흠 선생 말씀으로는 듣기에 선생님이 들으셨는데 박봉득 선생이 만국기에다 화성학원 운동회 할 때 만국기에 그 태극기 하나 끼워놨다가 잡혀 들어간 적이 있다. 그런 얘기를 선배한테 들었다. 이렇게

글쎄 난 그 기억 모르겠는데

: 아, 그건 따로 보시구요.

박봉득선생 알긴 내 알어요.

: 음.

그 양반이, 그 양반이 저 과거 축구선수로 그때는 수원, 평양, 함흥, 원 산 이런 대표들만 언제 나두 들은 소리지만 박봉득씨가 김형곤씨하고 저 축구선순데 원산인가 함흥서 축구대회 했는데 그땐 뭐 모두들 막 했 단 말이야. 그래서 박봉득 선생이, 박봉득이 이 양반이 결승에 어떻게 하다 와 이겼다고는 발을 때려 쳐 가지고는 말이야. 그 쓰러졌단 말이 야. 거기 원 함흥사람이. 그래 가지군 저 놈 죽이라구 하길래 그래 유니 폼을 입은 채 뛰어서 역에서 그냥 무임승차하구 내려 왔더니 일주일 후

에 우승기를 보냈드라 하는 그런 얘기두 내 들은 적이 있어.

: 하하. 그럼 화성, 당시 화성학원에 운동부가 있었습니까?

그땐 뭐 특출한 운동부는 없어. 여 초등학교 보통 때 일정 때에는 그 운동이 그렇게 특별하게 무슨 주로...

: 제가 보니까 무슨 화성학원 주최로 전국야구대회도 개최하고...

음, 야구대회는 말이죠. 수원에 별로 화성학원 주최로 한 일이 별 그게 별고 없는데 그때 야구선수들이 전부 나보다 나이가 윗사람들이야.

: 음.

뭐 김병득이 이완선씨 그 셋째아들 용순이, 거 춘구 거의 전부 여기서 했다구 그 당시는.

: 예. 수원공설운동장에서 했다고

김의환이

: 예.

저 박명화, 박명환데 별 사람 다 있지. 그때 그 주최 자체를 내가 화성학원에서 했는지 그래 난 모르겠어.

: 제가 신문 기사에 보니까 화성학원 주최루 이제 전국야구대회가 있었다는

아니. 야구대회 있긴 있었어. 여기서 했어.

: 아. 수원에서

그래 이 운동장에서 한 거지.

: 아, 그러니까 인제 마

그럼 그때 포지션들을 내가 뭐 대강 몇 사람은 내가 알아요. 그 사람들은 죽은 사람두 많고

: 그럼 축구부는 없었습니까?

축구분 없었어요. 중학교 때까지도 축구부가 없었어요.

: 김노적선생한테 안 배우셨지요?

김노적선생한테 배우진 않았어. 원체 내가 축구부에서 최철웅선생한테

배웠지.

: 음.

그 양반이 공을 차면 이렇게 팔을 벌리고 공을 찼다구. 최철웅 선생이... 김노적 선생은 팔이 아마 한 쪽이 없던지.

: 예. 왼쪽 손이 불편하시죠. 그런데 예.

그랬었는데 최철웅 선생이 음 지금 말하자면 요기 어디 살았었는데 요 뒤에

: 예.

그 연못 있고 동네가 노송로 2가 일거야. 지금은 상가지만 거기서 그거 또 그런데 그 양반은 뭐 참 오래된 양반이지만 그 자세한 것은 내가 그 집 기억을 할 수가 없으니깐 뭐

: 그러면 그 여자 음악 선생님도 계시다구 들었거든요.

여자 음악 선생이 하나 있었는데 이름은 몰라.

: 음.

또 여자 선생이 그 여자 선생이 누구래 또 여자선생이 또 하나 있었어.

: 예.

지금 여기 교동 그 수산여관이라구 예전에 있었어. 그 집 따님이 선생 하구 있었다구. 이름은 내 기억 못 하겠어.

: 일본인 선생님은 없었나요?

없었어. 나는 있을 적에 일본 선생 없었어

: 음.

그래 초등학교 이 화성, 화성학원 당시엔 없었어.

: 그럼 월사금은 내셨습니까?

그럼 월사금 내지.

: 얼마나 내셨어요?

50전씩인데 그때

: 50전

　음.

: 못내는 학생들도 있었겠네요.

　글쎄 그건 내가 모르지만 있겠지.

: 음.

　하여간 내가 학교 다닐 때에 지금은 수지 여기서 많이 댕겼어. 그래 전부 자전거에다가 책 놓고 인자 도시락이 그 전 벤또 아니야?

: 예.

　이게 책보에 싸서들 물이 껴 가지구 비오는 날에 혼났네.

: 자전거를 갖고 다닐 정도면 꽤 부자였겠네요 그 집은.

　그 뭐 워낙 뭐 거리가 좀 머니까, 하루종일 걸어댕길 수 있어?

: 수지에서 하여간 수지 그러니까 그 수원시 읍내, 당시 읍내지요. 읍내의 화성학원 그 학생들과 그 읍내 밖의 학생들을 비교했을 때 어느 쪽이 더 많습니까?

　뭐 지방이 더 많아.

: 아 그럼 이제 수지 또

　수지, 구성

: 구성

　음. 신갈

: 신갈

　뭐 대개들은 뭐 화성군은 별로 모르겠는데 내가 데닐 때만 해두 수지 아이들이 제일 많았어.

: 아.

　양종필이 얘두 이 서울서 만났을제 그때두 무슨 차량을 몬다구 내 서울서 만나기도 했었는데. 지금 한일섭이다. 이 저 뉴코아 앞에 저 지금은 아주 달라졌지. 왜 외한은행에서 처음 나가다가 첫 골목 있지.

: 예.

외한은행 첫 골목 저 들어갔다가다 보면 저 저기 좌측 첫 집 그 한일섭
이야. 거기서 한의사가 했거든. 한약방을 했는데 그 사람이 나보다 나
이가 아마 여닐곱살 윌거야. 아 그랬는데 그 당시에 저 자전거 타고 같
이 댕겼지.

: 음.

한일섭이야. 그때 뭐 그때만 해두 인제 가정형편이 좀 난 사람이 학교
댕겼지. 한 시골서두 먹을만한 집에 자전거 타고 많이 댕겼어.

: 음, 이 양종필이라는 분은 살아 계시나요?

그거 몰라. 지금은 내가 살아 있는지 죽었는지 그게 한 내가 그전에 서
울서 만난 일이 있는데그 한일섭이두 지금엔 거기 없더라구. 거기엔 그
사람 죽었지.

: 음.

나이가 하여간 나보다 여닐곱살 많아.

: 여학생들 있었습니까 반에?

그때 통학했어요.

: 아.

그래 많지는 않지만 그래두 대여섯 명씩 끼었어요.

: 지금 제가 보니까 28년도에, 28년도에 화성학원이 그 보통과, 중등과, 고등과 이
렇게 세 개로 나뉘거든요. 그래 선생님은

내가 당길 적에는 한... 한 반에 대여섯 명씩 있었어요.

: 한 반에? 한 학년에 몇 반인데요?

음?

: 한 학년에 몇 개반이 있었는데요?

세갠가? 두갠가 세갠가 있었을 거야. 학년 별루

: 학년 별로?

음, 그랬는데 그랬드니 다 늙어서 졸업 맡을 때 저기 지금 서울역 신천

동 그 주택은행 뒤에 거기 살던 애가 또 하나 있었어. 게 그분이 아마 수지엔가 한 분인가 있었는데 그건 뭐 어 이름은 다 모르겠어. 잊어버려서

: 음.

여기 포교당 뒤에 여 김… 저… 학교 다녔을때 학교가 있는데 거 뒤에 가…

: 음, 교복은 있었습니까?

교복 없어요.

: 모자는요?

모자 썼지.

: 모표도 있구요?

음. 그럼. 그런데 뭐 교복이라는 건 그래 초등학교엔 없다구 보지… 없었어.

: 아, 그리고 선생님은 화성학원을 보통괄 나오신 겁니까. 초등학교? 중학곤 어디 가셨어요?

여 수고나왔잖아

: 해방 이후에

그래 … 서울 있다가 내려와서 그러니께 홍사운씨가 이제 있었지.

: 아, 그러면 상업학교도 아니고

음, 그럼.

: 일제 때 그 상업학교가 아니구 그냥

왜 상업학교지 그때는

: 싹 해방 이후에는 6년제 중학교지요. 그러니까

그런데 평양에

: 그러니까 상업, 수원상업에 있었다구요.

그래 윤석현이하고 나하고 동기여 그때.

: 아, 그럼 41년돈가 그 상업학교가 생겼지요.

  그렇지, 41년인가. 45년인가.

: 그렇지요. 고 무렵이잖아요.

  글쎄 요건 내가 몰라요.

: 음. 거길 나오셨다구요. 아 그때는 일본인 교련선생이 있는 걸로 알고 있는데 정말

  일본인 교련선생 있지.

: 이름이?

  그때도 이름 부르기가 아주 … 부르고 했는데 쓰사이데로? 아니. 아 쓰

  시이데로. 이름 기억을 못 하겠네.

: 하하.

  그게 지금 한국투자신탁 그 뒤에서 세를 살았었어. 거 육군대위야.

: 현역병이지요?

  에?

: 현역

  음, 그게

: 그럼 그 사람 말고 또 일본인 교사가 있었나요?

  그때 체육선… 체육선생이, 하나는 교련선생 하난 하나 있었지. 일본

  인, 일본사람이야.

: 그 양반이 체육도 하구요?

  그런데 그냥 교육비 받구 시험 볼 뿐이구 그랬었어 .그런 거 그 당시에

: 교련만 가르쳤습니까? 체육두 같이 했습니까?

  에? 교련.

: 교련만

  체육은 체육선생 따루 있었고.

: 아, 그럼 그 화성학원시절하고 상업학교시절하고 그 거기서 인제 상업학교시절엔

  이미 좀 장성하신 뒤니까 좀 기억이 남으실 것 같은데 그 상태, 당시 생각에 "야,

화성학원이 이렇게 좀 변했나?" 하는 생각은 못 들으셨어요?

　뭐 그렇게까지 생각은 내가 안 했지. 해방 뒤에 설립되어 홍사훈씨가 설립자니까 그 양반이 학교를, 학원을 하면서 학교, 중학교를 맨들었다 하는 저걸로 내가 알고 있었지. 그땐 이미 선생이 해방 직전에 홍사훈씨 큰아들이 선생을 했어.

: 홍달선

　그리구 그 물리, 화학을 가르켰다구.

: 어 그 분이 물리, 화학 가르치고. 예.

　에 이제 북해도농대를 가 가지고 그 양반이 거기 교무주임과 살게 됐다구. 일본여자야.

: 예, 알겠습니다.

　그래서 그 홍달선 그이가 인제 선생을 했고 아 인제 해방되던 해 이 사람은 저기에 올라간 사람이지.

: 예, 그건 알고 있습니다. 그럼 홍달선선생님한테 직접 배우셨나요?

　다 배우지.

: 이제 제가 또 듣기로는 그 양반은 이제 상당히 수업을 재미있게 잘 하셨다구 얘기 들었거든요. 그 이제 물리, 화학보다 오히려 다른 얘기를 많이, 많이 하셨다.

　아니, 그게 그건 물리, 화학에 대해 했는데 그 양반은 절대 뭐 만날 항상 담배를 항상 물고 댕기는 사람인데 에 그게 인제 여편네가 일본여자야.

: 예.

　그래서 좀 그 원 홍사훈씨가 대단하게 엄숙한 양반인가 봐. 그래서 좀 한 집에 살았었는데 그 양반 뭐 사상적으로 무슨 얘길 그런 거는 그 당시 할 수도 없고 음 근데

: 유명한 사회주의자 아니에요. 수원에서는 그래두

　그래...

: 당시 알구 계셨어요?

　　당시 해방될 때 금방 알지 바루 들어갔으니까

: 아. 막 학교에 계실 때는 모르시고

　　나는 그때 저기 모르고

: 아.

　　그리고 그때 인제 해방 딱 되구, 되 가지구는 저 사상이 많았지. 김종억

　　이라고 또 선생이 있었는데 그 사람도 뭐 홍사… 홍달선 여기 선생들이

　　저기 간 사람들이 몇 있어.

: 그래 그분들 성함 좀 여쭤 볼께요.

　　그래서 김종억이 한…

: 김

　　김종억이

: 김종억 이 분은 무얼 가르치셨는데요?

　　그 양반이 무얼 가르켰나. 그런데 그 양반이 완전히 그냥 사회주의루…

: 음.

　　그 뒤에 그 바담에 거기 선생이 몰라. 이제 그 나머지 선생은 스네야마

　　니 뭐니 그 창씨 한 사람 많잖아.

: 네.

　　그래서 인제 했는데 그 바람이 이제 학생 애들한테 많이 몰래 돌아올라

　　하는 게 있어.

: 아하. 그렇다면은 그 홍달선 선생님이나 김종억 선생님이나 또 몇 분 선생님이 계

　셨다 그랬죠.

　　몇 사람 있어요.

: 그래 고런 분들이 학생들을…

　　글쎄 그건 내가…

: 몰래 가르쳤을 가능성이 있겠네요.

　　그런 건 나 글쎄 그랬는지 모르지만 그 우리 동창 동기에도 조선방면

아인데 스모야마라고 일본내외가 있었어. 스미에, 그런데 거기 같이 올라갔었지.

: 아, 스모야마라는 분은 동창이시구요.

그런데 그리루 올라갔어.

: 음.

그런데 이 6 · 25사변 때 보니까네 김종억이라는 사람이 굉장히 거기서 썼다구.

: 이북에서요?

어 그래서 여기 경기, 서울에 와서 지금 거기 학교가 무슨 서대문에 예전에 향상실업학교라고 거기 들어가… 지금… 동명이라고 하는가?

: 동명여고 있습니다.

그게 서대문에 있나?

: 아닙니다. 동명여고는 화곡… 화곡동쪽에 있는 걸로 알구요.

향상실업학교라고 있었어요.

: 음. 한성

향, 향상

: 향상

향상

: 아, 향상

그런데 그게 교회가 지은데 그게 경기도 무슨 인민위원회 뭔데 거 김종억이가 거 총재 했다구. 음.

: 음, 인민위원회 간부였다 6·25때.

음, 그런데 그 얘기, 들은 얘기 밖에 없어.

: 음.

그랬고 홍달선 이 사람은 전연 올라가서 그만이고 말이 없고

: 그런데 그 양반 무슨 대학교수를 했지요 거기서는.

글쎄 뭐 김일성대학 교수를 했다 하는 얘기도 있어. 그 최희선이라고 저 달선씨 잃어버린 사람이 다 솔솔 이제 죽었지만 걔가 그런 얘길 하더라구. 그래서 그 홍달선이 가족이 내우동 강 옆에 한옥 집에 살았었어. 그게 여기 아까 책에 나오는 이용성씨

: 이용성

그 양반 집 자리에서 살다가 6·25, 9·28수복 후에

: 음.

싹 데려갔어 가족을.

: 홍달선씨가

누가 데려갔는지 하여간 데려갔데니까

: 아.

그때 이북으로 갔데니까 그때 인제 홍사훈씨는 정남면에 가서 살았지.

: 음, 문학리요.

음, 그 남 얘기라 그러는데 거기 뭐 대개 그게 지금 거 다 그래. 여기서 여기 수원사람들이 그때 여기 사람 많거든 그때는 주변 사람들이 내가 알기두 한 대엿 명 알어.

: 그럼 그분 성함 좀 한 번 대 주세요.

뭐 그게 뭐 기 북에 올라간 대 뭐 해.

: 어차피 역사기록에 남기게 되니까

헤히. 그런데 이북에 올라간 사람이 여팔성이구. 표덕운이구. 김대균, 그 심봉학이 죄 예전에 많이들

: 표?

표덕운

: 표덕운

음.

: 김대균.

　　그 김대균이 저 김대균인 누구냐면 수원중학교 서무과장 그 사람 생질이 있지. 그러니께 사춘이지. 그런데 저 부라운 관광 자리에서 애들이 정미소를 했다구. 거기에서

: 음.

　　그러니 그때 사람은 많지. 하지만 여기서 다 간 사람은 어떻게 아나 뭐.

: 그 표씨 성 가지신 분들이 표… 아까 표덕…

　　표덕운

: 운, 표덕중이라는 분하고는 어떻게 됩니까?

　　몰라요. 그 사람이 해방 후에 선경직물 편물

: 저기 지금 최종윤씨가

　　음, 그 양반이

: 예.

　　종신이지.

: 예.

　　그게 적산이라구. 그게

: 아, 선경직물이 적산입니까?

　　그러게 우리가 왜정 때 정자옥이라고 있었어. 지금에 지금 미도파 그렇지. 서울 미도파지.

: 서울 미도파요.

　　에 그게 정식은 왜정 때 정자옥이거든.

: 음.

　　여기 방계회사야.

: 음.

　　그럼 남성무역이라고 종로 2가 청진동 거기에 남성무역회사가 있어. 그게 저건데 그 양반 표덕운이가 그 관리 일을 배왔었지.

: 아, 6·25때요.

6 · 25 후에
: 아.
아니지. 전에 해방 후에 그런데 이제 그게 또 어더러케 됐느냐면 표덕운이 외삼춘이 김대득씨라구 서울대 옆에 살다가 돌아갔지만 그 양반이 왜정 때 고상 출신이거든. 그양반이 바루 외삼춘이야. 그 양반이 바로 남성무역에 있었다구, 거기에 있다가 그래 인제 6 · 25사변 날 때 거기루 그냥 올라갔다구. 그래 그 후에 표덕운이가 맡었다구. 표덕운이 그 살아서 나랑 동갑이야.
: 음, 그러면 표덕운씨는 그 수원에서 어떠한 일을 했습니까?
뭐 그 양반 크게 뭐 특별히 한 건 없어요. 그런데 그 사람 아들이 그 사람 아마 선경에 있어.
: 음.
표부장이나 아마 그럴 거야. 그런데
: 김대균씨는 뭐를 했구요?
그 사람두 한 게 없어.
: 아니 한 게 없는데 어떻게 갑자기 해방 후에 올라갑니까?
아니야. 그거 사상이 워낙 그런 사람이니까
: 그러니까 내부적으론...
대부분 여기 와서 우리는 그 사람이 수영강사나 축구 응 운동구점을 했었어. 수영장
: 예.
그게 여기에 바로 국민핵교, 국민은행 옆집이야.
: 어디 국민은행이요?
지금 요 병원에
: 그럼 국민이요?
아니 병원

: 아 종로구

그 옆에 하고 가서야 그것이 수영장이라구. 그게 누구하고 했느냐면 대균이하고 신동호하고 둘이 했다구.

: 아.

그런데 거기에 살았었어.

: 그런데 두 분 다 인제 넘어가신 분이면 뭔가 그 운동구점이

운동구점은 인제 그 후에... 그 집안에는 음 신동호 그 양반 동생이 숨어살지 수원에. 그러니께 대균이는 대균이 사촌이 석준이니까 뭐 ...나머지 뭐 그 외에도 쪼그만 왠만한 사람들 그땐 해방 후에 청년동맹이니 어쩌니 해서 올라간 사람이 많지.

: 그러니까 그런 분들 중에 화성학원 출신들은 없습니까?

글쎄 별루

: 혹시 아까 그 화성학원 그 출신들 가운데 쎄스무

음?

: 아까 일본이름으루 창씨하신 분이

스미야마라고 그 사람은 중학교 때고

: 예, 그 분이 혹시 해방 후에

아니 그냥

: 좌익활동 안 했습니까?

그냥 올라 간 거야.

: 아.

그게 뭐...

: 저 이 김시중 선생이라고

김시중?

: 예, 김시중이라고 그 수원군당 인민위원회 부위원장하고 있는 분이 회고, 그러니까 이렇게 증언을 남기셨어요. 수원시에. 이제 그 분 말씀에 의하면 화성학원에 좌익

이 좀 있었다.

　뭐 선생들은 있었을는지.

: 학생들 가운데에도

　글쎄 뭐 화성학원이라면 벌써 원 별룬 거 같애.

: 왜냐하면 당시에는 인제

　거 해방 전에 수원중학교가 생겨... 수원 저 상업학교가 생겨가지구 없
　애버리거든 학교가 화성학원이

: 그치요.

　그랬는데 그때 당시에 사상이 어떻게는 난 그거 생각 안 해 봤어.

: 화성학원 당시가 아니라 상업학교

　뭐 상업학교?

: 상업학교에 그 좌익 학생들이 있었다.

　당연히 있었겠지.

: 그래 인제 여기 그 학생들이 해방이후에 자기 고향

　음. 그런게 있었지

: 화성 쪽에다가 화성 쪽에 있는 사람이 몇 명 있던데

　화성 쪽에 글쎄 내가 스노야마라는 애는 그때 전라도 애들도 많았었거
　든. 어.

: 음.

　그때에 그때 뭐 강진인가 그렇지. 전라도 강진

: 예.

　거기에 하리모도래는 눔이 거 배서기(?)이란 걸 했다 하는 얘기를 내가
　들은 일이 있어.

: 아니 그런데 그 고향이 먼데가 아니라 요 화성 일원에서

　그러게 화성이라면 내가 봉담면인지 무슨 면인지 모르지만 하여간 스노
　야마란 놈 하나만은 내가 봐서 알어.

: 아.

　그 딴 사람은

: 그 양반은 도대체 …봉담면에서 뭐 하고 있습니까?

　뭘 했는지… 뭘 했는지 알 순 없는데 걔를 내가 한 번 서울서 만났었어.
　6·25때

: 예.

　길에서 내가 보니까 그때 김정억이 있는…

: 아, 그러니까 선생님은 잘 모르시지만 김종억선생 밑에 있었다면 학교 다닐 때부터
　뭔가 또 있었다는 얘기 아니에요?

　그런데 걔들 그런 걸 몰랐어.

: 아.

　그랬는데

: 전혀 노출이 안 됐었구나.

　그랬는데 그 놈이 서울 가보니까 아 거기 경기도 뭐 인민위원회간 뭔지
　여기 있드라고

: 아.

　그런데 거기에 김종억이가 있으니까는 간부에

: 음.

　그러니까 우리는 모르지 뭐.

: 그럼 최소한 이런 거는 느껴지네요. 이제 수원상업학교 당시에는 그… 그 지하조직
　으로 학생조직이 있었을 가능성이 있겠네요.

　있을 텐데 그것이 밖에 투철하게 잘 나타나진 않아요.

: 아, 당시에 학교 다니실 때는 모르셨지요. 당연히 몰라야 또 정상이고

　또 딴은 또 그때만 해도 내가 축구선수를 하고 그러니까는 나는 굉장히
　거기 나이 들었으니까

: 음.

예를 들어 김형곤씨니 이런 분은 옆에야 한다구. 그 양반이 축구장이야.

: **그런데 수원시 축구협회장도 다 하셨다 하니까**

그래서 거기서 여기 뭐 백원균이니 뭐니 애들하고 같이 운동하고 공도 같이 찼었는데

: **음.**

걔두 죽었구. 그리구 뭐 어떻게 역사에 남을 만한 그것이 소위 그런데 거기 교동의 배동준이라 하면은... 우린 그때 쬐그매서 뭐 알아. 알기는.

: **그래두 그 상업학교 당시에는 그래두 다 아실텐데**

그때야 뭐 하지만 그때는 그게 뭐 일본정치하고 뭐조금만 잘못하고... 수상출신으로 최고 나이 많은 사람이 79살이야. 아직 살아있어. 서울에 그래서 회기동에 살았는데 주택은행 지점장도 하고 그러다가.... 그 때 여기 동생들이 대여섯명이 만났었어. 윤석환이가 알텐데.

⟨윤○흠 증언⟩

: 먼저 그 선생님 몇 년도에 태어나셨어요?

내가 태어난 거거?

: 예.

나는 뭐냐 하면은 에 내 생일이 음력으루

: 예.

9월 24일 날이에요.

: 예.

계해생

: 계해년이면 서기로는 몇 년인지 아세요?

예, 계해생인데 그 당시엔 그런 거 안 따랐기 때문에

: 예.

몰르고 지금 이제 주민등록 되군 양력은 날짜를 줄여 놨어요.

: 예.

그건 맞지가 않아요. 그게 계해생이라면 대략 다 알아요. 지금 계해생
이면 옛날 어른이면 다 알아요.

: 예.

네.

: 그러면 뭐 저기 (화성학원에) 입학한 거는 소화 몇 년이세요?

　그때 소화 그런 건 몰르구, 어려서 입학을 한 것인데 그때 나일 따지면 아마. 아마 8살아니면 9살이었을 거에요.

: 꽤 일찍이 입학하셨네요.

　네.

: 그 연... 그 연세에 입학하셨으면은

　네, 그래 가지구 1년, 공부를 못 한다. 아버지가 책을 다 태워 버려 가지구 1년 놀다가 다시 들어갔어요.

: 음. 어떻게 아버지가 반대하셨는데 들어가셨어요?

　아니. 아버지가 다 아버지는 천도교인이고

: 아.

　천도교다 보니까는 이 저 학교 가까운 신풍에 두구두 거길 안 보내고선 그리 보냈어요.

: 천도교면은 성함이 어떻게 되시는데요?

　우리 아버지가 윤자, 가르칠 교자, 수신 수자

: 아, 제가 들었던 것 같네요.

　그래요?

: 예, 저 수원지역 천도교에 대해 글을 한 번 쓴 게 있거든요.

　아, 그래요.

: 예.

　옛날 우리 아버지 사진꺼지 여기 있는 걸 내...

: ... 들어가서 다섯 분이

　네.

: 그 1학년 입학을 딱 하셨는데

　네, 예.

: 그 동기 분들 계실 거 아닙니까?

　그렇죠. 있지요.

: 그 분들은 연세가 어떻게 되셨습니까?

　그때는 나이들이 일정하지 않았어요.

: 네, 그러니까

　내가 국민학교 들어가 댕길 적에 벌써 스무 살 짜리가 있었으니까

: 1학년, 1학년에

　아, 1학년에두

: 예.

　내가 졸업마츨쨈 스무 살이 넘어 장가들고 아이까지 있는 사람이 있으니까요 우리 동기생에도.

: 음.

　내 졸업마틀 적에

: 그럼 그 분들 중에 생각나시는 분이 계시나요?

　그 분들 세어보니 생각나는 분이 지금 살은 사람이 몇 사람이 있지요.

: 아, 지금, 지금 만나세요?

　아, 안 만나요.

: 아.

　안 만나고 왜냐하면 무슨 모임을 갖구 내 회장을 해다가 이제 많이 모이니까 이 동심이 깨져 버렸어요.

: 아.

　그래서 심이 없어 내 안 만나요. 그 사람 사진 여기 들어있어요.

: 음.

　그때 친구들 사진들 늘 외이지.

: 음, 그러면 그 당시에 선생님들은요.

　선생님들은 여기...

: 그러니까 이제 뭐.

　　예.

: 박성만

　　예.

: 김웅배

　　박성만선생은 우리 내 졸업... 담임선생이고

: 예.

　　또 뭐냐. 김웅배, 또 뭐냐. 홍사훈교장

: 그때 당시 돌아가셨지요.

　　돌아갔지요.

: 예.

　　그리고 저 백남선

: 백남선이는 누군지 모르겠네.

　　백남선선생이라는 분은 그 다시 어디 살았느냐면은 요기 살았어. 북수
　　동에 살았었어요.

: 아.

　　그러다 낭중에는 매향동에 가 살았지요. 백남선선생이라는 분이 얼굴
　　이 시커멓고 그런 분이에요.

: 그 분은 뭘 가르치셨는데요?

　　아, 이 그 당시에는 선생을 왔다 갔다 왔다 갔다 하고 졸업마틀 때 담임
　　선생 바꿔 논 뒤였거든. 박성만선생.

: 왜 선생님들 왔다 갔다 하세요?

　　그건 모르지. 학교에서두 배정이니깐 뭐 4학년때...

: 담임을 배정한다구요 . 그렇게

　　담임을 1년이, 1년돼 지나가면 또 딴분이 오고

: 그러니까 그러는건데

　　예.

: 1년 동안에 이분들이 맡으셨을 거 아니에요.

　아, 이 박선생은 2년동안 했어요.

: 음, 그러니까 뭐 3,4학년씩 일일히 걸쳐 가셨겠네요.

　예, 예. 네. 백남선선생은 4학년 때였고

: 음, 이 분은 뭘 가르치셨어요?

　어떤 분이?

: 백남선선생님은

　백남선선생은 이제 보통 국어를 가르키는 분이었지.

: 음, 어떤 학굘 나오셨는데요.

　예?

: 어느 학교

　백남선선생님은 내가 듣기에는 우리 수원의 젊은이들, 그 당시 개화기의 젊은이들은 거의 가 배재 출신이라는 겁니다.

: 아.

　그런데 백남선선생님 한 분만이 졸업을 맡으신 분이고 나머지는 중퇴분들이라는거야.

: 아, 그 분 이제 저기 배재학교 나오셨다.

　네, 배재고보 나왔어요.

: 홍사운선생같은 경우에는 유학 갔다 오셨잖아요?

　아, 그 분은 배재 아니에요.

: 유학 갔다 오셨잖아요.

　아, 유학이에요.

: 예.

　일본에 아마 그 당시에 내가 듣기엔 조도전대학 나왔다는 소릴 내가 들은 바가 있어요.

: 음. 김웅배선생님은 무얼 가르치셨습니까?

김웅배선생도 보통 그저 뭐 국어두 가르켰다. 한글두 가르켰다. 그땐 그런 분이지. 뭐.

: 그때 국어는 일본어고

예.

: 한글은 이제 우리 한글이고

그 당시에 국어가 우리 한글 국어가 있었어요.

: 아, 한글 국어가 있었어요?

아유

: 선생님 38년도에 졸업하셨으면은

응.

: 31년도나 32년도쯤 입학하신 건데

에.

: 그때 한글 국어를 가르치셨다구...

아, 거 가르키다 그냥 중간에 2,3학년때에 없어져버렸지. 또

: 그지요.

네.

: 없어졌지요?

없어졌어요.

: 음.

처음엔 가르켰어요.

: 그럼 박성남선생은 무얼 가르치셨습니까?

박성남선생은 뭐 국어, 수학 뭐 다 가르켰지.

: 음.

역사두 가르키구

: 그 이분이 그 역사 시간에 무얼 가르치셨어요?

역사시간에는 일본역사를 가르켜 주다가 하 인제 보고선 조용히 듣고

봐선 몇 마디 한국역사를 가르켜줘요.

: 아, 그때 뭐 들은, 기억나시는 건

있지요. 있지요.

: 그 한 번만 그 말씀 좀 해 주세요.

주로 사도세자 얘기가 있었고

: 아, 여기 수원이니까

아. 또 뭐냐하면 저 대략 여 사육신 얘기가 나와요.

: 사육신 얘기. 음.

그런 얘기지 뭐.

: 그 일본이 어떻다 그런 말씀은 없으시구요.

에?

: 일본이 나쁘다. 뭐 이런 말씀은 없으시구요.

그렇지. 그땐 뭐 나쁘단 말은 못 해니까 그저 쉬엄 저 몇 마디 가르켜
주는 거야.

: 음.

아무도 없는 사방 틈새에 모양겸 몇 마디 싹이지. 이게 길게두 못 했어
요.

: 음, 그럼 이 네 분 선생님외에

네.

: 다른 선생님들은 안 계셨나요?

있었죠. 최선생님이라고 내 이름은 잊어. 최선생님은 습자만 가르쳤어
요. 습자. 최선생님인데 내 이름은 몰르고 그, 그 워낙이 이름은 몰르고
그래 우리 학교 댕길적에 선생이 가끔 그냥 일주일에 한 번들어와 보
지. 선생이... 여선생이 여자 선생님도 있었으니까

: 아.

음악 가르키러 아까 백남선선생도 음악도 가르켰어요.

: 백남선선생님이

　예, 음악두 가르쳐...

: 다양하시네. 가르치시는 게

　어 그리구 김웅배선생 나 이 들어갈 적에 영어두 가르켰다구

: 아.

　나는그 사람 영어두 내가 1학년 들어갈 적에 4학년때 영얼 가르키는 걸
　내 봤으니까

: 아.

　그래서 없어졌지. 인제

: 그리구 이 홍사훈이라는 양반은

　아, 그인 교주

: 예, 그 양반에 대해선 어떻게 기억하세요?

　그 양반에 대해선 졸업할 적에, 졸업마틀 적에, 또 운동회 적에

: 예.

　여 나서서 뭐냐하면 훈사, 인사, 예전에 훈시가 있고 그거지 뭐.

: 그 분은 그럼 훈시하실 때 뭐 하세요? 어떤 말씀하셨습니까?

　훈시할 제 대략 무슨 뭐 정직하라든가. 무슨 뭐 건강하라든가. 무슨 뭐
　또 이 공부 잘 하라든가. 무슨 뭐 이런 등등이지 뭐. 뭐 다른 역사얘긴
　없었어. 못 해니까

: 음, 제가 듣기루는 그 이때 인제 화성학원에 야구를 잘 했고

　에, 에, 에.

: 축구를 잘 했고

　예.

: 뭐 그런 얘길 제가 들었거든요.

　화성학원에서 나 댕길 젠 화성은 운동부가 야구도 많이 하고 축구두 많
　이 했다 뿐이지. 학교 학생들이 할 때 야구는 못하고 축구는 조금 찼어

　　요.

: 음, 제가 알기로는 뭐 전국야구대회에 나가서 우승도 하고

　　응.

: 축구대회에 나가서 우승도 하고 뭐 그런 얘기 들었고

　　아, 그런 얘기 난 못 들었는데

: 아, 여기 이제 제가 기록을 보면 좀 나왔던... 나와 있는 걸 보면

　　에, 여기 농구가 있었지만 농구는

: 음.

　　학교에서 할 따름이고 시합을 했느니 뭐니 그런 건 못 들어 본 일이고

: 음, 그럼 화성학원이 언제 만들어졌습니까?

　　글쎄 언제 맨들었다는 얘기를 나는 그냥 정확히 연도는 모르는데

: 예.

　　다만 이 노인네들 인저부터 어른들이 말씀하시는 걸 얘길 들어보면은
　　화성학원자리는

: 예.

　　그게 옛날에 옥이에요. 관에.

: 아, 옥 자리라구요.

　　아, 옥 자리야.

: 음.

　　관에 옥 자리 거긴 인제 사형감이나 옥...수감됐다는 데여.

: 예.

　　그 옥 자리가 인저 관에서 팔어 불하하니까 일반 개인이 그걸 사서 거
　　기다 지금 직조공장이 됐었대요.

: 예.

　　직조공장이 되다 인제 그게 또 안 되니까 또 팔면 뭐냐하면 수원 그때
　　개화기에 유지, 유지허고 개화기에 전 청년들이 모여서 우리 그 한국,

그땐 조선인이지. 조선인 애들을 뭐냐하면 글을 가르... 깨우쳐야 된다.
글을 배워 개우쳐야 된다. 이러고 있으니, 있으니 학당이 됐어요. 학당.
학당 출발이에요. 학교가 아니라 학당

: 예.

　화성... 화성학당

: 강습소였죠. 강습소

　강습소

: 수원상업강습소

　산업강습소?

: 상업

　응.

: 상업회의소에서 만든 상업강습소가 출발점이거든요.

　그래 가지고선 저 강습소가 돼 가지고선 야학도 있었단 말이야. 어른들
　은 야학을 댕겼으니까

: 주학, 야학 있었죠.

　어, 주학, 야학 있었재.

: 예.

　이제 그러다가 인제 그, 그 재단이 그것이 인제 그 재산을 누가 샀냐면
　홍사훈씨가 아버지가 샀다 이거야.

: 홍사훈의 아버지가

　아, 천 석을 내들여서

: 그러니까 홍사훈씨 아버지 성함은?

　홍사훈 아버지 성함까지 내 잘 모르고

: 홍건섭이나 홍민섭쯤 되실 거로　같은데

　아아.

: 예.

　그 기록을 찾아보면 나올지도 모르는데 그렇게 됐고

: 예.

　그래 가지고 인제 그것이 천 석을 들여서 샀다는 낭중에 커서

: 예.

　늙어서 여기 나와서 뭐냐하면 다시 인제 6 · 25수복이 되구. 뭐이 되구. 그분이 인제 내가 영업하는데 내 그 분 사촌하구 영업을 같이 나랑 동업을 했어요. 그 분이 자주 왔고 내가 인제 화성실업을 알아 가지구선 내...

: 음... 어 인제 그러니까 그 뭐야 인제 그 자리가 인제 옥자리였고

　예, 예.

: 나중에 직조공장이 되고

　에.

: 그리구 학교가 됐다.

　에, 학교가 됐지.

: 아.

　그래 거기선 뭐냐하면 4년까지 제가 됐다가 5년으로 좀 늘구. 5년이 늘을 적에 그때에 뭐냐하면 인제 내가 4학년 적에 이쪽으루 이살했어요.

: 지금자리요?

　(당신이 그리신 화성시가도를 보이시며) 아니지. 아까 이 축구한 자리루다가 이 자리루

: 지금 남수동 자리요?

　남수동 자리로 이사를 했지.

: 아까 조금 전에 말씀해 주셨던 그 자린 어딥니까?

　어떤 자리?

: 요기 있던 자리는 어딥니까?

　아, 여기 있지. 그래서 내 이걸 그런 질문이 있을까 해서 여기 이걸 끄

내 논 거에요.

: 지금 지명으로 얘기하면 어디에요? 거기가요? 선생님.

네, 가만있어. 이 안에 이걸 보면 말이여. 이게 팔달문이에요.

: 예.

이게 지금 없어졌지만 이게 인제 구관수라는 남수문이죠.

: 예.

고 뒤에 요거, 요거, 요 길다란 초가집 있지요?

: 예.

그때 여기 이렇게 오구.

: 예.

이렇게 오구 요것이 옥 자리가 화성학원 자리예요.

: 음, 지을 때는 여기 있다가

에 여기 있다가 이리 이리 와서 여리 건너서 이쪽으로 와 이사한거지요.

: 지금 지금 말하면, 지동시장이 자리 쪽으로 같고

아 지동시장이 아니지. 남수동이지

: 에, 거 남수동 바로 위가 지동이잖아요. 아니 남수동 밑이 지동이죠

아이! 남수동 밑이 아니라 성 너머가 지동이지

: 음

성 너머. 그 성, 성곽 바깥이 지동시장이지

: 아 그치요

예. 그 지금 지동시장이 여기가 지동시장이 돼요

: 아 그럼 요기쯤 되겠네요. 학교가

뭐가요?

: 학교 터가

아 이거, 이거 말고. 여기 여기 이 위에

: 이 위에

　이 위에

: 그럼 저 경기대 들어가는 자리 그 쪽인가요

　에?

: 경기대 들어가는 … 경찰청 들어가는 자리

　아니지. 요 구관수 요기에서

: 예

　지금 여기 새자리로 더 올라가지.

: 음

　올라가면 여기 뭐냐하면 샛길 들어가는 길이 있어요.

: 방화수류정 위에 있는덴가요. 그러면

　방화수류정은 여긴 없어요. 아니에요. 이건 남수문이라는 거에요.

: 음

　방화수유정은 일루 위에 있는 거에요. 반대편으루

: 아. 포교당 있는덴가 그러면

　아 포교담당 그 밑창, 중간

: 예. 예. 그치요. 거기죠

　아 포교당 중간에 거 개울두 지금 미어졌으니까 옛날에 개울이었었는데, 그 요 골목 그래 그 위에 가서 뭐냐하면 저 성월동 그 성, 동광루라는게. 동광루

: 예

　동광루 그 안쪽에 있는 것이 그것이 이렇게 휠 맨한데다가 그것이 화성학원자리다. 옛날에는

: 음

　공설운동장이라고두 그랬구

: 음, 그러면 거기 있다. 다시 현재 자리로 옮겼나요?

  아, 현재, 지금 현재
: 예

  저 집에 갔지.
: 거기다가 이제 매교동 자리로

  매교, 저 매교동
: 예

  매교동 자리에 그 자리루 가는거지
: 아, 그 원래는 인제 학교를 거 두 번 옮긴거네요. 그러니까

  아 두 번 옮긴거지
: 아. 그럼 누님이 학교 다니실 때는 언제예요?

  누님이 학교 다닐 적에 나 핵꾠 입학하기 전에 댕겼으니까
: 그럼 이제 누님두 화성학원 다니셨다는 말씀이네요.

  네. 화성학원 나왔지
: 아!

  내 사춘도 화성학원 나오구. 야학
: 아!

  지금 그게 살았으면 여든이네, 여든. 지금 아우 나보담 열살이 위니깐.

  아 여든 다섯일세
: 예

  여든 다섯살
: 살아요?

  살아 계세요.
: 화성학원 다니신 분

  네, 살아 계세요.
: 사춘 형님

  네, 아이 내 누님이, 친 누님이

: 아! 지금 살아 계세요?

　　예, 아주 기억력이 기가 막히게 좋은 분이야

: 아!

　　역곡에서 사세요

: 역곡? 인천이요?

　　아 인천에, 역곡에

: 아 나중에 한번 찾아뵈두 될 것 같애

　　하하!

: 하하, 제가 지금 그 얘기를 지금 많이 좀 조사해서 제가 쓴 논문인데 아예 그냥 화성학원을 단일논문으로 하나 쓸려구요.

　　아

: 이건 근데 삼일학교에서 같이 썼거든요. 여기에는

　　아

: 분량이 안 돼 가지고

　　아

: 그리구 좀 그 때에 천도교인이

　　에

: 화성학원에 많이 다녔나요.

　　그건 몰라요. 그건 몰르고 우리 아버지가 천도교인인데 천도교 총단에 계셨어요. 그 당시에는

: 예 알고 있습니다.

　　총단으로루 거기 있을 때, 그 때 당시에 우리 아버지가 천도총단. 뭐 그 때 운동하시다 보니깐 백남선 선생, 또 한 명 여기 박봉득 선생님이 있어요. 박봉득 선생님이

: 예. 잘 알고 있습니다. 박봉식(면담자의 오류 박봉득이 옳음)

　　박봉득일꺼야. 박봉득

: 박봉식일텐데

　에

: 박봉득 선생은 청년동맹운동가이신 분인데

　아, 그래꺼진 몰라요. 박봉득 선생 있어요.

: 예. 있습니다.

　그래 그 그게 그 아들이 나하고 동갑이라고 완식이야. 박완식이예요.

: 박완식

　아들이

: 예.

　나하고 동갑이예요. 그분이 우리 아버지하고 다 친구지간 되는 분이예
　요.

: 예.

　음, 그래 거기다 집어넣었다고 낭중에 들었어요. 아부지한테는

: 음, 그래 같이 저 마음이 맞으신, 맞으신 분이니까

　아 그러니깐 그 우리 아버진 일본 쪽을 싫어 허시기 땜에 일정시절을
　싫어허고 일본 글도 싫어허는 분이기 땜에

: 예.

　그리 집어넣은 거야. 나를

: 음

　일본은 저 싫다구

: 그러면, 그, 제 기억으론 1930년인가에

　예

: 그 수원소년동맹이래 … 동맹

　예

: 그 회장이 신춘희라는 아니 주, 주… 누구더라. 아우. 이름두 까먹었네. 그 주…
　아우, 수원소년동맹, 음 위원장이 그 화성학원 학생이었어요.

건 모르겠는데

: 그때 그분이 다니면서 이제 김장생이라는 분이, 아 김장성이라는 분이 이 수원시내에다가 인제 딱 대자볼 붙이고, 격문을 붙이고 일본으로 도망, 일제 물러가라

음

: 이런 내용으로 죄 잡혀가고 그랬거든요.

어

: 그때 이제 박봉득 선생 등 수원화성학원 선생님 여섯 명인가 여덟 명인가 잡혀가요.

네

: 같이 이제 그 사건은

난 그건 몰르구. 박봉득 선생이 경찰서에 붙들려갔다는 소릴 들은 것은

: 예.

뭐가 되냐면 그때 운동회적에 그 …

: 어떤 운동회?

화성학원학교 운동회적에 가을이면 운동회 했잖아요

: 예. 예

그 운동회적에 화성학원에 뭐냐하면 그 성에 가서 참죽나무가 큰 참죽이가 몇 그루가 있었거든요.

: 예.

거기다 대고, 만국기를 이렇게 늘여놨다 말야. 만국기 여기서 여기서 만국기

: 예. 예.

만국기가 이렇게 만국기 …운동하잖아요

: 예.

거기다 태극기 하나 집어넣은 것이 발견돼 가지구, 들어갔다구. 내 그 소문만 듣고 있어요.

: 아. 그런 일이 있었구나

　아, 박봉득 선생은 그런 걸 해서 들어갔단 소린 못 듣고 우리들이 이 우리가 알구, 이렇게 선배들로부터 자꾸 말이 전해 들어오기를, 그 박봉득 선생이 만국기를 그린 거를 태극기를 거기다가 집어넣은 것이 그것이…

: 음

　들켜 가지구 경찰서에 붙들려갔다 이런 소문, 내 들었어

: 혹시 우성규 라는 분은 아세요?

　네?

: 우성규

　모르겠는데

: 그 사람, 이분이 화성학원 교우회에 참석하신 분인데

　모르겠는데

: 음, 그 분 … 또 안 갖구 왔네. 그 책을 갖구 왔어야지. 제가 좀 얘길 끌면서 말씀을 드릴텐데 … 당시 교사 가운데에

　네

: 홍사훈 선생의 아드님

　네

: 홍달선씨

　네

: 있었나요?

　없었어요.

: 에!

　없었어요

: 그 분은 안 계시고

　네

: 그러면 인제 화성학원 같은 경우는 이제 각 당시 신문을 보면

예

: 그 수원지역의 유일한 민족교육기관

네

: 이라구 화성학원을 지칭을 하드라구요. 모든 신문이

아, 글쎄 그것이 뭐냐하면, 그 당시에 소위 그러한 느낌을 많이 받았지. 보통 그랜거지. 거기 화성학원 댕기는 사람들은 이게 사상적으로 뭐냐 하면, 다른 핵교와 다른 핵교라는 그런 의식들은 많이 일반적으루 많이 돌아댕긴 건 사실이예요.

: 왜 그럴까요? 그 때 제가 알기로는 화성학원이 무슨 독립운동에 관여했다 그런, 그런 거는 제가 못 봤거든요.

아, 그런 건 못 들었는데 왜 그러냐면, 화성학원이라는 자체 들어간 사람들이 수원시내 사람이 화성학원학생이 몇 없어요. 전부 변두리 학생들이지요.

: 그거 무슨 지금 말하면 화성군 사람들

에, 화성 변두리 사람들이고 수원시내 댕기는 사람은 나하고 불과 내가 세어봐두

: 예.

더군다나 세워봐두 잘 해야 뭐 이십 명 있을까 말까예요.

: 아, 그래서 수원시내 안 사시는구나. 지금

아 대개는 수원 변두리 사람이구 나는 난 여기에서 태생이구 여기 살았지만은

: 예.

그러한 학생들이 난 그러게 집에 갈제. 신풍 학생들 눈, 눈을 사람을 업신여기니까. 예. 거지 핵교라고. 나 같은 놈. 거지 핵교라고 상대도 안 하고 멸시를 혔기 때문에 피해 댕겼어요. 피해 골목으루만 댕겼어요.

: 신풍 학교 학생들이 선생님한테

　아, 그렇지. 다들 거지핵교라 그랬으니까

: 화성학원을

　아, 화성은 거지 핵교다.

: 그럼, 등록금은 내셨습니까?

　월사금 냈지

: 아 내긴 내셨어요?

　아, 등록금, 아니 … 월 … 그땐 월사금 내는거야

: 네

　다달이 얼마씩

: 예. 얼마 내셨어요?

　내가 알기에는 우리 아버지가 내, 내주면 4학년부텀 50전 냈어. 50전

: 한 달에 50전

　응, 동전 50개

: 아

　50전

: 그게 그 정도면은 지금 돈으로 치면 얼마나 될까요?

　글쎄 지금 돈으로 친대면, 뭐, 한 달이면 뭐, 글쎄 어떻게 된 가치가 될
　까

: 쌀값으루 치시면은

　우리 그때 어려선 쌀값을 모르니까

: 아!

　음, 모르지 전 1원, 2원 큰 돈으로 알고 있었고, 50전은 지금 돈으로 가
　치를 따진대면 글쎄 한 5만원 되지 않을까

: 아

　쌀루 따지면

: 음

　　음

: 홍사운 선생은 뭘 가르치셨어요?

　　홍사운 선생은 수신허고 도학

: 제가 듣기론 그분이 어떤 선생 … 그분은 실력이 없다. 이렇게 말씀하시는 것도
들었거든요.

　　하하! 그건 몰라, 나는

: 하하.

　　그건 모르고 그 당시에는 홍사운 선생은 학교 나와 가지구 홍사훈 선생
　　하고 사촌지간이기 때문에

: 홍사훈하고 친형제지요.

　　사촌지간 네 사촌지간이에요.

: 예.

　　사촌지간인데 홍사훈... 홍사운씨가 큰댁이고

: 그렇지요.

　　홍사훈씨네는 작은댁이에요.

: 아, 운씨네가 큰댁이고

　　에.

: 훈씨네가 작은댁이다.

　　에 , 그래서 교장이 됐는데 낭중에 커서 늙어서 돌아가실 때꺼지도 내
　　가 딱 그 분 곁에다 이 역사래는 걸 좋아해서 이 자문을 받아보면 정남
　　면 사는 홍사훈씨는 자기 아버지가 천 석을 냈다고 허고 그 분 죽은 후
　　루 홍사운씨 교장하고 나하고 대화허니깐 자기 아버지가 천 석을 냈다
　　그래. 그래 누구 말이 옳은 진 모르겠어요.

: 음.

　　음.

: 서로 간에 다르구나.

　　그래 교장이 이 분이 이분이 있는데두 오늘날가지두 그 분이 있는데서
　　나가구 그러지.

: 음. 음.

　　그 내용은 그렇게 속내용은 다르지만 서루 입장이 달러요.

: 그러면 이제 또 하나 이제 여쭤 볼께 그 화성학원이 조금 전에 말씀드렸듯이 그
　민족교육기관이라고 한다면

　　음.

: 거기에 걸맞는 무엇인가를 학생들한테 암묵적으로라도

　　음. 암묵적으로... 음.

: 가르쳤을텐데

　　에.

: 선생님 뭘 배우셨어요?

　　글쎄 암묵적으로 배웠담 배우는데 역사시간에 뭐냐하면 고런 것 몇 마
　　디지.

: 아.

　　뭐 민족... 난 지금 처음 듣는 소리요. 민족독립이니 처음 듣는 소리구.

: 그럼 아버님께서 왜 일본을 싫어하시면서 왜정을 싫어하셨기 때문에

　　음.

신풍학교에 안 보내시고 화성학원 보내셨잖아요.

　　아, 글쎄 그러니께 천도교니께 싫다는... 우리 아버지는 내심 일본 그
　　학교 안 보낸다.

: 그렇다면은 화성학원이 일본식, 일본에 충성하는 교육을 안 시키니까 화성학원에
　보내셨을 꺼 아니예요.

　　아아.

: 그지요.

그런데 낭중엔 뭐 일본교육 안 받을 수 없게끔 됐으니깐 뭐

: 음. 그러니깐 1학년 때 그 입학하셔 가지구 배운... 배운 내용과 일본이 더욱 더 강하게 탄압하면서

어.

: 그 때 배운 게 교육 그러니까 4학년 이전과 4학년 이후

음.

: 뭐 좀 다른가요?

국어는 뭐 국어는 삼일핵교나 ...나 다 똑같은 국어 책이에요.

: 음.

일본 국어 책이 똑같은 거예요.

: 음.

조선 총독부에서 바루 문교에서 발행하는 거니까 그 시합, 검사, 검사도 마찬가지 그 놈이 이 저 교육청에서 나오는 건 똑같은 일본사람이니까. 검사, 시합, 조사를 하는 것두

: 장학감사 같은 거

어 학교 가르치면 검사하잖아요. 일본이 감시하잖아요.

: 어.

공부를 어떻게 가르치나 실력이 얼마 나오나 그거 나두 여기 사진에 여기 내 여기 사진에 뭐가 나오면 나두 여 시야기 일본 시학(視學)할 적에 날 일으켜서 국어 읊는 걸 뭐냐하면 지금 사진까지 있어요.

: 시야기?

그런 일본 시...

그때 시가꾸라 그러지. 시가쿠, 일본 시가쿠라 그랬지. 말하자면 감시하는 거여. 감시해.

: 응.

감시해. 시자를 감시하느랴 보는 거 잘 가르키나 안 가르키냐

: 응.

　시가쿠라고 해서

: 그 얼마만큼 한 번씩 나왔습니까?

　글쎄 뭐 모르지만 아마 한 석 달 아니면 반년에 한 번씩은 나왔는데

: 일년에 한 두 번은

　아. 뭐 일년에 두서너 번은 하여튼 나와요.

: 아. 그리고 이 화성학원과 관련된 무슨 일화가 있을까요.

　일화?

: 예. 선생님하구 직접 선생님이 아니드래두

　네.

: 그 다른 분들이

　글세 우리는 그런 건 아직은 모르겠는데 하여간 뭐

: 제가 듣기로

　음.

: 김노적 선생이 계신데

　아, 김노직 선생이지.

: 예.

　김노직 선생, 노적이 아니구 노직 선생

: 노적입니다.

　아. 적이에요?

: 예.

　그 분이 팔 하나가 없었던 분이야.

: 예.

　그 없어.

: 그 분한테 배우신 적은 없어요?

　아, 그분이 화성에서 가르켜두 나는 배운 일이 없어요.

: 그지요. 그 분이 당시에는 고 당시에는 삼일학교 계셨죠. 고 당시에는
  삼일학교 있었어요.
: 예.
  그 분이 당시에 어디 살았냐면 여기 신풍동에 살았었거든
: 아.
  그래 내가 세배를 댕기었고 낭중에 요기, 요기 살었구.
: 어.
  요기 살었어. 그 분이 수영을 잘해. 하나가 없어두.
: 아.
  그 수영을 이렇게 횡단하는 실력을 가진 분이에요.
: 음. 그 분 아드님이 인제 저쪽 지금 매교동에 사시거든요.
  아, 매교동에 살어요?
: 김덕형이라고
  어, 어, 어.
: 지금 뭐 어느 대학 교수 하시다가
  어.
: 정년 하시고 인제
  어.
: ...그렇게 사시는데
  음.
: 그 분도 얼마 전에 뵀어요.
  응, 응.
: 인제 그래서 인제 그 분 말씀을 들으니까그 김노적 선생이 삼일학교
  응.
: 김병호교장선생님이랑
  아, 이렇게 사이가 좋지 않다는 거지.

: 예, 왜 그럴까요.

　그게 왜 그러냐면 내가 노인네들한테 내 커서

: 예.

　커서 여기서 장사할 때 내 장사하는 방에 내가 홍사... 저 이 아이 인저 아 저기 그 양반 이름이 자꾸 안 나오네 신풍동서 (장사를) 같이 했던 아, 홍창의씨, 홍창의네. 홍창의씨와 동업을 하는데 그 홍자가 학렬이 제일 높아요. 홍씨네 문중에서는 그래 거기 사랑에 수원의 유지들이 많이 놀러와요. 그래 그때 거기서 좌담회 하는 소리를 들었는데 내가 질문을 했는데 그럴 때 누가 그 말을 했느냐면 지금 뭐냐하면 여기에 그 김현정씨가 얘기했어요.

: 김현...

　현정씨

: 김현정씨는 뭐 하시는 분인데요?

　그래 현 유지지. 여기 저 이 이창의 치과병원 들어가면 지금도 국민은행 있잖아. 국민은행 골목, 고기서 살았지.

: 음.

　그래서 고렇게 장소를 잡았던 모양이에요.

: 예.

　그래 그분이 얘기해기를 여기에 삼일학교 교장이 뭐냐 하면 그때에 여기 살았거덩. 요기 여 여기 저 종루 밑에다 살았었거덩.

: 예.

　그런데 그분하고 이렇게 알력이 좋지 않았단 얘기야. 그래 왜 알력이 좋지 않았냐 내 질문을 하니까 원 교장이 유망한 게 뭐냐하면 김노적 선생이 교장이 유망하게 됐단 얘기야.

: 김...

　그 김노적 선생이, 노적 선생이

: 아, 김노적 선생이

　예. 교장이 뭐를 투표해 가지구 유리하구 유리하게 되니깐 이 김노적 선생이 저 이 지금 아 저 김병모.

: 김병모?

　김병호씨, 김병호

: 예.

　김병호 선생하구 그런 다툼을 많이 했대. 암암리에 성분이 뭐냐하고 마찬가지로 암암리에 정치적운동과 마찬가지로 그런 알력이 갈등이 있었다.

: 아, 삼일학교 내에서

　응.

: 그런데 김병호 선생은 독실한 기독교신자고

　에. 맞재. 그분두 독실한 기독교신자야.

: 저기 김노적 선생은 성공회 다니시다가

　응.

: 이제 나중에는 김노적 선생이 나중에는 인제 천주교로 개종을 하셨기 때문에

　응.

: 그 개신교하고는 또 관계가 없지요.

　응, 그런데 저 종교는 그 분이 김노적 선생이 무슨 성공회를 댕겼다나 무슨 천주교에 대해 그것까진 종교는 몰라요.

: 예. 그렇게 하셨거든요.

　다만 이 삼일핵교 댕길... 선생할래면 나는 삼일학교는 삼일 이 학교 선생 노릇 헐려면은 자연히 거기 종교 그거 신앙 안 하면 안 되는 소리 난 듣구 있어요.

: 음.

　응, 신앙을 하지 않으면 타신교 신자는 안 받아 들인다는 소리 내 지금

도 듣고 있어요.

: 그럼 혹시 그렇다면 삼일학교에 그 누굽니까. 임면수 선생님이라고

삼일학교 임면수 선생은 모르겠는데

: 아, 그 분은 잘 모르세요?

아 모르겠는데

: 그리고 천도교에 관해서 하나 더 여쭤 볼께요.

네.

: 언제부터 천도교를

우리 아버지는 우리 아버지가 우리 아버지는 나에게 말씀허시기를 우리 아버지는 뭐냐 하면 16살부터 천도교신앙을 했다는 소릴 내 듣고 있어요.

: 그럼, 이병... 가만있어. 이병헌 선생하고 잘 아시겠네요.

이병월 선생이 누군데

: 이병헌

이병헌 선생, 잘 모르겠는데

: 아, 그 분이 저 1920년쯤에

음.

: 천도교 청년회 그 수원회장도 하시고 그러신 분인데

아, 몰라요. 난 그 당시엔

우리 아버진 내 일본서 나오니깐 천도교가 일정 때 박해에 쫓겨, 밀려서 저 세류핵교 뒤에서 살았어요. 쑥 들어가 들어가서 거기 가보니 천도교 막 간판 휘덮고 천도교 기를 꼽고 난리들인데 그 때 우리 아버지가 교구장이었어요.

: 예, 제가 어디서 본 거 같아요.

아, 그런데 키가 쪼그맣지요. 수염 이렇게 많이 나고

: 아니 저, 저 성함만 저 책에서, 책에서 봤지요.

　아아. 그런데 우리 아버지두 뭐냐 하면 요시찰인이었어요.

: 음.

　신형사가 한 달에 한 번씩 꼭 오고 우리 아버지는 또 뭐냐 하면 이 뭐
남 우리, 우리 어머니가 그래요. 우리 어머니가 말씀해시길 너희 아버
진 뭐냐 하면 경찰서에 붙들려서 매 맞아서 푸대에 들 써 가지구 매를
맞아 가지구 들것으루 누여왔다 들것으로 들여왔다 이런 얘길 하길래.

　음.

: 음, 여기 수원 천도곤 구파잖아요? 수원천도교는 구파쪽이잖아요?

　구파쪽이지.

: 예. 그런데...

　그때 그 당시에 구파, 신파가 없었는데

: 예.

　이 6 · 25 터져가지구 이 신파가 생겼어요.

: 그러니까 여기가 구파지역이었는데

　에.

: 6·25때 인제

　에.

: 북에서 내려 온 사람들이

　에.

: 신파를 만들었잖아요.

　예, 여기까지 죄 알어요. 내가 여기 저 저기 봉화대 뒤에 거기서 간판공
장 했었어요.

: 예.

　아 거 우리 집에 댕겼었어요.

: 음.

　음, 처음에 같이 댕기다가 갈라졌어요.

: 예, 권선교구하고

　예.

: 지금 수원교구하고

　구파하고 갈렸어요.

: 예.

　음.

: 지금두 천도교 나가세요?

　난 신앙을 안 해요.

: 음.

　처음엔 했다가

: 예.

　그 천도교 동경대전도 외고 그랬어요.

: 예.

　그래 우리 아버지가 깜짝 놀라고 하셨는데 난 그 분이 아버지 신앙하면
　그 천도교 신앙하면 여러 가지 신앙인들 내 보니깐 교리허고 행동이 동
　일하지가 않아요. 그래서 난 안 한다. 그리고 천도교는 뭐가 제일 문제
　냐 하면 금전을 싫어해요. 돈 있는걸 아주 절대 거부 제도예요. 그래서
　난 어느 교던지 금전을, 금전 없는, 금전 무시하는 교는 있을 수 없다.
　경전 월 종이 없어서 난 안 한다.

: 음... 그 이제 그 윤윤희라는 분이 계신데

　윤윤희?

: 예, 혹시 일가 분은 아니시구요?

　아니에요.

: 그분이 이 교우회에 관계되시는 분이거든요.

　어떤 교회?

: 교우회, 저기 화성학원 교우회

　　어, 몰라요.

: 음, 윤태인라는 분은

　　에?

: 윤태인

　　윤태인는 들은 바는 있었는데 어느 분인지는 모르겠네.

: 음, 그 다음에 그 쯤... 이름이 자주 나오는 분이 누구냐 하면 아까 이제 최희선 선생님 계셨다 그랬지 않아요?

　　네, 네. 예.

: 최철현 선생님 아닌가요?

　　네?

: 최철현

　　최, 우리 그 당시에 그 분이 습자나 가르치는 분이 되 나서

: 습자가 뭔데요. 선생님.

　　습자래는 건 붓글씨

: 아아.

　　붓글씨 선생님이거던

: 음.

　　한문 붓글씨 선생님이야. 한문. 한글이 아니라 한문. 그 분이 정남리 사람인데 수염이 카이젤수염이라고 무서운 분, 선생님이라 그랬지. 우리 학교 댕길 적엔.

: 음.

　　그래 선생님은 알었지. 이름꺼진 내 기억을 못해.

: 최상긴가요. 그러면은

　　아, 몰라요. 그 분이 화성학원 오래 댕긴 분이에요.

: 네.

　　그 분이 누구하고 친구냐 하면 홍사운씨하고 친구지간이에요.

: 어, 그러니까 연세가 많았겠네요.

　아이. 연세가 많았지요.

: 네, 그 김용묵 선생님하고

　에?

: 김용묵 선생님이라고 기억이 안 나십니까?

　모르겠는데 김용묵 선생은 몰라.

: 보신강습소는 아세요?

　에?

: 보신강습소 저 사창에 보신강습소

　모르겠는데

: 거기 인제 그 학교 세우고 그러신 분인데

　네.

: 이 김용묵 선생님두 화성학원에서 잠깐 가르치셨거든요.

　모르지.

: 그래 선생님께선 인제 그 분한테 안 배우셨다.

　음.

: 그런데 또 하나는 김세환 선생님하고 인제 화성학원하고는

　아, 김세환, 김세환은 저 대법원에 관계돼 있는 법관 아니에요? 김세환
　씨라고. 김세련인가 김세환인가 있지.

: 그래 화성학원 소장하던 김세환 선생님

　아, 그건 모르겠어.

: 3·1운동 얘기 못 들어 보셨어요?

　못 들어 봤는데

: 3·1운동 때 화성학원 소장을 했고

　네, 모르겠는데

: 이분이 한쪽에는 김노적 선생님을

　　네.

: 한쪽에는 박선태 선생님을

　　네.

: 딱 이제 뒤에서 조종을 하시구

　　예.

: 수원지역 3·1운동을 조종을 하셨는데

　　그건 모르겠고 우리 아버지는 3·1운동 때에 그때 천도교가 어디 있었
　　냐면, 여 어 뒤에 있었대요.

: 예.

　　그째 아버지는 뭐냐하면 20세 미만이고 인제 이럴 적에 청년일 적에 우
　　리 아버지가 키가 작은 편이거던. 그래서 우리 아버지는 남양, 남양 천
　　도교허구 그 연락을 했었대요. 연락

: 음, 남양천도교에 박상훈씨

　　어 모르는데 하여간 연락, 연락으로 했다 그래.

: 아.

　　연락일루두 했구.

: 아, 그럼 이병헌 선생님한테 이병헌 선생님이 교당에 내려 오셔 가지고

　　네.

: 이 지시를 하셨어요.

　　음.

: 어떻게 하라 천도교는.

　　음.

: 그러니까 그때 인제 그런 임무를 부여받으신 거 같네.

　　글쎄 모르겠어. 나는 하여간 거기까진 몰르구. 허허.

: 그때 천도교당이 북수동에 있을 때거든요.

　　아, 그럼 아니야. 영화동에 있었대. 북수동에 있었어요.

: 예.

　처음에는 어디에 있었냐 하면 내가 내 기억에는 나 아는 기억은 천도교
　는 인제 그 소화국민핵교 거기 있었어요.

: 그게 북수동자리지요.

　그게 북수동이야. 거기에 인제 판잣집하구

: 네.

　거기에 있었다가 요리 올라왔어요.

: 그전에는 다른데 있었습니다. 네 번인가 다섯 번 옮겼어요.

　아유, 처음에는 영화동에 있었대요.

: 예, 영화동 그것두 처음자리가 아니구.

　어.

: 그 전에 또 다른 자리가 남문 안에 또 있었습니다.

　모르겠어요. 난 그건 모르지.

: 제가 찾아보니까 그렇더라구요.

　몰라요.

: 위치는 제가 잘 모르겠지만

　네.

: 아.

　이젠 그분네두 다 작고했기 때문에 뭐 어디가 찾아 볼 길이 없어요. 기
　록이 없는 이상은 찾아 볼 길이 없어요.

: 물론 이제 그 화성학원 1923년 얘기니까 잘 모르시겠네요.

　네.

: 1923년경에 이제 화성학원유지회라는 게

　음.

: 조직이 돼서 만 원 이상 되는 돈을 당시 돈으로

　아, 몰라.

: 화성학원에 집어넣거든요. 이사진분들이

　어, 글쎄 처음 듣는 소린데 모르고

: 하하. 신문에 대문짝만하게 났는데

　에에. 몰라요.

: 아 그런건 모르시구요.

　… 저희 아버지 친구예요.

: 아, 김도생, 김도생 선생님은 어떤 분이세요?

　그 당시엔 발음이 강해서 김또생, 김또생 그랬어요.

: 하하, 아.

　그 아들이 나하고 동갑이에요.

: 아.

　저기 살아요. 신갈에 살아요. 지금 만나요.

: 아. 김도생 선생님 나중에 뭐 수원지역 수원축구협회 회장도 하고 그러셨죠. 그게, 그게 뭐냐 하면 수원, 우리 아버지한테 얘기 들어보면 지금 말하자면 지조가, 대가 약하다 그러고 친일파로 모는 소리를 많이 들었었지. 그 분이 어디 가냐면 결국 화성학원 선생하다가 또 화성학원 선생두 약간 하다가 왜냐하면 그만두고 비봉국민학교 선생으로 가서 교장을 그때 했었지요.

: 아, 그러니까 인제 이 요즘으로 얘기하면 은 사립에 있다가

　응.

: 이제 공립으루 가셔가지구

　응, 그렇지.

: 교장까지 하셨다.

　응, 그렇지. 그렇지.

: 그렇다면 당시 일제하니까

　응.

: 교장선생님 하셨으면 뭐 상당하셨겠네요.

아, 글쎄 어떻든 그랬다는 소리를 내 듣긴 했어. 그런데 저 아버지가 국민핵교 댕기… 선생인지 뭔지 했다는새껀 내 알구 있구 그래요.

: 아, 이 두 분이 김도생 선생님하고 조금 전에 인제 박봉득 선생님

어어.

: 이 박봉득 선생님은 뭘 가르치셨습니까?

난 박선생한테 배우지 않아서 몰라요

: 아, 그런데 이 김… 김도생

음.

: 박봉득

그분두 저 그땐 화성학원에 약간 있었다는 말만 들었지. 나 배워 보진 못했어요.

: 그런데 이 두 분이

음.

: 수원 청년동맹이라고 청년단체의 집행위원입니다.

아, 몰라요.

: 아 그런 일들은 못 들어 보셨어요?

못 들어 봤어요. 다만에 박봉득 선생 김도생선생 집은 집꺼진 내가 알았었다구. 그런데 그 얼루 그 부인네들이 우리 집에 쌈… 쌈 먹으러 와요.

: 음.

우리 요기 채마가 쌈이 많이 나서 쌈 먹으러 부인이 쪼금얘긴 하지만 그 분들이 그러한 일을 했다는 건 내 못 들어 봤어.

: 그래 이 두… 두 분이 그 두 분한테 배워보시진 않고

아 못 배웠어요.

: 아, 그냥 말씀만 들으셨구나.

에에 그땐 벌써 이미 박봉득선생은 이미 선생을 이탈해 가지구선 바람

이 바람 나가구선 또 함경도 들어갔다 소리 내 들은 걸 뭐.

: 바람이 났다는 건 무슨 말씀이세요?

여자하고

: 아, 그런 바람

어.

: 아.

여자관계 딴걸루 그거룸 저기 함경, 함경도로 함흥이야. 그때 함흥인 가. 함경도로 그렇게 함흥으루 어디루

: 음.

갔다는 소리를 들었어요. 그 완식이 나하고 동갑이야. 인쇄소하고 있던 친구 죽었지 인천 가서.

: 아드님이

예, 걔 완식이야. 박완식이라구.

: 음, 그러면은 혹시 공석정이라는 이름은 들어보셨나요.

공씨 한 분은 옛날에 뭐냐하면 저 이 그 분의 이름까지는 몰라요. 그 공 씨랜 분이 화성학원자리 제지공장을 했었거든. 화성학원 있던 자리에 서 제지공장, 종이 맨드는 공장

: 아까 저기 뭐야. 그 옥자리

남수동 아니 남수동

: 아.

우체국자리, 거기에서 했는데 그 분이 우리 아버지하고 친구지간중에 독립운동하는 사람이라고 내가 들었는데 우리집에 다락에 숨었드랬어. 그래 가 숨었대는 소리를 내 들었어.

: 그럼, 공석정이 맞네요. 그러면은

아, 그래요.

: 인제 그 분이 나중에 별로 안 좋아지구. 안 좋게 돼 가지구.

아, 안 좋게 돼 가지구 알어요.

: 그래 그런 말씀 들으셨지요?

　아, 글쎄 어쩐지 그 분이 저 우리 다락에 숨어 있었다는 걸 들었어. 아
　버지가 다락에 숨겨줬다는 소리 들었지.

: 혹시 그 분이 결혼 두 번 하셨다는 얘긴 들어보셨나요?

　에?

: 결혼을 두 번 했다는 얘기는

　그건 못 들어봤어요.

: 아.

　낭중에 인제 에 6 · 25가, 6 · 25가 해방이 되고 수원에 인민위원회 간
　판 부칠 적에 그때 종로 화성, 뭐냐하면 이거 종로 이층에서 찍었을제
　그때 위원장이 … 그 분 아버지 친구야.

: 박승극

　뭐이?

: 박승극이요.

　박승극인지 뭐 하여간 위원장이었었거든.

: 양감면 박승극이 6·25나서 여기다 빨간 완장… 인민위원장으로 내려 온 분이

　응?

: 박승극이라는 분입니다.

　네. 내 이름은 들었지만 얼굴은 몰라.

: 아.

　그 분이 뭘 어떻게 했다는 그건 몰르고 하여간 그때 위원장이라는 사람
　이 아버지하고 뭐냐하면 천도교허구 청년운동같이 했던 사람이란 소린
　들었어.

: 그럼 박승극 맞네요.

　응.

: 뭐 공씨라는 분도 청년운동같이 하신 분이지요.

　아, 청우당 천도교 운동한 사람이에요.

: 청우당운동은 안 하셨구요 그 분은.

　음.

　아, 청우당할 때 같이 하셨겠구나.

　그때 천...천.. 천도교래 젊은이가 거의 청우당은 거의 했었으니까.

: 예, 청우당은 뭐

　이북의 청우당이 아니라

: 예 알고 있습니다.

　한국 청우당

: 예, 음... 아까 그 말씀을 드리다가 제가 깜박하고 그 빼먹었던 것 중에 하나가 학교에서 배운 과목들 있잖아요.

　예.

: 그 과목들 기억나는 대로 한 번 말씀해 주실래요.

　글쎄 뭐 첫짼 수신이라고 했으니까

: 예.

　일본, 일본 책으루다 수신이라는 게 있었으니까

: 아.

　그 일본 책이에요. 한국말 쓰는 게 아니고 그거 수신이라는 게 뭐냐하면 이렇게 쓰는

: 예, 알고 있습니다.

　수리한다는 수 자에다

: 예, 몸... 자

　몸... 자 쓰거든요. 그 수신을 누가 맡어서 하느냐. 홍사운 선생이 맡아서 가르켰고 또 뭐냐하면 도... 도화라고 하는 것은 그림인데 미술인데 그건 뭐냐 그것도 홍사... 홍사운, 그대 뭐냐하면 홍 선생이 가르켰고

또 습자는 최선생이 가르켰고 음악은 뭐냐하면 여자선생이 있었어. 그 백남선 선생도 있었고, 가르켰고 음악은...

: 여자선생님 성함은 모르시죠.

아이, 성이나 알지. 이름은 몰라.

: 성은 뭔데요?

성은 뭐냐하면 그전에 조선생이라고 있었어요. 조선생

: 아 그분은 여선생님이시구요.

여선생이세요. 그분은 저이 산... 여이 산... 여관이라는 그 집 딸이었어요.

: 아.

따님이었는데 이 그만두고 일본으로 가 버렸고 또 하나는 뭐냐하면 여선생은 이모씨라고 치과병원 옆에 살았던 뭐냐하면 에 이재호 누이가 여선생으로 와 있었고

: 이재호?

이재호의 누나

: 이재호의

이재호의 누나, 이재호는 나하고 1년, 6학년 때 1년같이 배워 가지고 나와 가지고 거기 경인일보, 경기금융, 경기 인천 지점장까지 하다가 얼마 전에 죽었죠. 그 사람은

: 음.

인제 그리고 또 하나는 요 밑에서 임선생이라고 있었어요. 임선생 키가 쪼끄만 여...

: 여자 분인데요?

아, 여자 분 임선생이 있었어요. 으 쪼끄만한 분이 그 아버진 여기 잡화상을 했었고 임선생이란 분이 있구 그랬어요.

: 또 다른 선생님들은

　다른 선생은 그때 우리 집 앞에 살던 분이 있었는데 그 선생은 잠깐 화
성학원 선생 노릇했는데 그때 그 분은 성이 유가였었지. 아마. 아. 이런
일도 있었고 그리곤 뭐 잠깐 왔다 그냥 그만 둔 선생이 몇 분 있었는데
내 기억은 다 못하고

: 음.

　아.

: 음, 주로 이제 이런 분들은

　음.

: 어떠한 인연으로서 여기 화성학원에 오셨습니까?

　글쎄 그런 것까지 내 모르지. 어떤 인연이 내... 대략 아침 조회 날이면
선생님 새로 부임했다고 뭐냐하면 인사, 소개시키고 그 정도지. 그리
구 우리 반에 담당이나 좀 이름을 아는 분이지. 뭐 나머지 몇 해 잠깐
있다 간 분두 있구 그러니깐 그건 다 기억 못하지.

: 선생님 1학년 입학할 때

　응.

: 몇 반이나 있었습니까? 몇 개 반이나

　1반씩이지. 다 1반씩

: 아.

　반 하나에요.

: 아 그러니까 6학년, 6학년, 6학년때두

　내가 댕길 적에는 처음에 4학년꺼지 였다가

: 예.

　5학년꺼지 되다가 6학년이 좀 되군들 그랬지요.

: 그러니까 선생님 입학하셔 가지구

　4학년때

: 입학할 땐 4학년

　　그래 4학년꺼지 있다가

: 4학년이 되니까 5학년이 되는 거죠.

　　5학년이 또 됐고

: 5학년 그 다음에 또 6학년이 되고

　　그래 6학년 땐...

: 어, 그래 6년제 다니셨구나.

　　그 건너가지고 6학년을 들어왔어요. 이렇게 큰 핵교로 가 가지고

: 아, 아.

　　음. 거기 당시 장 거기 가라 가지고 6학년이 되어 반이 늘었고 그리고
　　화성학원은 한... 한 반씩 백에 없었어요.

: 음, 운동장규모는 어땠나요? 축구를 할 수 있는 정도

　　여기는 운동장에 운동할 정도가 못 되고, 여기 아까 직접 가르쳐 준거
　　는

: 처음에

　　어어.

: 첫 옥 자리는 운동할 데 못 되고

　　아, 운동할 정도가 못 되고

: 이사가서는

　　아, 이리 가서는 저 큰 운동장이지.

: 아.

　　수원에 공설운동장이나 마찬... 그대 공설운동장이었어요. 그

: 음.

　　수원시민대회를 거기서 했으니까

: 아, 그 자리가 공설운동장이었다.

　　아, 난 옛날엔 공설운동장 자린데 누구의 소유는 몰라요.

: 음.

　그 땅이 누구의 소유꺼지 나는 모르고

: 그러면은 그 학교에

　에.

: 하나니까 한 학년에 한 학급이니까

　응.

: 그 제대로 인제 못 다니고

　응.

: 1년 이구 2년 이구 쉬구 다시 들어오신 분두 계셨겠네요.

　아니, 내가 그렇게 들어갔지. 1학년 댕기다가

: 예.

　1학년 댕기면서 공부를 하두 안 한다구 아버지가 그냥 가방째 다 그냥 가방을 미고 댕겼어요. 내가 특수하게 가방을 미고 댕겼는데 그냥 아궁이에다 태워버렸어요. 우리 아버지가 책째 그냥 그래 인제 1년을 노니깐 우리 누님이 하두 사정을... 내 어머니 일찍 돌아갔다 말이야. 아버지랑 컸거던, 누님이 아버지를 졸라서 공부를 가르켜야 된다. 그래서 다시 재수시켰어요. 그래서 우리 아버지가 이 모표를 안 사줘 한 번 사 쓰면 안 사준다구 모표를 안 사줘서 맨 날 쫓겨 댕겼다구. 모표가 없어 가지구

: 하하. 모표가 없어서

　어, 조회시간에두 모자 또 모자 잊어버려 가지구 모자 안 사줘서 맨 날 모자 없다. 조회시간에 벌 받고 또 월사금 못 내 가지군 만 날 쫓겨 댕기구 뭐 그랬어요.

: 하하.

　아

: 제가 듣기루는 화성학원은

　음.

: 월사금을 안내서 쫓겨난 학생은 없다. 못 다닌 학생은 없다.

아유, 많았어요.

: 아.

아 월사금 못 내 가지구 못 댕긴 애 많아요. 나두 맨 날 월사금 안, 안
가져가서 맨 날 아침조회에 월사금 안 내구 그런 사람 가서 가져 오라
구선 내보내면 그냥 집에 와야 누가 줘요. 안 줘도 아무도 안 있으니깐
그 포교당 있는데 양쪽에 앉았다가 시간 되면 가고 그러는 거지. 우리
아버지…

: 음.

그래 이 한 발 한 시간만 빼 먹는 거지.

: 아이 아침 1교시를

응, 집에 가서 돈 가져오라니까 나가서 집에 뭐해요. 집에 가야 돈두 안
주는 걸

: 응.

없구. 그러니까 그냥 나뿐이 아니야. 그런 사람학생이 보통 한 반에 그
저 열댓 명, 이십 명 됐어요. 월사금 못내는 사람이

: 그럼 한 반에 몇 명이었는데요?

그러니깐 우리 그때 내가 댕길 적에 여자가 모두 한 반이니까 여자가
뭐냐 한 6, 7명 여자가 한 반에

: 예.

그 정도로 있었고 나 졸업할 때까지 6명인가 됐었어요 여자가.

: 예.

그러구 나머진 뭐냐하면 우리 댕길 적엔 한 반이라는 게 한 60명 정도

: 음, 그 60명중에 한 여학생이

에, … 정도

: 여섯 명 정도. 예.

그리구 저 나 6학년 적에는 이제 한 반에 몇 명이냐. 85명

: 아우, 어떻게 그럼 중간에 그렇게 많이 들어오셨어요?

아, 그때 핵교에서 막 받아주는 거지. 왜 받아들이냐면 신풍핵교에서 재수생이 와요. 여덟, 열여덟 명이나 왔어요. 그걸 받아주는 거지.

: 왜 재수를 하지요. 그분들은

거 신풍학교 댕기다간 다 있는 집 애들인데

: 예.

뭐 다른 애들 대략 있는 집 아들이 수원바닥에 거 여 읍내에 사는 있는 집 자식들이었는데 이게 서울 가서 중학을 낙방하니까

: 음.

재수하는 거지.

: 음, 그래서 인제 학생이 늘었구나.

그 사람들이 그 지금 다 교수하고 있는 거야.

: 아.

다 내 그것에 관해서 다 잘 알어요. 그런데 그때 이제 졸업마틀 때 그 사람들 내 아래 있었어요. 성적이 난 집에서 복습도 못하고 새 책 그대루고 계모한테 맨 날 저 이 갈등이 있어가지구 해방이 돼서 지금 책 하나 안보고는 저기 꼬아 가지고서 해서 어떻게 난 물론 그 전엔 꼴찔 두 번 했다구. 열 명중에서 뭐냐면 내가 꼴찔두 두 번까지 했었어요.

: 음, 혹시 교련은 안 당해... 안 배우셨나요.

에?

: 교련, 총검술.

아, 그런 거 없었고

: 제가 듣기로는 그 이후에는 인제 화성학원에

아, 그 이후는, 이후는 몰르고

: 예.

내 이름까지 한흠, 한흠아 너 저, 그때 내가 일본 갔다 왔거든. 그저 수준 높은 줄 알고 살았습니다. 여기에. 내가 그때 일본 갔다오면 그렇게 높은 수준인지 알았어요. 그래, 그럭... 사실이 그렇고 음식이다 뭐다. 뭐든 그 교육수준이 높았었고 그걸 아니깐 날보고 대하는 것이 나 화성학원 그만 뒀다. 이런다 말이야. "아이 왜 그만 두셨어요?" 그랬더니 그게 뭐냐하면 홍교장하고 갈등이 생겨서 그만 둔 거다. "왜 그만 뒀습니까?" 그러니 이 해방이 되니까 매산국민핵교가, 일본핵교가 텅 비었다 그런 얘기예요. 비어서 홍교장하고 뭐냐하면 담판하기를 야 이 간판을 우리 학생을 매산봉으로 가자. 글루 가지고 가자. 가지구 가자. 그리구 화성학원 간판 가지구 그리 갖다 붙이자. 그런데 홍교장이 화성학원만은 지금 재단인데 그것만은 줄 수가 없다. 이건 여기서 그대로 가지고 있어야지. 그럼 부동산은 그저 화성... 재산인데 그건 안 되는 거고 학적부 다 그대루 두구 학생만 보내겠다. 그래 학생만 보냈다는데. 그래서 매산국민핵교 제1기생이

: 예.

해방될 제 1기가 화성학원학생이에요.

: 아, 매산학교 해방이후에

해방이후 제1기생이

: 아.

음.

: 화성학원학생이다.

화성학원학생이에요. 음.

: 또 하난 인제 1934년으로 제가 기억을 하는데요.

네.

: 1934년이면 선생님 화성학원 다니실 때지요.

네.

: 그때 화성학원

　우린 그 당시에는 천 구 백이니 그런 걸 따질 줄 몰랐다구.

: 음, 알았다.

　아 그런걸 그때 천 구 백을 안 썼고 단기를 얼마 썼었는데 그래 여기다 한 번 조자하면 대정명이 나오고 그랬지. 6·25때. 그런데 그때는 우리 그런 시절 없었어요.

: 그러면은 아 선생님 그때 분명히 학교 다니실 때거든요.

　에.

: 그래 1931년도에 운동장 문제가 터져 가지구 화성학원 운동장문제가 터져 가지고 1934년도에 그게 다시 불거졌는데 그 문제가

　음.

: 무슨 일이냐면 수원 청년동맹의 운동장을

　음

: 그 수원 청년동맹의 위원장인 박승극이

　음.

: 화성학원에 5백 원을 받고 팔아 넘겼어요.

　아, 그건 지금 모르는데

: 그게 신문에 크게 났는데 그걸...

　아, 그래 그건, 그건 우리 그때만 하더라두 신문두 볼 줄 몰랐었고 또 그런 내용도 어서 우리에게 선생이 가르켜 주는 일고 없었고 다만 이제 난 거기서 ...운동휠 거기서 했었는데 에 나 핵교 들어가기 전이었는지 그건 몰라요. 그런데 당시에 소문 그 학생들, 선배들 선배들이 떠들구 자꾸 전달돼서 나두 들은 얘긴데 뭐냐하면 박봉득선생이 완식이 아버지가 화성학원 선생할 적에 그 화성학원은 그 요, 요, 요 축구 요기 스는데 요 위에 큰 여기 참죽나무가 두구룬가 몇 그루 있었어요. 거기다 인제 뭐냐 그 고리, 문고리를 갖다 박아 가지고 이땐다 거기다 만국기를

해서 아렇게 드르렀는데 그 만국기 그 늘은 속에 태극기를 하나 집어넣은 것이 그게 발견돼 가지구서 경찰서 불려서 끌려갔다. 그저 갔다. 이렇게 우리 소문 난 거죠.

: 음, 그러니까 운동장 문제는 잘 모르시고 운동장문제는

　응. 그러니깐

: 사실 그때 제 생각으로는

　거기서 핵교인데도 시민 운동할 적엔 대개들 요 학교에서 빌려줘 가지고 시민 운동을 했어요.

: 예, 그렇지요.

　어.

: 그리구 그대 제가 듣구 알기로는 화성학원 건물에

　에.

: 그 개벽 잡지사 뭐 지사가 있었구 뭐. 이런 얘기들은 적 있나요.

　아, 없어. 못 들었어. 못 들었어.

: 음, 선생님 학교 다니실 때는 그러지 않았나 보죠.

　아, 없었어. 못 들었어.

: 아.

　그리구 그리 이사를 가 가지고

: 어디루요?

　그래 이제 화성 옥골이에서

: 예.

　저 우끄드루 이사갈제

: 예.

　그 건물을 그 신풍에서 뜯은 거 일본인 건물 뜯은 거

: 예.

　신풍학교가 일본인 건물인데

: 예.

　일본제 맨들은

: 예, 알고 있습니다.

　그 걔네들 설계해서 일본 똑 같은 일본양식이니까 그건 일본가도 그랬었으까 내가 보니께 그런데 그 건물 뜯은 걸 파는 걸 사서 갖다 지은 거예요.

: 음.

　그 신풍핵교 구닥다리 갖다가 새로. 새로 지은 거예요. 짓구 그걸 다시 뜯어다가 또 수원중학교에다 갖다가 옆에다 세웠다구.

: 음.

　그렇게 된 거야.

: 수원중학교에 세웠다는 말씀은 해방이후에 갖다가

　아니, 내가 와 보니까

: 예.

　여 난 이제 그때 여기 졸업맞구 일본갔을 거 아니유.

: 예.

　그해 가을에 갔으니까

: 예.

　그래 이제 일본, 이게 일본에 나와보니까 나와보니 도정리가 거기 가서 핵꼴 갔단 말이야.그런데 그 건물이 아니고 거기 가... 거기 갔다 그러시더라구.

: 얼마 전에 지금두 있는 그 벽돌건물 말씀하시는 건가요?

　이쪽에 저 뒷길루, 뒷길루, 뒷길 낭떠러지 뒷길루

: 예.

　탱자나무 길이지. 탱자나무골.

: 팽나무골

　　아, 팽나무골

: 예.

　　거 팽나무골 뒷길루 가면 거기 있는 학교가 그게 단층학교가 그것이 그
　　당시에 지금 어떻게 없어졌는지 모르지만 내가 뭐냐 한참 술 먹으러 댕
　　길잭에도 있었으니까

: 아, 그러면은 그게 십년전 쯤에 그게

　　에.

: 헐어져, 헐렸습니다.

　　아, 그래요.

: 예.

　　음, 그때만 해도 그게 있을제에 내가 학교 가서 홍선생을 만... 홍선생
　　을 만났었으니까

: 음.

　　그때 김웅배 선생도 있었고

: 누구요?

　　김웅배 선생도 거기 있었다구.

: 정?

　　김웅배, 김웅배 선생.

: 아.

　　그 양반이 징용 공부해요. 김웅배 선생이, 저기 그 김웅배 선생은 늘
　　왜 지금도 거기 세무사로 있는 김학모의 매부에요.

: 김.

　　김학모의 매부

: 학모, 아, 그 저기 김학모라면

　　세무사

: 세무서 앞에 크게 일하는

　　에에. 그 사람이... 오늘도 전화 온 거예요. 술 한 잔 하자고

: 아아.

　　그런 걸 내가 여길 만날까보다 하고 내가 취소한 거예요. 하하. 안 된다
　　고

: 그럼 그 분이 김웅배 선생님에 대해서 잘 아시겠네요.

　　매부지.

: 잘 아시겠네요.

　　아니, 매분데 자기 매분데 뭐.

: 아, 그럼 그 분도 한 번 만나 봐야겠네.

　　하하.

: 아, 김...

　　그 사람도 거기 나왔어. 화성학원 나왔어요.

: 이분도 화성학원 나오셨어요?

　　응, 김학... 김학모두.

: 아, 이분도

　　나보다 1년 후배에요.

: 아, 잘됐다. 음. 여기서 졸업하셨구.

　　에.

: 또 김웅배 선생님의

　　에.

: 매부고

　　에. 표구사했던 이재희두 그 김학모 동기생야. 화성학원 나온

: 음.

　　표구사했던 그전 표구사했던 저 이 저 이,이, 이, 이재희라고

: 그럼 이제 아까 말씀하셨던 송병규 선생님은 3년 선배시고

　　네. 에?

: 송병규, 황사진관

　아, 아, 아.

: 그분은 3년 선배시고

　아, 황가 아니야. 송.

: 예.

　송씨야 그 양반이

: 예, 송병규.

　송병규가 맞어요.

: 이선생님이에요?

　나보담 2, 3년예멘엔 선배에요.

: 아, 그래 그렇게들 되니까 인제, 인제 조금 그림이 그려지네요. 몇 분이 계시니.

　음.

: 이제 또 인제 그때에

　음.

: 그 인제 그 학교선생님들께서

　음.

: 이제 아까 말씀하시기를 뭐 가끔 이제 주월 돌아보시면서

　음.

: 우리 역사얘기를, 한국 역사얘기를

　아, 인제

: 해 주셨다. 그러는데

　역사시간에는

　분명히 몇 마디 나와요.

: 음.

　그 선생이 뭐 이렇게 좀 뭐 이렇게 좀 뭐 이렇게 뭘 감시하나 이런 걸 좀 동시에 이렇게, 이렇게 보구선 이렇게 쉬이 하구선 듣구만 있어라.

옛날에서 큰 소리 안내고 적은 소리로다가 뭐냐하면 역사얘길 좀 몇 마디 몇, 몇 줄 가르켜줘요.

: 이제 그렇게 되면은

음.

: 선생님 같은 경우에는

음.

: 그 별루

음.

: 민족의식 내지는 뭐 이런 것들을 느끼진... 느낀 적은 없다고 말씀하셨는데

아, 그랬어요.

: 혹시 그 좀 선생님 그때 연세가 적었으니까

아, 그렇지. 그렇지.

: 없을 수 있는데

음.

: 연세가 많으신 분들 같은 경우에는 좀 다른 느낌을 받지 않았을까요?

글쎄 모르겠네. 난 그때 뭐냐하면 등청이 그때 좋았던 얘길 좋다는 소리를 듣고서난 야담 한 번 들으면 다시 해는 성미가 있어서 나는 연단에 학교 단에 선생이 불러서 역사가 있던 시간이면 얘기, 얘기 한 자리 하라구 이래구 가선 몇 번 한 일두 있구 그래요. 그것이 뭐 공. 저기 성에 점심 먹는 시간이 성으로 올라 점심 먹거든 성에 가서 그 학교가 성이니까 올라가면 나보다 나이 먹구 키 큰 놈들이, 야 한흠이 너 얘기 좀 하라구 옛날 얘기 좀 하라 해서 내 얘길 듣구 병정놀음도 하고 내 병정에 참모노릇도 하고 그랬어요. 병정놀음 할 적에두

: 음.

손재주 그 무기 같은 거 잘 맨들고 이제 장난감 잘 맨들고 그랬어.

: 음.

뭐 봉... 저 뭐냐하면 봉화대 뒤에서 많이 군사훈련두 하구 그랬어. 장
난도 하고 그랬어.

: 음.

　음.

참고문헌

『高宗實錄』『天道敎書』『天道敎會史草稿』『천도교회월보』『駐韓日本公使館記錄』『均菴丈
林東豪氏 略歷』『묵암비망록』『신한민보』『매일신보』『동아일보』『중외일보』『황성신문』
『조선일보』『동학사(초고본)』『朝鮮統督府京畿道統計年報』『해방전회사자료』『만세보』
『開闢』『대한매일신보』『고종시대사』『조선소요사건관계서류』 畿湖興學會月報』『大韓自
强會月報』『思想彙報』『평택시민신문』『朝鮮總督府官報』『日帝下支配政策資料集』『朝鮮
敎育大觀』『施政年報』

「成泰永, 白日煥, 이살눔(李撒路美)에 대한 판결문」(문서번호는 미상).
警鍾警高秘 第6015號 昭和4年 5月 8日「新幹會本部ノ通文郵送ニ關スル件」.
警鍾警高秘 第14794號 昭和5年 10月 11日「新幹會代表會員選擧狀況ニ關スル件」.
「京鍾警高秘 第62號 1931年 6月 1日 天道敎靑年總同盟 通文郵送에 관한 건」,『思想에 關한
　　　情報(副本)』
「永警高秘 第1124號, 1931年 3月 9日 秘密結社廣州共産黨協議會檢擧送局ニ關スル件」
警高秘 第278號, 昭和11年 1月 14日,「秘密結社廣州共産黨協議會檢擧에 關한 件」.
「京高特秘 第731號 1936年 4月 9日 秘密結社廣州共産黨協議會事件檢擧ニ關スル件」.
「自大正十一年至昭和十年內地及朝鮮ニ於ケル社會運動ノ槪況對照(3)」,『思想彙報』9, 1936.
『南陽關係書類』, 규장각도서번호 22048.

酒井政之助,『發展せる水原』, 日韓印刷株式會社, 1914.
경기도,『대정원년조선총독부경기도통계연보』, 1914.

酒井政之助,『水原』, 酒井出版部, 1923.
朝鮮總督府學務局,『青年訓練所認可書類』, 1930.
朝鮮總督府學務局編,『青年訓練所幹部講習會講演集』, 1930.
夜雷,「正菴은 돌아가시었나」,『新人間』, 1931년 5월.
朝鮮總督府學務局,『青年訓練所設立認可書類』, 1932 · 3.
朝鮮總督府學務局社會科,『朝鮮社會事業要覽』, 1933.
朝鮮總督府學務局社會教育科,『朝鮮社會教化要覽』, 1937.
朝鮮總督府學務局社會科,『青年訓練所概要』, 1940.
朝鮮總督府學務局社會教育科,『朝鮮社會教育要覽』, 1941.
熊谷辰治郎,『大日本青年團史』, 細川活版所, 1942.

森五六,「我邦青少年訓練の意義と實施上の注意」, 朝鮮總督府學務局編,『青年訓練所幹部講習會講演集』, 1930.
小野原誠一,「體操競技とその效果」, 朝鮮總督府學務局編,『青年訓練所幹部講習會講演集』, 1930.
市川洋造,「軍隊教鍊と青年教鍊の實施上の差異」, 朝鮮總督府學務局編,『青年訓練所幹部講習會講演集』, 1930.
백낙준,「한국교회의 핍박-'寺內總督暗殺未遂陰謀'의 음모에 대하여」,『神學論壇』 7, 연세대학교신학대학회, 1962.
조항래,「日本의 對韓侵略政策과 舊韓末親日團體(2)-一進會 組織過程의 時代的 背景과 그 活動相」,『霞汀 徐廷德敎授華甲紀念學術論叢』, 霞汀徐廷德敎授華甲紀念論文集刊行委員會, 1970.
이현희,「신간회의 조직과 항쟁」,『사총』 15, 고대사학회, 1971.
조병창,「수원지방을 중심한 3 · 1운동소고」, 단국대학교 석사학위논문, 1971.
박영석,「일제하의 재만한인 박해문제-「재만동포옹호동맹」의 활동을 중심으로」,『아세아연구』 48, 고려대학교 아세아문제연구소, 1972.
松村順子,「朝鮮における'皇國臣民'化の展開-皇國青年の養成を中心に-」,『史觀』86-87, 1973.
최용환,「3 · 1운동과 한국교회-수원지방을 중심하여-」, 감리교신학대학 석사학위논문, 1974.
박영석,「일제하의 재만한인에 대한 중국관헌의 박해실태와 국내 반응」,『한국사연구』 14, 한국사연구회, 1976.
水野直樹,「新幹會運動に關する若干の問題」,『朝鮮史研究會論文集』 14, 1977.
富田晶子,「農村振興運動下の中堅人物の養成-準戰時體制を中心に-」,『朝鮮史研究會論文集』 18, 1981.
성주현,「일생을 교회와 민족에 바친 정암 이종훈」,『新人間』 통권 573호, 1983년 5월.

김상기, 「한말 사립학교의 교육이념과 교육구국운동」, 『청계사학』 1, 1984.

박맹수, 「海月 崔時亨의 初期行蹟과 思想」, 『청계사학』 3, 한국정신문화연구원 청계사학회, 1986.

박맹수, 「東學 2世敎主 崔時亨硏究 : 家系와 結婚過程을 中心으로」, 『韓國現代史論叢』, 吳世昌敎授華甲紀念論叢刊行委員會, 1986.

이균영, 「支會設立에 따른 新幹會의 '組織形態' 검토」, 『韓國學論集』 11, 1987.

노천호, 「수원지방 3·1운동연구」, 단국대학교 교육대학원 석사학위논문, 1988

이지원, 「경기도지방의 3·1운동」, 『3·1민족해방운동연구』, 청년사, 1989.

한상구, 「남로당 지방당조직 어떻게 와해되었나」, 『역사비평』, 1989. 봄호.

윤해동, 「한말일제하 天道敎 金起田의 '近代' 수용과 '民族主義'」, 『역사문제연구』 1, 역사문제연구소, 1996.

강재순, 「신간회 부산지회와 지역사회운동」, 『지역과 역사』 1, 부산경남역사연구소, 1996.

이덕주, 「3·1운동과 제암리사건」, 『한국기독교회사연구』 7, 1997.

조성운, 「일제하 수원지역의 농민조합운동」, 『역사와교육』 5(『동국역사교육』에서 개칭), 역사와교육학회, 1997.

박환, 「1920년대 초 수원지방의 비밀결사운동 -혈복단과 구국민단을 중심으로-」, 『경기사학』 2, 경기사학회, 1998.

이준식, 「최동희의 민족혁명운동과 코민테른」, 『역사와 현실』 32, 1999.

최원영, 「일제말기(1937~45)의 靑年動員政策」, 『한국민족운동사연구』 21, 1999.

허수, 「전시체제기 청년단의 조직과 활동」, 『國史館論叢』 88, 1999.

조성을, 「수원지역사 연구의 현황과 과제」, 『지역사회학』 6, 지역사회학회, 1999.

최홍규, 「수원지방사 연구 현황과 과제」, 『경기사학』 3, 경기사학회, 1999.

이현희, 「수원고농학생의 항일투쟁연구」, 『한국민족운동사연구』 21, 한국민족운동사학회, 1999.

조성운, 「일제하 수원지역의 신간회운동」, 『역사와실학』 15·16, 역사실학회, 2000.

성주현, 「1920년대 경기지역의 천도교와 청년동맹 활동」, 『경기사학』 4, 경기사학회, 2000.

조성운, 「海月 崔時亨의 道統傳受와 初期布敎活動」, 『동학연구』 7, 한국동학학회, 2000.

조성운, 「1920년대 수원지역의 청년운동과 수원청년동맹」, 『한국민족운동사연구』 24, 한국민족운동사학회, 2000.

조성운, 「박승극과 조선프롤레타리아예술동맹 수원지부」, 『한국독립운동사연구』 16, 독립기념관 한국독립운동사연구소, 2001.

이용창, 「한말 崔麟의 일본 유학과 현실인식」, 『역사와 현실』 41, 한국역사연구회, 2001.

성주현, 「수원지역의 3·1운동과 제암리사건의 재조명」, 『수원문화사연구』 4, 2001.

김정인, 「손병희의 문명개화노선과 3·1운동」, 『한국독립운동사연구』 19, 한국독립운동사연구, 2002.

김종준, 「進步會·一進支會의 활동과 향촌사회의 동향」, 『韓國史論』, 서울대 국사학과, 2002.

김정인, 「손병희의 문명개화노선과 3·1운동」, 『한국독립운동사연구』 19, 독립기념관 한국독립운동사연구소, 2002.

이현정, 「신간회 안동지회의 성립과 활동」, 『안동사학』 7, 안동사학회, 2002.

최홍규, 「수원지방의 3·1운동과 1920년대 민족운동」, 『경기사학』 6, 경기사학회, 2002.

최효식, 「義菴 孫秉熙와 3·1독립운동」, 『동학연구』 14·15, 한국동학학회, 2003.

최재성, 「1914년의 지방행정구역의 개편과 그 성격」, 수요역사연구회편, 『식민지 조선과 매일신보 1910년대』, 2003.

조성운, 「일제하 수원지역의 신간회운동」, 『일제하 수원지역의 민족운동』, 국학자료원, 2003.

이동근, 「수원지역 3·1운동에서 천도교의 역할-우정, 장안면을 중심으로-」, 『경기사학』 7, 경기사학회, 2003.

박환, 「수원군 우정면 화수리 3·1운동의 역사적 성격」, 『정신문화연구』 27-1, 한국학중앙연구원, 2004.

이지원, 『日帝下 民族文化 認識의 展開와 民族文化運動』, 서울대학교 박사학위논문, 2004.

성주현, 「1904년 진보회의 조직과 정부 및 일본의 대응」, 『京畿史學』 8, 경기사학회, 2004.

한동민, 「근대 수원지역의 공립의료기관 -관립수원자혜의원에서 도립수원의원까지」, 『경기사학』 8, 경기사학회, 2004.

조성운, 「수원지역 근현대사 연구의 동향」, 『기억과 전망』 2004년 겨울호(통권 9호).

김동명, 「일제하 동화형협력운동의 논리와 전개 -최린의 자치운동의 모색과 좌절」, 『한일관계사연구』 21, 2004.

이용창, 「東學敎團의 民會設立運動과 進步會」, 『中央史學』 21, 한국중앙사학회, 2005.

이동근, 「1910~20년대 식민농정의 지역적 전개와 지주제 -수원지역을 중심으로-」, 『사림』 24, 수선사학회, 2005.

조성운, 「『매일신보』에 나타난 경기지방의 3·1운동과 일제의 대응」, 『한국민족운동사연구』 42, 한국민족운동사학회, 2005.

박환, 「수원지역 민족운동사 연구 동향과 과제」, 『수원학연구』 2, 수원문화원 수원학연구소, 2005.

한명근, 『한말 한일합병론연구』, 국학자료원, 2006.

이용창, 「동학농민운동 이후 손병희의 단일지도체제 확립과정과 동향」, 『한국민족운동사연구』 46, 한국민족운동사학회, 2006.

이송희, 「신여성 나혜석의 민족의식과 민족운동」, 『여성연구논집』 17, 경신라대학교 여성
　　문제연구소, 2006.
김형목, 「한말 수원지역 계몽운동과 운영주체」, 『한국민족운동사연구』 53, 한국민족운동
　　사학회, 2007.
조성운, 「일제하 수원지역 3·1운동과 민족대표의 관련성」, 『수원학연구』 4, 2007.
이동근, 「일제강점기 수원청년동맹의 활동과 인물」, 『한국민족운동사연구』 51, 한국민족
　　운동사학회, 2007.
성주현, 「일제강점기 박승극의 활동과 재인식」, 『숭실사학』 22, 경기사학회, 2009.
김권정, 「수원지방의 기독교계의 3·1운동과 이후 동향」, 『역사와교육』 11, 역사와교육학
　　회, 2010.
김도형, 「권업모범장의 설치와 역사적 성격」, 『농업사연구』 9-1, 한국농업사학회, 2010.
키노시타 타카오, 「新民會像의 형성에 관한 비판적 고찰 -1차 사료의 취급을 중심으로-」,
　　『한국민족운동사연구』 62, 한국민족운동사학회, 2010.
서태정, 「대한제국기 평택지역 계몽운동의 전개양상과 성격」, 『한국민족운동사연구』 71,
　　2012.
김백영, 「일제하 식민지도시 수원의 시기별 성격 변화」, 『도시연구』 8, 도시사학회, 2012.
한동민, 「수원 나주나씨와 나혜석의 부모 형제들」, 『나혜석연구』 1, 나혜석학회, 2012.
김형목, 「역사학계에서 나혜석 연구 동향과 과제」, 『나혜석연구』 1, 나혜석학회, 2012.
김영미, 「평택대곡일기를 통해서 본 1960~70년대 초 농촌마을의 공론장, 동회와 마실방」,
　　『한국사연구』 161, 2013.
김주용, 「나혜석의 민족의식과 독립운동 지원 활동」, 『동국사학』 54, 동국사학회, 2013.
박진태, 「한말 수원지역 역둔토 조사의 성격」, 『이화사학연구』 46, 이화사학연구소, 2013.
최원규, 「일제시기 수원 조씨가의 지주경영 분석」, 『역사문화연구』 46, 한국외국어대학교
　　역사문화연구소, 2013.
한동민, 「근대 수원지역 유지 나중석의 생애와 활동」, 『나혜석연구』 3, 나혜석학회, 2013.
김해규, 「일제하 평택지역의 사회운동」, 『안재홍과 평택의 항일운동 심층연구』, 선인,
　　2014.
문한별, 「일제강점기 후반 수원고등농림학교 한글연구회 사건 공판 기록을 통해서 살펴
　　본 한글문학 텍스트와 검열의 관계」, 『국제어문』 6, 국제어문학회, 2014.

朝鮮總督府, 『朝鮮の人口統計』, 1935.
李炳憲 編著, 『三一運動秘史』, 時事時報社出版局, 1959.
이용락, 『3·1운동실록』, 金井, 1966.

김포군지편찬위원회, 『김포군지』, 1977.

강훈덕, 『일제하 농민운동의 일연구-소작쟁의를 중심으로-』, 경희대학교 박사학위논문, 1989.

天道敎有志敎人一同, 『東學·天道敎略史』, 1990.

역사문제연구소 민족해방운동사연구반, 『민족해방운동사』, 역사비평사, 1990.

이균영, 『신간회연구』, 역사비평사, 1993.

경기도사편찬위원회, 『경기도항일독립운동사』, 1995.

조성운, 「일제하 조선농민공생조합의 조직과 활동」, 『동학연구』13, 한국동학학회, 2003.

조성운, 『일제하 수원지역의 민족운동』, 국학자료원, 2003.

김영희, 『일제시대 농촌통제정책 연구』, 경인문화사, 2003.

평택시독립운동사집필위원회, 『평택항일독립운동사』, 2004.

천도교중앙총부 교서편찬위원회, 『천도교약사』, 천도교중앙총부출판부, 2006.

김형목, 『대한제국기 야학운동』, 경인문화사, 2006.

평택시통합사편찬위원회, 『평택시통합사』, 2006.

박환, 『경기지역 3·1독립운동사』, 선인, 2007.

『팽성읍지』, 평택문화원, 2010.

평택개항20년사 집필위원회, 『평택개항20년사』, 2007; 『사진으로 보는 평택근현대사』, 2011.

민세안재홍기념사업회, 『안재홍과 평택의 항일운동 심층연구』, 선인, 2014.

이동근, 『역사는 삶이다-일제 강점기 수원지역사』, 도서출판 블루씨, 2014.

찾아보기

저자소개

조성운

저자 조성운은 동국대학교 국사교육과를 졸업하고 동 대학원 사학과에서 석·박사 학위를 취득했다.

교토대학 인문과학연구소에서 외국인공동연구자로서 연구하였으며, 동국대학교와 경기대학교에서 강의하였다. 식민지시기 농민운동으로 박사학위를 받았으나 현재에는 식민지 근대관광과 역사교육에 관심을 두고 연구하고 있다.

저서로는『일제하 농촌사회와 농민운동』(혜안, 2002),『일제하 수원지역의 민족운동』(국학자료원, 2003),『식민지 근대관광과 일본시찰』(경인문화사, 2011),『소년운동을 민족운동으로 승화시킨 방정환』(역사공간, 2012)이 있다. 이외에도 다수의 공저와 논문이 있으며, 역서로는『시선의 확장』(선인, 2014)이 있다.